KB216335

그 지독한 오해와 편견에 대해

최준식 지음

최준식 교수의 **종교 · 영성** 탐구 III

종교, 그 지독한 오해와 편견에 대해

지은이 최준식

펴낸이 최병식

펴낸날 2017년 11월 13일

펴낸곳 주류성출판사

서울특별시 서초구 강남대로 435

TEL | 02-3481-1024 (대표전화) • FAX | 02-3482-0656

www.juluesung.co.kr | juluesung@daum.net

값 18,000원

잘못된 책은 교환해 드립니다.

ISBN 978-89-6246-329-3 03200

그 지독한 오해와 편견에 대해

최준식 지음

사람들이 잘 모르는 재미있는 종교 이야기들은 하나둘이 아니라 엄청나게 많다. 나는 이런 이야기들을 강의할 때나 타인과 담화할 때 많이 나누었는데 문득 이 이야기들을 모아 정리하면 재미있겠다는 생각이 들었다. 그리고 이런 재미있는 종교 이야기를 독자들에게 들려주면 그들의 흥미도 이끌어낼 수 있지만 독자들이 종교에 대해 더 포괄적인 지식을 갖게 될 것이라는 생각도 들었다. 개인적으로는 이 이야기들을 나 혹은 내 주위의 몇 사람만 알고 있기에는 아깝다는 생각도 있었다. 여기에 나오는 이야기들은 삶의 현장에서 귀동냥한 것들도 있어 보통의 책에서는 발견하기 힘들다. 그래서 더 더욱 이것을 독자들과 나누고 싶었다.

목차

서론

본론

유일신론에는 어떤 문제가?

힌두교의 독특한 신관

인간의 근본적인 문제는?

신 개념은 우리의 생각이 투사된 것

기독교 유일 혹은 우월주의의 문제는?

동의할 수 없는 종교 교리들

'경'은 성인의 언행을 적은 책만을 지칭!

종교의 본령을 바로 보자!

가톨릭의 대 변신

특이한 성자, 예수

성인에도 등급이?

이해 난감한 예수의 부활사건

잘 알 수 없는 공자와 무함마드의 경지

종교에서 바라 보는 성욕의 문제

기도의 본질은?

한국 기독교의 문제는?

종교의 미래는? - 인류가 드디어 눈을 떴다

종교는 진화하지만 시간이 없다

발문

"누군가 망상에 시달리면 정신 이상이라고 한다. 그러나 다수가 망상에 시달리면 종교라고 한다."

- 로버트 퍼시그

발문을 이렇게 서양 사람의 이야기로 시작하는 것은 내키지 않는 일이지만 내 생각을 너무나도 간명하게 표현하고 있어 이 문장을 쓰지 않을 수 없었다. 또 이 구절은 상당히 많이 알려져 있어 피하고 싶었지만 이보다 더 나은 표현을 찾지 못했다. 그래서 다소 진부하지만 이 표현을 쓰기로 했는데 퍼시그는 잘 알려진 것처럼 『선(禪)과 오토바이 관리 기술』이라는 명저를 쓴 사람이다. 그는 종교와 인생에 대해 아주 깊게 알고 있는 사람처럼 보인다. 종교를 묘사하고 있는 이 구절은 지금까지 종교를 믿어온 인류의 태도나 성정, 그리고 수준을 정확하게 꿰뚫고 있다. 내가 이 책에서 밝히고자 하는 것도 바로 종교의 이러한 면이다. 미신 수준의 교리들이 그렇게 많은데 수많은 사람들이 그것을 진리라고 믿는 현금의 종교적 작태를 까발리고 싶었던 것이다.

이 발문을 쓰는 이유는 간단하다. 이 책의 내용이 매우 도발적이라 그 점에 대해 사전에 알려야 하겠다는 생각이 들었기 때문이다. 이 책에 나오는 종교에 대한 비판은 사람에 따라서 너무 심할 수도 있고 생경할 수도 있다. 그래서 무심코 읽다 보면 충격을 받을 수 있어 발문을 써서 이 사실을 미리 밝히려는 것이다. 이런 불상사가 일어나면 누구든 좋을 게 없다. 나는 다른 사람에게 충격을 주고 싶은 마음이 전혀 없다.

이전에 학부에서 "인간과 종교"라는 종교 개론 강의를 할 때에 학기 초두(初頭)에 반드시 밝히는 것이 있었다. 자신이 믿고 있는 종교가 절대 진리라고 생각하는 사람은 내 강의를 듣지 않는 게 낫다고 말이다. 그런 사람이 내 강의를 들으면 공연히 자신의 신앙에 상처를 입을 수 있으니 아예 처음부터 듣지 않는 게 나을 것이라고 한 것이다. 그러나 그럼에도 불구하고 도전하고 싶은 생각이 있다면 막지는 않겠다고 전했다. 이렇게 말하면 다음 시간에 많은 학생들이 내 과목을 철회한다.

이 책을 다 쓴 다음에도 이와 꼭 같은 심정이 든다. 자신이 믿는 종교만이 진리이고 무조건 최고라고 믿는 사람들은 이 책의 겉장부터 열지 말라고 권하고 싶다. 하기야 그런 사람들은 이런 책 근처에 오지 않을 테지만 말이다. 또 나도 그런 사람들의 신심을 흔들고 싶은 생각이 추호도 없다. 그런 사람들은 그냥 그와 같은 신앙을 갖고 살면 된다. 나는 그런 사람들은 종교에 의해 세뇌 받았다고 생각하는데 일단 세뇌가 되면 그것을 깨는 것은 대단히 힘든 일이다. 내게는 그것을 풀 능력도 없고 또 그것을 풀고 싶은 의욕도 없다(그러나 사실 종교뿐만 아니라 우리가 지닌 가치 체계는 모든 것이 세뇌의 결과라 할 수 있다). 종교라는 절대 신념 체계는 그것을 지키기 위해 사람들이 자신의 목숨까지 내놓는데 그것을 내가 어떻게 바꿀 수 있다는 말인가?

그런데 내 어줍은 생각에 이 책이 필요한 사람도 있지 않을까 싶다. 그런 사람은 일단 종교에 진지한 관심을 갖고 있어야 한다. 그 가운데에는 종교를 가진 사람도 있고 가지지 않은 사람도 있을 게다. 종교를 갖지 않았지만 진정한 종교를 탐구하려는 사람들에게 이 책은 얼마간의 도움을 줄 수 있을 것이다. 반면 종교를 가진 사람 중에서 이 책의 독자가 될 수 있는 사람이 있다면 그것은 자기 종교에 빠지지 않은 사람들이다. 이런 사람들의 특징을 살펴보면 이런 것이다. 이들은 한 종교를 믿기는 하지만 그것이 무엇인지 확실히 몰라도 그 종교에 문제가 있다고 생각하는 사람들이다. 그러면서 진정한 종교는 어떤 것인가에 대해 진심어린 관심을 갖는다. 또 어떤 교리에 대해서도 이성적인 태도로 접근하고 항상 깨어 있으려고 노력한다. 이들은 자신이 믿는 종교에서 아무리 진리라고 해도 자신이 수긍하지 않으면 받아들이지 않겠다는 결의를 다지는 사람들이다. 추측컨대 대체로 이런 사람들은 이 책에 관심이 있을 것 같다.

또 확실하게 밝혀두고 싶은 것은 여기에서 내가 제시한 것은 나의 의견에 불과한 것이니 무시해도 상관없다는 것이다. 나는 이 책에서 줄곧 기성 종교의 교리가 갖고 있는 불합리한 면이나 오해, 독선에 대해 비판했는데 그렇게 하다 보면 나도 독선에 빠질 수 있다는 생각이 든다.

그래서 이 책에 나온 내 생각을 얼마든지 비판하고 무시해도 상관없다는 것이다. 그러나 토론하고 싶은 생각은 없다. 종교 교리에 대해 토론하는 것은 그다지 좋은 결과를 내지 못한다. 이 책을 읽어 보고 얻을 게 있으면 받아들이면 되고 동의할 수 없으면 그냥 책장을 덮으면 된다.

마지막으로 밝히고 싶은 것은, 내가 이 책에서 종교의 위선성에 대해 까발린다고 했지만 그래도 마음 놓고 쓰지 못한 부분이 있다는 것이다. 어떤 종교에서는 일정한 주제에 대한 비판을 원천적으로 막고 있기 때문에 그것에 대해서는 자유롭게 쓸 수 없었다. 그런 것은 건드려서 좋을 게 없다. 그쪽에서 절대로 받아들이지 않기 때문이다. 그런 주제들은 일단 피하고 다른 논의부터 하는 게 낫다. 나중에 관계가 돈독해지면 그런 예민한 주제를 꺼낼 수 있지만 처음부터 그 주제를 가지고 옥신각신하는 것은 현명하지 못하다.

아무튼 이 책은 진정으로 종교를 알고 싶어 하는 사람을 위한 책이다. 그런 사람들에게 이 책이 조금만이라도 도움 될 수 있다면 더 바랄 게 없겠다. 한 사람이라도 깨어야 세상이 좋아지기 때문이다.

정유년 늦여름에

지은이 삼가 씀

저자 서문

이 책의 저술을 구상한 것은 단순한 동기에서 비롯됐다. 어떤 것에도 구애받지 않고 종교에 대해서 이야기하고 싶었던 것이다. 나는 종교학이 전공이라 그동안 40년이 넘게 종교에 대해 공부하고 이야기해 왔다. 그러니 얼마나 많은 이야기를 했을까? 나는 그동안 연구했던 것들을 체계적으로 정리해서 책으로 출간하기도 했다. 한국 종교를 다룬 『한국의 종교, 문화로 읽는다 1, 2, 3』이라든가 한국 종교사를 바라보는 시각을 다룬 『한국종교사 바로보기』, 또 종교의 본질을 캔 『종교를 넘어선 종교』, 세계종교를 다룬 『세계종교 이야기』 등등이 그런 책들이다. 주지하다시피 이 책들은 모두 학술서 혹은 학술서에 가까운 책이라 처음부터 끝까지, 즉 수미(首尾)가 일관되게 서술했다.

그런데 이렇게 서술하다보니 빠지는 게 많았다. 종교 안에는 재미있고 일상적인 이야기들이 많은데 이런 책에서는 이 이야기들을 다룰 수 없었던 것이다. 이런 가벼운 이야기는 강의할 때 많이 하게 된다. 강의하다 보면 사람들은 이 같은 옆 이야기, 혹은 뒷이야기를 좋아한다. 이것들은 흡사 양념과 같은 이야기라 강의를 맛깔나게 한다. 강의할 때에는 이런 이야기들이 들어가야 듣는 학생들이 집중해서 듣기 때문이다. 그렇다고 이 이야기들이 중요하지 않은 것은 아니다. 외려 이런 이야기 가운데에 중요한 것이 많다.

한 예로 예수가 십자가에 못 박혔을 때 사람들은 로마 병정들이 그의 손바닥에 못을 친 것으로 알고 있는데 그것은 사실이 아니다. 손바닥이 아니라 손목에 못을 박았기 때문이다. 그리고 사람들은 그 십자가형이 정치범에게만 부과되는 가장 잔인한, 그래서 엄청난 고통을 주는 극악한 징벌이라는 것도 잘 모른다. 그렇게 매달리면 금방 죽는 것이 아니라 수일 동안 엄청난 고통 속에서 괴로워 하다가 죽기 때문에 극악하다고 하는 것이다. 자세한 것은 본론에 나오니 그때 보기로 하는데 이런 이야기들은 앞에서 본 책에는 넣을 데가 없다. 일상적인 방담이기 때문이다. 그리고 이런 이야기들은 단편적이다. 그저 한 단락의 에피소드처럼 되어 있어 앞에서 거론한 책처럼 수미가 일관된 학술서에는 들어갈 자리가 없다.

그런데 이렇게 재미있는 이야기들은 하나둘이 아니라 엄청나게 많다. 나는 이런 이야기들을 강의할 때나 타인과 담화할 때 많이 나누었는데 문득 이 이야기들을 모아 정리하면 재미있겠다는 생각이 들었다. 그리고 이런 재미있는 종교 이야기를 독자들에게 들려주면 그들의 흥미도 이끌어낼 수 있지만 독자들이 종교에 대해 더 포괄적인 지식을 갖게 될 것이라는 생각도 들었다. 개인적으로는 이 이야기들을 나 혹은 내 주위의 몇 사람만 알고 있기에는 아깝다는 생각도 있었다. 여기에 나오는 이야기들은 삶의 현장에서 귀동냥한 것들이라 보통의 책에서는 발견하기 힘들다. 그래서 더 더욱 이것을 독자들과 나누고 싶었다.

그 다음은 서술 방식의 문제였다. 방금 전에 말한 것처럼 이 이야기들은 단편적인 것들이 많다. 따라서 일반적인 책의 서술 방식으로는 이 이야기들을 담아내기가 힘들었다. 그래서 생각해 낸 것이 방담이었다. 방담은 말 그대로 이야기를 생각나는 대로 자유롭게 풀어내는 것이다. 따라서 주제를 언제든지 바꾸어도 문제가 되지 않았다. 그리고 방담으로 가려 하니 대화체가 낫겠다는 생각이 들었다. 우리들이 일상적으로 하는 대화는 수미가 일치하지 않아도 문제가 되지 않는다. 한 주제에 대해 이야기하다 얼마든지 다른 주제로 건너 뛸 수 있다. 이렇게 자유롭게 대화하는 것이 우리의 삶의 모습에 더 가깝다는 생각으로 방담과 대화라는 서술 방식을 택한 것이다.

서술 방식이 이렇다 보니까 독자들은 이 책을 읽을 때 부담이 적을 것이다. 게다가 처음부터 끝까지 순차적으로 읽을 필요도 없다. 각 주제들이 단절되어 있기 때문에 아무 페이지를 열어서 읽어도 문제가 되지 않는다. 소제목을 보다가 흥미가 생기는 주제가 있으면 그 부분만 보면 된다. 또 읽다가 흥미가 떨어지는 부분이 나오면 건너뛰어도 된다. 일반적인 책들은 처음부터 끝까지 논지가 연결되기 때문에 이렇게 읽기가 힘들다. 이렇게 읽으면 내용을 이해할 수 없기 때문이다. 그러나 이 책은 이렇게 읽어도 전혀 문제가 없다. 또 이해가 잘 안 되는 부분이 있으면 그런 것은 건너뛰면 된다.

구성이 이렇게 되어 있으니 독자들이 가까이 하기 쉬운 책이 되지 않았을까 하는 자평을 해본다. 컴퓨터와 전화기에서 짧은 문장들만 접해 긴 호흡으로 책을 읽는 것이 힘들어진 현대인들에게는 이 책의 서술 방식이 편하지 않을까 싶다. 부디 독자들이 가볍게 산책하는 마음으로 이 책을 접했으면 하는 마음이다. 그러다 독자들이 행여 새로운 지식을 얻는다거나 지금까지 오해했던 것을 풀게 되었다면 저자인 나로서는 더 바랄 게 없겠다.

2017(4350)년 봄 한가운데에서

지은이 삼가 씀

서론

나는 왜
이 책을 쓰려고 하는가?

이 책을 준비하는 과정에서 제일 먼저 떠오른 생각은 우리가 주위에서 만나는 여러 사안 가운데 종교처럼 오해가 많은 것도 없지 않을까 하는 것이었다. 이 생각은 늘 하던 것인데 이 오해를 풀기가 여간 어려운 것이 아니다. 나는 평소에 농담 반 진담 반으로 '종교는 더러워서 못 가르치겠다'는 말을 많이 한다. 사실 요즘은 여간해서 종교 이야기를 하지 않으니 이런 푸념할 일도 부쩍 줄었다. 사람들이 기독교나 불교 같은 개개 종교에 대해서는 그래도 어느 정도 이야기하는 것 같은데 종교 자체에 대해서는 거의 이야기하지 않으니 내가 종교에 대해 말 할 기회가 거의 사라진 것이다.

사정이 어떻든 간에, 무엇이 어떻게 더럽기에 종교 이야기를 못 하겠다고 하는 것일까? 이유는 간단하다. 종교에 대해 조금이라도 관심 있는 사람들은 저마다 자기가 종교를 잘 안다고 생각하고 있기 때문이다. 교회를 다니고 있던지 혹은 절이나 명상하는 것에 조금이라도 기웃거린 친구들은 거기서 가르치는 것을 무비판적으로 받아들여 다른 의견을 들으려 하지 않는다. 그 짧은 지식으로 자기가 종교를 꽤 안다고 생각하는 것이다. 그러다가 자신이 기도를 하던 중에, 혹은 명상을 하던 중에 실낱같은, 혹은 대낮에 반딧불이 정도밖에 안 되는 미약한 종교체험이라도 하면 흡사 자신이 그 종교를 다 아는 것처럼 행세한다. 그리곤 교만해져 다른 사람이 자신보다 많이 알지 못한다고 생각한다. 그러니 남의 말을 듣지 않을 수밖에 없는 것이다.

아무리 친한 사이라도 특정한 주제에 대해서는 같이 이야기하지 말라는 말이 진작부터 있어왔는데 그 중에서 종교는 정치와 더불어 기피 대상 일순위이다. 종교는 어쩌다 토론 대상에서 이렇게 냉대를 받는 것일까? 그것은 종교가 삶의 다른 것과는 달리 '절대 신념체계'이기 때문일 것이다. 종교적 믿음은 절대적이기 때문에 자신의 믿음과 다른 것은 용납하기가 아주 힘들다. 결코 양보가 안 되는 것이다. 가장 비근한 예로 신이 있다고 철석같이 믿는 기독교 신자와 그런 신은 없다고 주장하는 무신론자가 토론을 해봐야 그들 사이에 무슨 의견 조절이 있을 수 있겠는가? 결국에는 싸움밖에 할 수 없지 않을까? 이런 토론을 할 때 두 사람은 자기의 신조를 고치려 하지 않기 때문에 싸움으로 번지기 쉽다. 그렇지 않고 머리(brain)가 조금 있는 사람이라면 대화의 주제를 바꿀 것이다.

사정이 이러하니 내가 종교에 대해 사람들에게 무슨 말을 해도 그것이 자기 생각과 다르면 그들은 내가 하는 말에 귀를 기울이지 않는다.

그런데 그들이 갖고 있는 종교에 대한 지식은 편협한 경우가 많다. 만일 그가 기독교 신자라면 그가 갖고 있는 기독교 지식은 그가 다니던 교회의 목사에게서 듣거나 그곳에서 산발적으로 행해지고 있는 '기독경 공부'를 통해서 얻은 것으로 일천하기 짝이 없다. 또 목사들이라고 한 들 그들이 자신의 종교에 대해 제대로 아는 것도 아니다. 많은 경우 그들의 지식은 잘못되어 있거나 수준이 낮다. 그들이 신학교에서 공부한 과정이나 그들이 행하는 언행을 보면 그들의 수준을 잘 알 수 있다. 그러니 그들로부터 배운 지식이 얼마나 잘못 되었는가는 손바닥을 뒤집는 것처럼 쉽게 알 수 있다.

적지 않은 기독교 신자들이 이 같은 상태에 있으니 그들은 종교학을 전공한 내가 어떤 말을 해도 귀담아 듣지 않는다. 나를 종교전문가로 인정하지 않는 것이다(나 같은 사람에게는 아예 관심도 없기 때문에 인정이고 말 것도 없지만). 내가 종교에 대해 공부하기 시작한지도 어언(於焉) 40여 년인데 그동안 책을 얼마나 많이 보았을 것이고 또 책을 얼마나 많이 썼을 것이며 더 나아가서 얼마나 많은 사람과 이야기를 나누었겠는가? 그런 과정에서 얻은 지식은 가벼운 것이 아니다. 누구든지 자기의 전문 분야에서 40년 이상을 매일 파면 그가 갖고 있는 정보나 지식은 대단하지 않을 수 없다. 바보가 이 같은 일을 해도 같은 결과가 있을 것이다. 그만큼 내력(來歷)이 중요한 것이다. 그래서 사회에서는 보통 그런 내력을 가진 사람들을 전문가로 인정해준다. 그리고 그들의 말을 귀담아 듣는다. 그런데 이게 종교 분야에서는 통하지 않는다. 내가 40여 년을 종교를 공부하고 실수(實修)했건만 내가 갖고 있을 법한 전문성이 이 사회에서는 거의 인정받지 못한다. 내가 하는 말이 자신의 신앙과 다르면 바로 무시 혹은 비판 모드로 들어가기 때문이다.

이것은 학생들도 마찬가지이다. 내가 수업 시간에 그들이 지닌 신앙을 비판하면 그들은 나를 경원시 한다. 그래서 나를 종교 전문가로 인정하는 일에 대단히 인색하다. 그런데 다른 분야에서는 이런 일이 있을 수 없다. 예를 들어 물리학 분야라면 40년 이상 물리학을 공부한 교수와 학생이 갖고 있는 지식의 차이는 엄청나다. 그래서 그 교수 앞에서는 학생들이 반론을 내세우기가 힘들다. 배우기도 급급한데 무슨 비판을 할 것이고 반론을 제시할 수 있겠는가? 그런데 종교(학)계에서는 40년이고 100년이고 소용없다. 상대방이 그토록 오래 공부한 사람일지라도 그가 말하는 것이 내 신앙과 다르면 무조건 비토하고 본다.

단도직입적으로 말해 나는 세상에 횡행하고 있는 종교들은 (거의 대부분) 세뇌에 의한 결과의 산물로 생각한다. 그렇지 않고서야 사람들이 종교를 막론하고 그 종교들 안에 포진해 있는 말도 안 되는 교리를 믿고 있는 것을 설명할 수가 없다. 종교 분야는 세뇌가 말할 수 없이 강한 동네이다. 더군다나 종교는 어려서부터 세뇌를 하기 때문에 사람들이 한 번 이 세뇌에 걸리면 그것을 푸는 일이 아주 어렵다. 그래서 그 세뇌는 처음부터 받지 않는 것이 좋다. 그런데 사람들은 반대로 행동한다. 즉 그 바쁜 시간을 내고 또 자기 돈 써가며 일부러 그 세뇌를 받으러 교회나 절, 혹은 모스크에 가기 때문이다. 또 이렇게 세뇌된 것 때문에 죽임을 당해도 그 세뇌가 잘못 되었다고 생각하지 않고 자신은 위대한 일을 하고 간다고 생각한다. 비근한 예가 요즘 걸핏하면 무고한 사람들에게 총을 쏴대는 극소수의 이슬람 테러주의자이다. 그들은 무고한 사람을 죽이면서 '알라는 위대하다'라고 외치는데 그들 자신은 이것이 얼마나 잘못된 행위인지 잘 모른다. 철저하게 세뇌되었기 때문이다. 외려 자신의 행동은 죽어서 크게 포상을 받을 거라고 생각한다. 다른 종교들도 정도가 다를 뿐이지 이런 일들이 비일비재하다. 그러니 종교를 가진 사람들과 무슨 대화가 되겠는가?

종교에 대해 말하는 것을 어렵게 만드는 데에는 또 다른 요인이 있다. 그것은 종교가 지향하는 궁극적인 경지가 일상의 용어나 논리로는 설명하기가 극도로 힘든 세계라는 것 때문이다. 나중에 본문에서 다시 이야기하겠지만 일상의 논리는 이원론적인 것에 비해 저쪽(궁극적인 세계)의 논리는 불이(不二)론적이다. 이것을 조금 풀어서 설명하면 일상에서는 'A는 A이지 B일 수 없다'는 것이 상식으로 통한다. 그런데 저 너머 세계에서는 A는 'A이면서 B일 수 있다'는 논리도 가능하다(다른 논리도 있지만 여기서는 이것만 보자). 이런 것은 일상의 상식적인 논리로는 이해가 안 되는 것이다. 그런 까닭에 이 궁극의 경지는 항상 역설적으로 표현할 수밖에 없다. 부정적인 표현으로 접근하는 것이다. 벌써 이 만큼만 이야기해도 이원론이니 불이론이니 하는 단어들 때문에 말이 어려워진다. 그래서 이런 종교의 경지에 대해서는 평소에 말을 꺼내지 못하는 것이다.

그러나 이왕 말이 나온 김에 조금 더 쉬운 예로 설명해보면, 신의 속성을 정의할 때 우리는 '신은 없는 곳이 없지만 어떤 (특정한) 곳에도 없다'라는 말을 많이 한다. 그런데 이 표현은 역설적이지 않은가? 신이 없는 곳이 없다면 이것은 신은 모든 곳에 존재하는 것이 된다. 그런데 바로 그 다음 문장에서는 신은 어디에도 없다고 부정해버린다. 두 문장이 모순을 일으키고 있는 것이다. 사정이 그러하니 이런 데에 익숙하지 않은 일반 독자들은 이런 이야기를 들으면 생경해 하고 어리둥절할 것이다. 이 문제는 본문에서 또 다루니 지금 이해가 잘 안 되더라도 그냥 넘어가기로 하자.

이런 저런 사정으로 이처럼 종교에 대해 말하는 것은 쉽지 않다. 그런데 이것을 거꾸로 생각해보면 그동안 내가 종교에 대해서 하고 싶은 말이 많이 쌓여 있다고도 할 수 있다. 앞에서 말한 이유 등으로 사람들에게 종교에 대해서 말을 할 수 없었기 때문에 그렇게 된 것일 것이다. 그래서 이런 특별한 지면을 통해 그동안 사람들에게 마음 놓고 털어놓지 못했던 이야기를 하고 싶어졌다. 그 하고 싶었던 이야기 가운데에서도 나는 특히 사람들이 종교에 대해 갖고 있는 오해나 편견들을 풀고 싶다. 사람들은 종교에 대해 참으로 많은 오해를 갖고 있기 때문이다.

그 많은 오해 중에 신에 대한 오해는 참담할 지경이다. 오해라기보다 '식견이 짧다'고 표현하고 싶은데 대부분의 유신론자들은 초등학생 정도의 낮은 수준의 신 개념을 갖고 있다. 그런데 그들은 나이를 먹어도 초등학교 학생 수준의 신 개념에서 벗어나지 못한다. 그리고 그러한 신 개념이 절대적인 진리라고 생각한다. 우리 교회 목사님이 그렇게 말하고 있고 스스로를 '성도(聖徒)'라고 칭하는 신자들이 그렇게 믿고 있기 때문에 이러한 신 개념이 틀렸다는 것을 한 번도 생각해 본 적이 없다. 그런데 그들이 생각하는 신 개념은 모두 상대의 세계와 절대의 세계를 구분하지 못하는 데에서 나오는 망상이다. 이에 대해 자세한 것은 본문에서 상세히 다루니 그때 자세히 보도록 하고 여기서는 이런 신 개념은 아주 낮은 수준에 해당된다고만 밝혀두자.

그런데 이런 것들은 유신론적인 종교에만 발견되는 것이 아니다. 신을 상정하지 않는 불교에서도 이런 현상을 얼마든지 목격할 수 있다. 이에 대한 예도 숱하게 들 수 있지만 가장 비근한 예를 들어보면, 불교도들이 자기들이 만든 불상에 대고 노상 비는 것이 그것이다. 자기가 만들어 놓은 것에 대고 비니 얼마나 웃기는 일인가? 자기가 자기에게 비는 것이다. 그러니 거기다 대고 내 자식을 대학에 합격해달라고 해봐야 그게 통하겠는가? 물론 이런 맹목적인 기복 신앙에 대해서는 다른 의견도 가능하다. 즉 이런 낮은 수준의 신앙도 다른 사람에게 해가 가지 않는다면 꼭 나쁘다고 할 것은 아니라는 것이 그것이다. 또 이런 신앙은 사람들에게 의지처를 제공한다는 의미에서는 필요한 것 아닌가 하는 견해도 있는데 그것 역시 틀린 것은 아니다. 종교는 이처럼 이야기를 시작하면 할 말이 많아진다. 그러니 이런 이야기는 일단 예서 접고 다음 주제로 넘어가자.

어떻게 서술할까?

이 책은 이런 여러 가지 문제를 다루고 있는데 그 서술 방법으로는 대화체를 택할 것이다. 대화체는 장점이 적지 않기 때문이다. 어떤 장점일까? 우선 읽기에 수월하다. 대화니까 한 문단이 길지 않다. 그래서 읽는 사람들이 중간 중간에 쉬면서 갈 수 있다. 요즘은 사람들이 글을 전화기를 통해 보는 경우가 많아 긴 문단으로 전개되는 문장은 아무래도 독자들에게 부담된다. 그래서 중간 중간에 끊고 가는 것이 좋다. 대화체는 바로 이 일을 할 수 있어 좋다. 또 대화체가 가진 큰 장점은 화자를 통해서 독자들이 궁금해 할 만한 질문을 대신해 줄 수 있다는 것이다. 책을 읽다 보면 의문이 생기는 경우가 많은데 그것을 질문자가 대신해서 질문해주면 독자들은 가려운 데를 긁어주는 것 같은 느낌을 받을 것이다.

본문에 나오는 대화는 주(主)와 객(客)이 진행한다. 여기서 주는 필자를 뜻하고 객은 질문자를 나타낸다. 나는 주의 입을 통해 내가 그동안 하고 싶었던 종교 방담을 풀어낼 것이다. 그러면 그에 대해 객은 소소한 질문을 던지고 동시에 자기 의견을 표명할 것이다. 그 질문에는 여러 유형이 포함된다. 독자들에게 필요한 정보를 요구할 수도 있고 잘못 알고 있는 것들에 대해 문의할 수도 있을 것이다. 그런가 하면 내가 지닌 시각이 편향되었다고 생각되면 그에 대해 반론을 제기할 수도 있을 것이다. 예를 들어 내가 종교에 대해 너무 비판적이면 객은 종교의 순기능에 대해 역설하면서 반문할 수 있을 것이다. 그런 식으로 전개하면 이 논의가 한 쪽으로 편향되는 것을 어느 정도는 막을 수 있지 않을까 한다.

본문의 형식에 대해 또 하나 밝히고 싶은 것은 이 글은 방담의 형식을 띤다는 것이다. 그러니까 전체적으로 어떤 얼개가 있어 한 가지 주제를 가지고 주밀하게 논리를 전개하는 것이 아니라 자유롭게 여러 주제들을 다룰 것이라는 것이다. 그래서 방담이라고 하는 것이다. 이렇게 자유롭게 논의하는 데에는 큰 장점이 있다. 그 가운데 가장 큰 장점은 어려운 주제를 쉽게 다룰 수 있다는 것이다.

예를 들어 절대 실재(Absolute Reality) 문제나 신과 같이 종교에서 가장 중요한 개념을 설명하는 경우를 보자. 이런 개념은 대단히 어려운 것이라 산문으로 풀어쓰면 전문적인 용어로 설명할 수밖에 없다. 그럴 때 보면 그 개념에 대해 말을 하는 사람이나 그 말을 듣는 사람이 서로 무슨 말을 하는지 모르는 경우가 많다. 이런 어려운 주제라도 일상적인 용어를 쓰면 훨씬 이해가 잘 될 수 있다. 예수도 신에 대해 설명할 때에 대화를 통해서 일상용어로 쉽게 설명하지 않았던가? 특히 신에 대해서 사람들이 오해를 하고 있는 경우가 많은데 이 주제도 대화로 풀면 얼마든지 쉽게 설명할 수 있다.

이렇게 자유롭게 논의하는 것이 재미있는 것은 서술의 방향이 앞으로 어떻게 흘러갈지 모른다는 데에 있다. 이것은 흡사 목적지를 정하지 않고 떠나는 여행과 같다. 이렇게 여행을 떠나면 아주 뜻밖의 사람을 만날 수 있고 예상하지 않은 곳으로 갈 수도 있어 여행의 재미가 말할 수 없이 배가된다. 또 이렇게 글을 쓰다 보면 힘든 가운데에서도 큰 기쁨을 느끼는 경우가 있다. 그것은 내가 알고 있었지만 알고 있다는 것을 몰랐던 것을 발견하는 기쁨이다. 이런 때에 나는 '내가 이런 것을 알고 있었구나' 하면서 작은 환희에 젖는다. 이것은 이를 테면 평소에 잘 알지 못하고 있던 자신의 무의식과 만나는 것이라고 할까? 자신 안에 있되 자신 같지 않은 자신과 만나는 것이다. 이런 기쁨 덕에 힘든 글쓰기 작업을 이어갈 수 있는 것이리라.

이제 이런 생각을 갖고 자유롭게 길을 떠나 보자. 나는 아직 어떤 주제로부터 시작할지 정하지 않은 상태이다. 머릿속에 맴도는 주제는 많은데 그 순서를 어떻게 할지 정하지 못한 것이다. 이럴 때 나는 잠시 기다린다. 그러면 어떤 생각이 떠오르고 나는 그것을 따라간다.

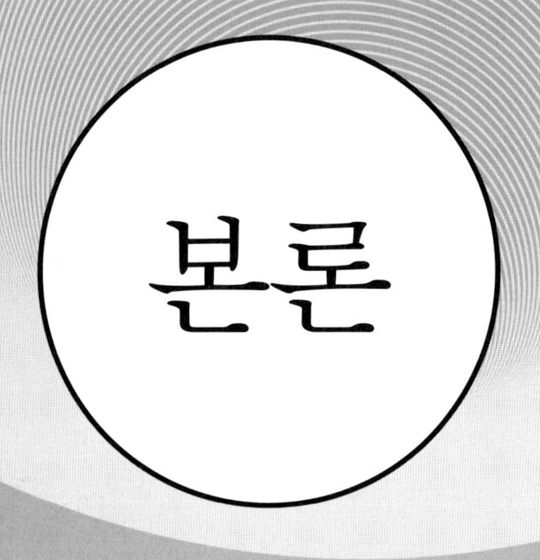

본론

방담을 시작하면서 어떤 주제를 가장 먼저 다룰까 하는 질문이 끊임없이 나에게 던져졌다.
몇 가지 생각이 교차되더니 신 혹은 유일신에 대한 생각이 가장 먼저 떠올랐다.
이 개념은 대단히 어려운 것이라 대화의 물꼬의 트는 것으로서는 그다지 어울리지 않을 것 같은데
이 생각이 먼저 떠올랐다. 생각나는 대로 자유롭게 가자고 했으니 그대로 따르는 수밖에 없었다.
이 개념이 가장 먼저 떠오른 것은 내가 평소에 이 주제에 많이 생각했기 때문일 것이다.
또 이 개념을 둘러싸고 너무나 많은 오해가 있어 그것부터 밝혀 보고 싶은 생각도 작용했다.
그래서 이 대목은 '유일신론은 다신론이다'와 같은 매우 도발적인 선언으로 시작한다.

유일신론에는 어떤 문제가?

유일신론은 다신론이다!

주: 지금 우리가 대화를 시작하면서 나에게 가장 먼저 떠오르는 생각은 유일신 혹은 유일신교에 대한 것입니다. 사람들은 이 유일신에 대해 많은 오해를 하고 있습니다. 아니 오해라기보다 잘못 알고 있다고 하는 게 맞는 표현이겠지요. 당신은 유일신이라고 하면 '유일한 신'이라고 이해하고 있겠죠. 기독교나 이슬람교에서 '우리 신은 유일하다'라고 할 때 이것은 이 세상에는 그들의 신, 즉 야훼나 알라만이 존재한다는 것을 뜻합니다. 그런데 이러한 유일신론은 그 단어 자체에 모순이 있습니다. 세상에 유일신은 있을 수 없습니다. 다신(多神)만이 있을 뿐입니다.

객: 네? 뭐라고요? '이 세상에 우리 신 하나만 존재한다'는 게 무엇이 잘못

된 것입니까? 신이 하나만 있다고 하면 그런 줄 알면 되는 것 아닙니까? 그런데 선생님은 한 걸음 더 나아가 유일신이 다신론이라고 하시니 영문이 없습니다.

주: 유일신론을 말 그대로 '신은 하나밖에 없다'는 개념으로 이해하는 것은 당신이 상대적인 세계와 절대적인 세계를 혼동했기 때문에 나온 발상입니다. 생각해보십시오. 하나라는 개념은 어떻게 해야 성립할 수 있습니까? 우리가 어떤 것이 하나라는 것을 어떻게 알 수 있느냐는 것입니다. 하나는 상대적인 개념입니다. 하나가 존재하려면 그것과 상대되는 많음[多]이 있어야 합니다. 하나는 절대로 홀로 존재할 수 없습니다. 하나가 하나인 줄 알려면 다른 많음이 있어야 하기 때문입니다.

이것은 상대의 세계를 지배하는 철칙입니다. 예를 들어 여기에 사과가 하나가 있다고 하면 그것은 다른 사과나 다른 과일이 많이 있기 때문에 그것이 하나인 줄 알 수 있는 것입니다. 따라서 우리 신은 유일하다는 것은 그 말 자체에 다른 신도 많이 있다는 것을 인정하는 것이 됩니다. 그러니까 유일신을 주장하는 자가 이 우주에는 자신의 신밖에 없다고 말하는 순간 그는 다신론자가 되는 것입니다.

객: 선생님의 말씀을 들어보니 적어도 논리적으로는 부정할 수 없군요. 하나와 많음은 상대적인 개념이라 항상 같이 있어야 한다는 그 생각 말입니다. 그렇게 되면 이 세상에는 유일신교라는 게 없는 것이네요. 그냥 다신교만 있는 것이란 말씀입니다.

주: 인도의 『찬도갸 우파니샤드』 같은 책을 보면 브라만 같은 절대 실재를

정의할 때 "두 번째가 없는 하나(One without a second)"라고 하고 있습니다. 이것을 조금 풀어 설명하면 유일하다는 것은 대적할 만한 다른 것이 없는 그런 것을 말합니다. 상대가 되는 그 어떤 것도 없다는 것이지요.

객: 선생님의 말씀은 알 듯 모를 듯합니다. 논리적으로는 수긍이 되는데 한 번 더 생각해 보면 구체적으로 무엇을 뜻하는 것인지 잘 모르겠습니다. 만일 이 세상에 있는 것 가운데 그것에 상대가 되는 어떤 것도 없는 것이 있다고 한다면 그것은 전체가 아닐까요? 논리적으로는 이렇게 생각할 수밖에 없습니다. 전체만이 상대를 가지지 않지, 부분은 아무리 크더라도 그것에 상대가 되는 것이 있지 않습니까?

신이 이 우주를 창조했다는 것은 모순된 주장이다!

주: 맞습니다. 당신은 상당히 눈치가 빠르군요. 당신 말대로 전체만이 상대가 되는 객체가 존재하지 않는 법입니다. 따라서 신이 유일한 존재라고 주장하는 것은 신이 이 우주 전체라고 하는 것과 같은 의미입니다. 그래야 그런 신은 '두 번째가 없는 하나'가 됩니다. 이런 입장에서 보면 유일신교에서 말하는 것처럼 '신이 이 세상을 창조했다'는 식의 주장은 문제가 많은 주장입니다.

객: 신이 이 세상을 창조했다는 것이 잘못된 주장이라고요? 선생님 말씀을 들어보면 세상에서 상식으로 통하는 것 중에 맞는 것이 하나도 없다는 느낌

이 듭니다. 조물주가 이 세계를 창조했다는 것은 많은 사람이 믿는 평범한 믿음 아닙니까? 이 세상의 존재를 설명할 때 가장 유효한 설명 같은데요, 그렇지 않습니까? 이 세상이 생겨난 것을 설명할 때 이 조물주 창조론이야말로 가장 쉬우면서도 적절한 설명 아닌가요?

주: 그렇죠. 우리 인간들은 이 세계가 어떻게 생겨났는지에 대해 그 답으로 신, 즉 조물주가 창조했다고 믿는 경우가 제일 많은 것 같습니다. 이것은 특히 기독교나 이슬람교 같은 유일신교를 믿는 사람들이 갖는 견해입니다. 그런데 이 같은 생각에는 심대한 문제가 있습니다. 이 문제를 설명할 때 이들은 보통 신령한 복장을 한 어떤 신 같은 존재가 자기 앞에 세상을 창조하는 모습을 상상합니다. 이것을 기독교를 원용해서 설명해보면, 흰 수염이 휘날리는 어떤 백인 할아버지가 '빛아 있으라!'라고 외치면 빛이 생겨나고 하는 그런 모습을 상정해볼 수 있겠지요.

객: 저도 선생님 의견에 동의합니다. 세상의 창조에 대해 생각할 때 우리는 보통 그런 이미지를 생각합니다. 선생님이 그런 말씀을 하시니까 미켈란젤

미켈란젤로의 "천지창조"(부분)

로의 '천지창조'라는 그림이 생각나네요. 바티칸 소재의 성 베드로 성당에 그려져 있는 그 그림말입니다. 그걸 보면 야훼가 흰 수염 난 할아버지의 이미지로 나와 자신의 손끝을 아담의 손끝에 대어 아담을 창조합니다. 이처럼 사람들은 부지불식간에 외부자인 신이 인간을 포함해서 이 세상을 창조했다고 믿고 있습니다.

주: 사실 엄밀히 말하면 이 그림은 신을 찬미하는 게 아니라 모독하고 있습니다. 신성모독이라는 것이죠.

객: 네? 그 성스럽다는 그림이 야훼를 모독하고 있다고요? 믿을 수가 없군요. 저는 이 그림의 문제를 다만 신을 백인 할아버지로 묘사하고 있는 데에서만 찾고 있었는데요. 이 그림은 너무나도 백인 남자 편향의 그림이라 문제가 많다고 생각하고 있었습니다. 모든 인류를 창조한 신을 어떻게 백인, 그중에서도 남자로 묘사할 수 있느냐는 것이 제가 제시하는 문제점이었지 그 그림이 신성모독이라고 생각해본 적은 없습니다.

주: 맞습니다. 분명히 이 그림에는 백인남성 우월주의가 짙게 깔려 있습니다. 그 그림을 그린 사람도 백인이고 그 그림을 보는 사람도 백인이니 어쩔 수 없었겠지요. 그런데 그것보다 더 문제가 되는 것은 절대적인 신을 상대적인 것으로 끌어내렸다는 데에 있습니다. 잘 생각해보십시오. 인간은 상대적인 존재입니다. 상대적인 존재란 구분 혹은 한계가 명확하게 있는 존재를 말합니다. 이게 무슨 말일까요? 나는 나일 뿐 내 옆에 있는 다른 사람이나 다른 사물이 될 수 없습니다. 구분이 뚜렷하다는 것입니다.

우리 인간은 상대적인 존재이기 때문에 우리가 감지하고 인식할 수 있는 존재는 모두 상대적인 것입니다. 그런데 이 그림에서는 어떻게 신을 그렸습니까? 인간과 대등한 상대적인 존재로 그리지 않았습니까? 이것은 신을 절대 영역(?)*에서 상대 영역으로 끌어내린 것을 말합니다. 상대 영역에서는 모든 것이 한정되어 있고 제한되어 있다고 했습니다. 따라서 이런 신은 전지전능하거나 무한한 신이 될 수 없습니다. 그런 의미에서 이 그림이 신성모독을 자행하고 있다고 한 것입니다.

대부분의 신앙은 우상숭배이다!

객: 다시 드는 생각이지만 선생님의 말씀은 논리적으로 틀린 게 하나도 없습니다. 그런데 우리 평범한 사람들은 만일 신이 있다면 저 하늘 높은 데 어디쯤 있으면서 우리가 기도를 하면 그 기도를 듣고 소원을 풀어주는 존재라고 생각하고 있습니다.

주: 맞아요. 대부분의 유신론자들은 그런 신앙을 갖고 있습니다. 이것은 목사 같은 성직자들도 마찬가지입니다. 그들이 교회에서 기도하는 것은 모두 이처럼 하늘에 붙박이로 있는 신을 향해 하는 것입니다.

---

* 신과 같은 절대 존재에게는 영역이라는 단어를 쓸 수 없다. 영역이 있다는 것은 언제나 어느 일정한 영역에 한정되는 것을 의미하기 때문이다. 신은 어떤 영역에도 한정될 수 없다. 사실 신을 존재로 표현하는 것도 문제가 있다. 존재라는 것 역시 비존재에 상대되는 개념이기 때문이다. 어떤 것을 존재라고 말하는 순간 그것은 상대적인 영역으로 들어온 것을 뜻하게 된다. 다시 부연 설명을 하면 신이 존재한다고 하는 순간 신은 존재하지 않을 수도 있다는 것이 된다. 그런데 신이 존재하지 않을 수 있다는 것은 생각할 수 없다. 이처럼 이원론적인 영역에 있는 언어를 가지고 절대 영역을 묘사하는 것은 매우 힘든 일이다.

객: 그렇다면 그건 우상숭배 아닙니까? 그들이 가장 염오하는 우상숭배 말입니다. 기독교(개신교)인들은 불교도들이 불상 앞에서 절을 하는 것이나 제사 지낼 때 절하는 것을 우상숭배라 하면서 극력 비판합니다. 그런데 자신들도 우상숭배를 하고 있었네요.

주: 사실 엄밀한 의미에서 보면 거의 대부분의 종교인들은 우상숭배를 하고 있습니다. 나무나 쇠 같은 물질을 가지고 특정한 신상(神像)으로 만들어 그것을 숭앙하는 것은 드러나 있는 우상숭배입니다마는 이것만이 우상숭배가 아닙니다. 그 상을 이미지로 만들어 마음 안에 모셔도 그것 역시 우상숭배가 될 소지가 많습니다. 그렇지 않습니까? 기독교인들은 자기 마음속에 신의 이미지를 만들어 놓고 그것과 대화하고 그것을 향해 기도를 하고 있지 않습니까? 이것은 신을 대상화 한 것인데 이것도 엄밀히 말하면 우상숭배라 할 수 있습니다.

이렇게 보면 대부분의 기독교인은 중세에 유럽 사람들이 갖고 있는 기독교적 세계관에서 조금도 벗어나지 못한 것을 알 수 있습니다. 조금 다른 이야기처럼 들릴 수 있지만 당신은 우리가 왜 해나 달을 두고 뜨고(rise) 진다(set)는 표현을 하고 있는지 아십니까? 이게 중세적 세계관의 산물이라고 하면 납득이 되겠습니까?

객: 과학적으로 보면 태양이나 달이 움직이는 게 아니라 지구가 자전하기 때문에 해나 달이 뜨고 지는 것처럼 보이는 것이니 위의 말은 틀린 것이지요. 다시 말해 지구가 움직이기 때문에 해나 달이 뜨는 것처럼 보일 뿐인데 지구는 가만히 있고 해나 달이 뜨고 진다고 하니 우습다는 생각도 듭니다. 그런데 이런 표현이 유럽의 중세 사람들의 세계관에서 비롯되었다고요?

지구가 중심이 된 중세 유럽인들의 세계관

주: 네. 그렇습니다. 꼭 유럽인들만 그런 것은 아니고 다른 나라 사람들도 이와 비슷하게 생각했지만 기독교의 경우에는 그네들의 교리와도 연결되어 있기 때문에 유럽인들의 세계관에 대해 보겠습니다. 그들의 세계관(우주관)에 따르면 그림에서 보는 것처럼 지구는 전 우주의 중심에 붙박이로 있습니다. 물론 지구는 둥글지 않고 평평합니다. 지구를 둘러싸고 있는 것은 바다입니다. 그리고 하늘에 별은 붙박이로 박혀 있습니다. 그에 비해 해와 달은 이 별 사이를 교대로 뜨고 집니다.

중세 유럽인들의 세계관을 그린 그림

객: 선생님이 말씀하시는 것은 그리스 신화에서 태양의 신인 아폴로가 태양

마차를 타고 하늘에 뜨면 아침이 되는 것 같은 것을 가리키는 것 아닌가요? 이것은 지구는 가만히 있고 해가 움직이는 구도를 아폴로를 가지고 설명한 것인데 이게 '지구중심주의'라는 발상에서 생긴 것이라는 것이지요?

주: 맞아요. 여기에 기독교의 통속적인 교리가 등장합니다. 당시의 보통 기독교인들은 이 하늘 어딘가에 수염 난 (백인) 할아버지가 있어 지상을 굽어보고 있다고 생각했습니다. 이게 그들이 말하는 신이지요. 그들은 이 신이 인간들에게 일어나는 모든 일을 꿰차고 있다고 믿었습니다. 그리고 이 신은 자신에게 올린 인간들의 기도도 듣고 인간들이 자신을 잘 섬기는지도 감시하는 그런 존재였습니다. 그런데 기독교에서는 여기서 끝나지 않고 이 할아버지가 이 지구를 너무도 사랑하셨다는 것 아닙니까?

객: 그렇죠. 기독교의 교리에 따르면 이 신이 인간을 너무도 사랑해서 자신의 외아들인 예수를 지상에 보내 도탄에 빠진 인간들을 구하려고 했다고 하지요.

주: 기독교의 이러한 교리는 전 우주에서 지구가 중심에 있다는 세계관에 기초한 것입니다. 당신은 중세에 기독교가 지동설을 주장한 '브르노'나 '갈릴레오' 같은 과학자들을 박해한 것을 알고 있을 터인데 이들의 과학적인 주장에 대해 당시의 기독교 교단(교황청)이 아주 신경질적인 반응을 보인 이유를 아나요?

객: 그거야 지동설이 기존 기독교에서 주장하는 천동설과 정면으로 배치되니까 그랬던 것 아닌가요?

기독교는 왜 지동설을 극력 꺼렸을까?

주: 지동설이 단순히 기독교의 교리에 반하기 때문에 기독교가 받아들이지 않은 것이 아닙니다. 지구가 움직인다는, 따라서 지구가 더 이상 우주의 중심이 아니라는 생각은 기독교의 근간을 뒤흔드는 엄청난 파괴력을 갖기 때문에 기독교가 극력 배척한 것입니다. 그 이유는 간단합니다. 만일 지구가 우주의 중심이 아니라면 이 우주를 만든 신이 자신이 가장 사랑하는 외아들(독생자)을 지구에 보낼 이유가 없습니다.

이 우주에는 별이 아주 많습니다. 기독교에 따르면 이 별들은 모두 야훼가 창조한 것입니다. 그런데 지구가 그런 수많은 별 중의 하나에 불과하다면 야훼가 자신이 가장 사랑하는 아들을 지구에 보낼 이유가 없어진다는 것입니다. 이렇게 되면 지구는 더 이상의 특별한 별이 아니고 그저 하나의 별에 불과하기 때문에 야훼는 지구에 사는 인간들에게 더 많은 관심을 둘 이유가 없게 됩니다. 지구가 우주의 여러 별 가운데 가장 소중한 별이어야 한다는 이론적인 근거가 없어진다는 것이지요. 이런 사정 때문에 기독교는 지동설이 대두되는 것을 극력 막은 것입니다.

객: 그렇군요. 충분히 이해가 됩니다. 그런 이유에서 지동설을 거부했다면 기독교는 지금이라도 왜 예수가 이 지구에 내려왔는지에 대해 설명해야겠네요. 그런데 저는 지금까지 그런 설명을 들어본 적이 없습니다. 이 우주에는 헤아릴 수 없이 많은 별이 있는데 왜 신이 지구에만 구세주를 보냈는지에 대한 설명이 없다는 것입니다. 사실 기독교 교리는 이상한 것이 많아요.

가령 신을 하느(나)님 아버지라고 부르니 남성으로 묘사하고 있는 것인데 거기서 그치지 않고 그에게 아들이 있다고 하지 않습니까? 이 교리를 기독교인들은 금과옥조처럼 생각하고 있지만 한 번만 생각해보면 이 교리가 얼마나 엉뚱한 교리인지 알 수 있습니다. 신이 어떻게 남성인 아버지가 되고 더 나아가서 그 남자는 혼자 있는데 어떻게 아들까지 두었단 말입니까? 게다가 신이 남성이고 아들까지 두었다는 사실을 인간들은 어떻게 알았을까요?

주: 거기서 끝나지 않죠. 그 아들이 인간의 죄를 다 뒤집어쓰고 죽었다 다시 살아나서 얼마간 지상에 머물다 하늘로 다시 올라갔다는 것도 그렇습니다. 이것은 기독교의 근간을 이루는 교리인데 어느 하나 거침없이 받아들일 수 있는 것이 없습니다. 이 교리들은 너무나도 남성중심적이고 인간의 죄성을 심하게 강조합니다. 그뿐만이 아니라 부활이나 승천 같은 교리는 일상적인 사고로는 도저히 납득할 수 없습니다. 이것을 여기서 다 이야기할 수 없으니 앞으로 천천히 논의하지요.

객: 저도 동의합니다. 기독교는 도그마가 너무 강해요. 도그마가 강하니 교회에서는 신자들에게 자꾸 믿으라고만 하는 것 같습니다. 또 기독교와 다른 생각에 대해 인내가 없어요. 주위의 의견이 자기의 생각과 조금이라도 다르면 교인들은 그걸 참아내지 못합니다.

주: 그런 태도를 두고 '배타적 진리관'이라고 합니다. 이 태도는 자기만이 진리를 갖고 있다고 생각하는 것을 말하지요. 이 입장에 서면 세상에 있는 다른 사조는 다 틀린 것이 됩니다. 따라서 이런 태도를 견지한 기독교는 다른 것, 그중에서도 과학과 갈등이 생기는 것을 피할 수 없었습니다.

계속되는 과학과 기독교의 갈등

객: 맞습니다. 기독교는 지동설과 각을 세웠지만 곧 유럽의 지성계에 진화론이 소개되면서 또 진화론과도 갈등관계에 들어갑니다. 그 유명한 창조설과 진화론의 갈등입니다. 기독교 교리에 따르면 인간은 위대한 신이 창조한 최고의 작품인데 원숭이에게서 진화했다고 주장하는 진화론을 기독교가 받아들일 수 없었겠지요.

주: 이 같은 기독교의 창조설과 진화론의 갈등은 많이 알려져 있어 다시 논할 필요를 느끼지 않습니다. 사실 기독교의 창조설과 진화론은 서로 다른 차원에 있는 이론이라 이 둘을 같은 차원에서 비교하는 것은 어불성설입니다. 이것을 아주 간단하게 설명해보면, 창조론은 시간을 넘어선 영역에서 일어나는 사건을 묘사하고 있는 것이라면 진화론은 시간 안에서 생기는 변화를 설명하는 이론입니다. 따라서 서로 간에 갈등이 있을 필요가 없습니다. 차원이 다르니 갈등이 있을 여지가 없습니다. 외려 두 이론은 보완 관계에 있다고 할 수 있는데 이에 대한 설명은 다소 복잡하니 여기서는 넘어가도록 하지요.

어떻든 기독교는 이처럼 인간의 과학이 발전하면서 자꾸 부딪힙니다. 근현대가 되어 인간이 개명되고 인지가 엄청나게 확장되었는데 기독교는 그것을 쫓아가지 못해 그것과 충돌하고 있는 것입니다. 이런 게 모두 기독교가 너무 도그마성이 강하기 때문에 일어나는 일입니다.

객: 맞아요. 기독교는 인간이 이룩한 엄청난 성과인 과학과 상치되는 때가 많았지요. 그에 비해 불교 같은 동양 종교는 과학이 발전하면서 그 교리의 정확성(?)이 더 밝혀지는 것 같더라고요. 특히 현대물리학과 양자역학에서 주

장하는 이론이 불교나 힌두교의 교리와 상통하는 바가 많다고 들었습니다.

주: 그 사정은 내가 30여 년 전에 게리 쥬카브의 명저, 『The Dancing Wu Li Masters』라는 책을 "현대물리학의 최첨단-불교사상과의 만남"(문맥, 1980)의 제목으로 번역 출간한 적이 있어 잘 압니다. 불교의 "반야심경"에 나오는 '물질과 비어있음이 다르지 않다'는 '색즉시공(혹은 색불이공)' 같은 교리나 "화엄경"에 나오는 '하나가 전체이고 전체가 하나이다[일즉다 다즉일, 一卽多 多卽一]'라는 주장이 현대물리학에서 말하는 것과 통하는 바가 있다는 것이 그것입니다. 현대물리학에서 이런 주장을 하기까지 이러한 불교의 교리는 언어도단적인 것으로 간주되었습니다. 상식과 너무나 맞지 않았기 때문입니다.

그러던 게 서양인들이 현대물리학을 발전시키면서 불교의 이 교리는 사물의 내적 구조를 말하고 있다는 사실이 밝혀집니다(물론 이 견해에 반대하는 견해도 있다). 물질을 계속해서 쪼개 들어가 원자의 수준으로 가면 그곳에는 엄청나게 큰 빈 공간이 있다는 것이나 물질은 거시적으로는 다 개개(個個)인 것처럼 보이지만 미시적인 세계로 들어가면 서로가 다 연결되어 있다는 것은 현대물리학이 알아낸 위대한 성과 아닙니까?

객: 맞습니다. 저의 주관적인 판단인지 모르지만 불교는 교리적인 면만 본다면 분명 기독교보다 앞선 것으로 생각됩니다. 우선 불교는 도그마가 없어요. 그래서 기독교처럼 목숨을 내걸고(?) 믿을 필요가 없습니다. 불교의 교리는 내 이성적인 판단으로 맞는다고 생각되면 받아들이면 되고 내가 납득이 안 되면 받아들이지 않으면 됩니다. 그런 면에서 불교는 세계에서 인간의 이성을 가장 신뢰한 가르침이 아닌가 합니다. 그러나 이것은 엘리트 불교가 그렇

다는 것이지 거개의 일상적인 불교도들이 그렇다는 것은 아닙니다. 대부분의 불교도들은 철저하게 기복신앙에 머물러 있지요.

주: 이 문제는 중요한 주제라 앞으로도 계속해서 다룰 터이니 틈틈이 다시 보기로 하고 이 창조론이 갖고 있는 문제로 되돌아가 보지요. 앞에서 조물주가 어떻게 세상을 창조했는가에 대해 살펴보다가 미켈란젤로의 그림인 '천지창조'로 길이 새서 여기까지 왔습니다. 유신론을 믿던 믿지 않던 대부분의 사람들은 조물주가 이 세상을 창조했다는 믿음에 대해 다음과 같이 생각하는 경향이 있습니다. 그게 혹시 무엇인지 아십니까?

기독교식의 창조론이 갖고 있는 문제점

객: 그거야 뭐 깊게 생각할 필요가 없을 것 같은데요? 앞에서 선생님이 말씀하신 것처럼 조물주가 자기 손으로 세상을 만들어내는 이미지가 연상됩니다. 미켈란젤로의 그림처럼 신이 자기 손으로 손수 이 세상을 창조하는 그런 이미지 말입니다. 조물주가 자기 손으로 이 세계를 창조했다는 것, 선생님은 그게 문제가 있다고 말씀하시는 것이지요? 무슨 문제인지 잘 모르겠지만 자꾸 그렇게 말씀하시니까 보통 사람들이 믿는 신앙에는 문제가 없는 것이 없는 것처럼 보이네요.

주: 이 문제에 대해서는 앞에서 미켈란젤로의 그림을 볼 때 어느 정도 이야기했습니다. 그렇기 때문에 여기서는 조금 다른 시각에서 말해 볼까 합니다.

더 쉽게 설명하기 위해 이런 신앙을 한 번 이미지로 그려볼까요? 이런 식으로 신이 세상을 창조하는 것을 그림으로 그려보면, 우선 신이 있고 그 앞에 세상 혹은 우주가 펼쳐져 있는 것으로 나타납니다. 사람들은 대개 이런 식으로 세상의 창조를 생각하고 있을 겁니다. 그런데 바로 이 이미지에 문제가 있습니다.

이 문제는 앞에서 얼핏 언급했지만 여기서는 더 논리적으로 따져보지요. 논리적으로 따져보자고 하니까 어려울 것처럼 느낄지 모르지만 사실 이 문제는 이해하기가 어렵지 않습니다. 신은 전체라고 했지요? 만일 신이 전체라면 신에게는 밖이 있을 수 없습니다. 그렇지 않습니까? 신 밖에 어떤 것이 있다면 그런 신은 유한한 존재가 됩니다. 그 밖에 있는 존재가 유한하듯이 그 존재와 대면하고 있는 신도 유한한 존재가 되기 때문입니다. 다시 말해서 신이나 신 밖에 있는 존재는 모두 부분이 되어 유한한 영역에 머물게 됩니다. 이런 관점에서 보면 신이 신 밖에다가 세상을 창조했다는 생각은 틀린 것이라는 것입니다.

객: 논리적으로 부정할 수 없는 말씀이네요. 우리는 여태껏 그런 신을 이 세상의 조물주로 철석 같이 믿어 왔는데 선생님 말씀을 들어보니 그런 신앙은 주술적인 수준에 머물러 있다고 볼 수 있네요. 초등학생 수준을 벗어나지 못한 것입니다.

부분인 인간은 결코 전체인 신이 될 수 없다

주: 그러나 그런 식의 신앙이 틀렸다는 것은 결코 아닙니다. 단지 저급한 수준에 머물러 있다는 것이지요. 우리들도 유아 시절에는 이런 식의 세계관을 가질 수밖에 없습니다. 우리는 그런 신앙을 딛고 더 성숙한 신앙을 가져야 합니다. 그런데 그렇지 못한 경우가 더 많아 안타깝지요. 주위에 보면 자신이 신을 보았다, 혹은 신의 목소리를 들었다는 사람들이 종종 있습니다. 그러다가 사교 교주처럼 막가는 사람들 중에는 자신이 신이라고 주장하는 사람도 있습니다. 이런 믿음들은 모두 수준이 낮은 저열한 믿음입니다.

이런 사람들은 전체와 부분의 관계에 대해서 전혀 모르고 있는 것입니다. 아니 어떻게 부분인 인간이 전체인 신이 될 수 있다는 말입니까? 그리고 우리는 절대로 신을 볼 수도 없습니다. 이유는 간단합니다. 부분인 우리는 신이라는 전체 밖으로 나갈 수 없기 때문입니다. 우리가 어떤 사물을 보려고 하면 반드시 그 사물의 밖에 있어야 합니다. 그래야 그 사물이 보이기 때문입니다. 그런데 전체라는 것은 밖이 있을 수 없다고 했습니다. 그래서 우리는 전체의 밖으로 나갈 수 없고 바로 그 이유로 우리는 전체 혹은 신을 볼 수 없는 것입니다.

객: 글쎄요, 그래도 신의 목소리는 들을 수 있지 않을까요? 자신의 내면에서 들려오는 소리 말입니다. 우리가 아주 깨끗한 마음으로 기도를 하면 내면 깊은 곳에서 양심의 소리를 들을 수 있지 않을까 하는 생각입니다. 그렇게 듣게 된 소리를 신의 소리라고 하면 틀리는 것일까요?

주: 그렇게 해서 들은 내면의 소리가 신의 목소리가 될 수 있는 가능성이 없

는 것은 아닙니다. 그러나 이런 경우에 대다수의 우리는 주관적인 데에 치우칠 확률이 큽니다. 그런 과정을 거쳐 나온 소리가 정말로 전체(신)의 입장을 대표하는 소리인지 아닌지는 확실하게 알 방법이 없습니다.

만일 어떤 친구가 나는 내 내면으로부터 사람을 죽이라는 신의 소리를 들었다고 하면 어떻게 할 겁니까? 우리는 그 주장이 맞는다고 증명할 방법이 없습니다. 그렇지만 또 틀렸다고 증명할 방법도 없습니다. 따라서 그럴 때에는 인본주의적이거나 이성적인 시각을 가지고 판단해야 합니다. 그 주장이 인본주의, 즉 인간을 가장 중요하게 생각하는 편에 서 있으면 그것을 따르는 일이 무리가 없을 테지만 그렇지 않고 인본주의와 다른 이상한 주장을 하면 그런 소리는 외면해야 할 것입니다.

객: 잘 알겠는데 그렇게 생각하면 사이비 교주들이 종종 '자신은 신이다'라고 하는 것은 어불성설이겠네요.

주: 그럼요. 그 정도 되면 그건 아주 위험한 지경에 다다른 것입니다. 우리 유한한 인간은 결코 신이 되거나 전체가 될 수 없다고 했지요? 우리는 한정된 육체와 이원론적인 사고를 갖고 있어 이것들을 모두 뛰어넘은 절대의 존재가 될 수 없습니다. 지금 내가 하는 말이 어렵나요? 어렵다면 굳이 이해하려고 노력할 필요 없습니다. 때가 되면 알 수 있는 날이 올 겁니다. 이쪽 공부는 호흡을 길게 하고 천천히, 그리고 오랫동안 해야 합니다.

다시 창조의 문제로 돌아가 볼까요? 자, 이렇게 해서 첫 번째로 본, 신이 세상을 대상으로 해서 창조했다는 설은 있을 수 없는 일로 판명되었습니다. 이유는 간단합니다. 그런 신은 유한하기 때문에 영원할 수 있는 존재가 아니기 때문입니다.

객: 그러면 유신론에서는 이 세상의 창조에 대해 뭐라고 해야 하나요? 조물주가 이 세계를 창조하지 않았다고는 할 수 없는 것 아닙니까?

힌두교의 독특한 신관

조금 다른 힌두교의 창조설
— 브라만이 직접 이 세계가 되었다는 전변설(轉變說)

주: 나는 이 조물주의 세계 창조설을 부정하는 것은 아닙니다. 그렇지만 기독교에서는 이런 견해에 대해 별다른 의견을 내놓는 것 같지 않더군요. 그들은 그냥 유대교 경전인 "창세기"에 나온 대로 태초에 신이 세상을 창조했다고만 믿고 있는 것 같습니다("창세기"는 원래 유대교 경전이지 기독교의 경전이 아니다!). 이 문제에 관해서는 더 이상의 언급이 없는 것 같습니다. 그러나 인도인들은 달랐습니다. 힌두교의 사상가들은 위에서 본 창조설이 문제가 있다는 것을 진즉에 알아차렸던 것 같습니다. 그래서 그들이 주장한 게 전변설(轉變說)입니다.

객: 전변설이라, 꽤 생소한 용어네요. 이 설은 앞에서 본 기독교식의 창조론과 어떻게 다른가요? 기독교의 창조론을 극복한 면이 있나요?

주: 전변설을 아주 간단하게 설명하면 이렇습니다. 힌두교에서 최고의 신을 브라만이라고 통칭하고 있는 것은 잘 알려진 사실입니다. 절대 실재가 브라만이라는 것이지요. 전변설은 이 브라만이 기독교(그리고 유대교)에서처럼 자신의 밖에 세상을 창조한 것이 아니라 자신이 변하여 세상이 되었다고 주장하는 설입니다. 이 설이 기독교의 창조설과 다른 점이 있다면 절대 실재인 브라만에게 바깥이라는 공간이 있다는 것을 인정하지 않은 것입니다. 인도인들은 브라만에게 바깥 공간이 있으면 이런 브라만은 절대 실재가 되지 못한다는 것을 알고 이렇게 주장한 것일 것입니다. 그런 면에서 이 설은 기독교의 그것보다 한 걸음 나아갔다고 볼 수 있습니다.

객: 그렇군요. 그런 브라만이 변하여 세계가 됐다고 함으로써 브라만의 절대성은 확보한 것이라고 볼 수 있네요. 기독교처럼 브라만이 주체의 입장에서 객체인 세상을 창조했다고 하면 그가 세상과 함께 상대적인 객체로 떨어진다는 것을 알고 그 입장을 교묘하게 피한 것 같습니다. 대신 아예 자기가 변하여 세상이 되었다고 하니까 자신이 지닌 절대성을 포기한 것은 아닙니다. 그러면서도 이 세상의 창조를 설명해냈으니 이 견해는 분명히 기독교 것보다는 세련된 것으로 보입니다. 그런데 이 주장에는 문제가 없나요? 언뜻 느낌에 이런 주장들 역시 문제가 있을 것 같습니다.

전변설의 문제는?

주: 왜 없겠어요? 절대와 상대의 문제는 어떻게 설명해도 깨끗하게 정리될 수 없습니다. 이것은 우리가 상대의 세계에서 이원론적인 언어를 쓰는 한 어쩔 수 없는 것입니다. 여기도 마찬가지입니다. 이런 문제들은 모두 없음에서 있음이 나타난 것을 설명하려고 하다가 생긴 것입니다. 이 세상이 어떻게 생겨났는가를 설명하려니까 이렇게 힘든 작업이 되었습니다. 없었던 세상이 있게 된 것을 설명하느라 힘든 것이라는 것이지요. 없음은 끝까지 없음이어야지 여기서 있음이 생겨나는 것을 설명할 방법이 없습니다. 그렇지 않습니까? 아무 것도 없는 데서 어떤 것이 어떻게 생겨날 수 있겠습니까?

객: 그렇게 철학적으로 이야기하면 알아듣기가 힘듭니다. 있음과 없음의 문제는 언제 들어도 잘 모르겠으니 넘어가기로 하고 그래서 이 입장은 무엇이 문제라는 말씀입니까?

주: 첫 번째 문제는 너무도 간단한 것이고 지금껏 보아온 것입니다. 이 입장에 가장 먼저 던질 수 있는 질문은 무한한 절대 실재인 브라만이 어떻게 유한한 이 세상으로 바뀔 수 있느냐는 것입니다. 이것을 조금 철학적으로 말하면 브라만 같은 보편자가 어떻게 이 세계라는 특수자로 바뀔 수 있느냐는 것입니다. 무한이나 보편은 끝까지 무한 혹은 보편이지 이것이 유한이나 특수로 어떻게 바뀔 수 있겠느냐는 것이지요. 이 점에서 이 전변설은 문제가 있다고 할 수 있습니다. 아니 문제가 있다고 하기보다는 설명이 더 필요하다고 할 수 있을지 모르겠군요. 개인적으로는 기독교에서 이 입장을 취하지 않는 것은 이 입장이 신을 유한으로 떨어뜨린다는 위험이 있기 때문이 아니었을까 하

는 생각을 해봅니다.

객: 또 보편이니 특수니 하는 철학적 개념들이 등장하네요. 철학은 언제 들어도 어렵습니다. 어떻든 이 입장도 처음에는 괜찮은 것처럼 보였는데 조금 자세하게 들여다보니까 또 절대와 상대, 혹은 무한과 유한의 문제에 걸리네요. 어쩌면 이 문제는 영원히 극복할 수 없는 문제가 아닐까 합니다. 그러면 두 번째 문제는 무엇입니까?

주: 두 번째 문제는 '악과 고통'의 문제와 관계됩니다. 세상에 엄존하고 있는 악과 고통을 어떻게 설명할 수 있느냐는 것입니다. 종교가 지닌 과제 중의 하나는 세상에 엄존하고 있는 악과 고통을 설명하는 것입니다. 왜 사람들이 악에 시달리면서 고통을 받는가 하는 것은 종교가 아니면 설명해 줄 수 있는 것이 없습니다. 그런데 이 전변설은 이 악과 고통의 문제에 취약합니다. 이것은 한 번만 생각해보면 알 수 있습니다. 전변설에 따라 만일 완전무결한 브라만이 변하여 이 세상이 되었다면 이 세상 역시 완전무결해야 합니다. 그런데 이 세상은 온갖 악과 고통이 만연합니다. 전쟁이나 기아, 사고, 폭동, 테러, 살인, 증오 등 엄청난 악이 늘 있어왔습니다. 절대 실재인 브라만이 변해 생긴 세상에 이런 악이 상존한다는 것은 있을 수 없는 일 아니겠습니까?

객: 그렇다면 이 이론은 포기해야 하는 것 아닌가요? 이 이론이 틀렸으니 버려야 하는 것 아니냐는 것이지요.

이원론적인 언어로는 설명하기 힘든 절대 실재의 세계

주: 이 주제와 관련된 논의는 해답을 얻기 힘들다고 했지요? 그래서 어떤 논의도 성공하지 못한다고 했습니다. 우리의 논의는 이원론적인 입장에서 진행되기 때문에 이원론을 벗어난 전체를 설명하는 것은 가능하지 않다고 누누이 말했습니다. 그것은 언어(그리고 사고)라는 것이 본질적으로 이원론적이기 때문입니다. 바로 이 악과 고통의 문제 때문에 기독교의 전통 신관에 따르면 신은 절대적 타자(Absolute Other)로 정의되어 왔습니다. 이것은 신은 이렇게 문제 많은 세상과 아무 관계가 없는 타자라는 뜻입니다. 이 세계는 죄로 가득 차 있습니다. 그런데 신은 지선(至善)이기 때문에 이런 죄만 존재하는 세계와는 아무 관계가 없어야 합니다. 그래서 절대 타자라고 한 것이지요. 신은 이 세계와 완전히 다른 존재라는 것이지요.

객: 그런데 신이 이 세상과 완전히 다른 존재라면 이 세상과는 어떤 관계도 가질 수 없는 것 아닌가요? 그런 생각이 맞는다면 그런 신은 인류와 아무 관계가 없는 존재가 됩니다. 그렇게 되면 신은 인간에게 별 의미가 없는 존재가 되겠지요. 기독교에서 말하고 있는 것처럼 인류를 구원하고 말고 할 것이 없게 됩니다.

주: 맞아요. 그래서 우리가 이런 문제를 가지고 논의할 때 어느 한 쪽을 택하는 순간 다른 쪽은 잃어버리게 됩니다. 만일 신이 이 세상과 무관하다고 주장하면 그 신은 우리와 아무 관계없는 존재가 되고 그런 신은 이 세상을 창조할 수 없습니다. 아무 관계가 없는데 어떻게 세상을 창조할 수 있겠습니까? 창조를 한다는 것은 자신의 창조물과 관계를 갖는다는 것을 의미합니다. 그런

면에서 창조를 말하는 기독교 신학은 자체 모순이 있다고 해야 합니다. 기독교에서는 신이 이 세상을 창조했다고 하고 동시에 신이 이 세상과는 완전히 다른 절대 타자라고 하니 말입니다. 창조한 자체가 이미 이 세상과 관계를 가진 것인데 그런 신을 어떻게 완전한 타자라고 할 수 있겠습니까?

객: 선생님이 말씀하시는 것을 들어보면 머리로는 다 수긍이 됩니다. 선생님의 주장은 논리적이니까요. 그러나 가슴이 응답하지 않네요. 가슴으로는 신은 자애로워 인간을 구하기 위해 독생자를 인간에게 보내는 등 이 세상의 일에 전적으로 관여하는 그런 분으로 이해하고 싶은데 머리에서는 그게 아니라고 하니 혼란이 옵니다.

주: 무슨 말인지 전적으로 이해합니다. 그러나 우리는 가슴만으로 종교를 믿어서는 안 됩니다. 이것을 기독교식으로 표현하면, 신은 우리 인간에게 감성뿐만 아니라 이성적인 능력도 부여했습니다. 따라서 우리는 신이 주신 이 이성적인 능력도 활용해야 합니다. 그래서 그 능력을 가지고 따질 것은 따져야 합니다. 같은 선상에 있으면서 조금 다른 이야기이지만 엄밀히 말하면 기독교 신학은 이 세상에 악과 고통이 있는 것을 설명하지 못합니다. 이유는 간단합니다. 힌두교의 브라만을 설명하면서 잠깐 보았지만 지선의 존재인 신이 이 세계를 창조했다면 이 세계에는 선만이 존재해야 하는데 실상은 그렇지 않기 때문입니다. 그러면 우리는 이 문제를 어떻게 풀어야 할까요?

이 경우를 논리적으로 풀어보면 딱 두 가지 경우가 가능합니다. 첫 번째는 이 세상은 조물주가 창조한 것이 아니라는 것입니다. 그렇게 하면 창조주의 지선성(至善性)은 살릴 수 있겠지요. 이 경우 신은 악과 고통이 가득한 세계와 아무 관계가 없으니 그의 지선성은 살릴 수 있다는 것입니다. 그러나 이 이론을 따르면 이 세상이 어떻게 해서 생겨났는지를 설명할 방법이 없습니다. 신과 세계는 따로 존재하는 것이 됩니다. 사실 논리적으로 따지면 이 세계가 신과 관계없이 존재한다는 것은 있을 수 없는 일입니다. 좀 복잡하지요? 첫 번째 설명은 그 정도 보고 두 번째 설명을 볼까요?

두 번째의 가능성은 창조주의 지선성을 포기하는 것입니다. 그러면 이 세상의 악과 고통을 설명할 수 있습니다. 선하지 않은 신이 이 세상을 창조했으니 이 세상에 악과 고통이 있는 것은 당연한 것이겠지요. 그러나 이 명제에도 큰 문제가 있습니다. 지고지선하지 않은 존재는 절대적 실재가 되지 못한다는 점에서 이 설 역시 처음부터 문제가 있습니다.

유신론에는 어쩔 수 없는 내적인 모순이 있다 — 대안인 이신론(理神論)의 등장!

객: 그러면 도대체 어쩌라는 것인가요? 어떤 방법을 택해도 설명이 완전하게 되는 것은 없으니 말입니다.

주: 그래서 앞에서 말한 대로 우리가 유신론을 고수하는 한 내적으로 생기는 문제를 어찌할 수 없다는 것입니다. 어떤 설명을 택하든지 거기에는 내적인 모순이 있기 때문입니다. 그래서 이렇게 논구를 하다보면 자연히 무신론쪽으로 기울게 됩니다. 유신론으로 설명이 안 되니까 그 반대 되는 무신론에 기웃거리는 것이지요. 이때 말하는 무신론은 '신은 없다'고 주장하는 것이 아니라 '지금까지 기독교나 이슬람교에서 말해왔던 그런 신은 없다'는 뜻입니다.

기독교나 이슬람에서 말하는 신이 없다면 어떤 대안이 있을까요? 유럽인들은 이런 전통적인 신관에 모순이 있다는 것을 뒤늦게 깨닫고 계몽주의 시대에 들어오면서 다른 신 개념을 주장했습니다. 이것은 이신론(理神論, Deism)이라는 신론입니다.

객: 이신론이요? 그건 처음 듣는 단어이네요. 이신론이라고 하는 것을 보니까 이성적인 신론을 말하나요?

주: 그렇게 말해도 과히 틀리지 않습니다. 이 이신론도 나름대로 복잡한 역사가 있지만 그것은 너무 전문적이니 그냥 지나가기로 하고 이신론의 주장에 대해 아주 간단하게 소개해 보겠습니다. 이신론에 따르면 신은 천지를 창조하기는 했지만 그 뒤에는 인간의 일에 개입하지 않았습니다. 그 뒤부터는 이 세계가 자연에 내재하는 법칙으로만 굴러가게 내버려 둔 것이지요. 신 따로, 세계 따로 돌아가는 것입니다. 그런 의미에서 이신론에서 말하는 신은 저 멀리 있는 신이라고 할 수 있지요. 이 신론을 받아들이면 삼위일체니 계시니 혹은 기적 같은 것이 들어설 자리가 없습니다. 예수가 인류의 죄를 대속했다느니 하는 기독교의 기본 개념도 성립할 수 없습니다.

객: 그런 신론이 있었군요. 일견해보면, 이 신론은 무신론이 아닌 유신론의 입장에 서서 창조주는 인정하되 인간의 일에 관여하는 그런 인격신 개념은 부정하는 것이네요.

주: 정확히 보았습니다. 이 이신론을 받아들인 사람 가운데 우리가 잘 아는 사람은 18세기에 산 사람으로 프랑스의 계몽철학자인 디드로나 볼테르 같

은 사람입니다. 이 가운데 특히 볼테르는 기독경을 가리키면서 온갖 비이성적인 일화로 가득 찬 이 책은 백 년 정도 뒤에는 없어질 것이라고 공언했다고 하지요. 물론 지금도 기독교가 성행하고 있으니 그의 예측은 틀린 것으로 판명났지만요. 그런데 이 이신론도 조금만 따져 보면 문제가 있는 것을 발견할 수 있습니다.

한 마디로 이런 신은 상상 속의 존재라 더 이상 논할 필요가 없습니다. 창조만 해놓고 뒷짐 지고 있는 신이라!... 맹세코 그런 존재는 있을 수 없습니다. 신이 이 세계를 창조했다는 것은 이미 인간이나 세계에 관여한 것입니다. 이미 인간 세계에 깊숙이 들어와 놓고 그 다음부터는 신이 그곳에서 발을 뺀다는 것은 매우 어색한 설정입니다. 너무 인위적인 신개념입니다. 이신론은 그렇다 치고 창조론에 관해 조금 다른 견해를 또 보도록 하지요. 좀 더 근본적인 질문으로 신의 창조 행위 자체에 의문을 던지는 것이 그것입니다.

객: 그러니까 신은 인정하지만 신이 이 우주를 창조한 것에 대해서 의문을 갖는다는 것입니까?

브라만이 놀이(play)를 하다가 우주를 창조했다?

주: 네. 신이 이 우주를 창조한 것을 인정하지만 그 창조가 사람들이 보통 생각하는 창조와는 다릅니다. 이것은 인도사상가들이 제시한 견해입니다. 한 번 들어보십시오, 아주 재미있는 발상입니다. 이 논의는 아주 일상적인 데에서 시작합니다. 우리가 무엇을 만들려고 할 때 그 물건을 만드는 이유가 무엇

입니까?

객: 보통 무엇이 필요하다고 생각하면 만들지요. 그렇지 않습니까? 내가 가구가 필요하면 가구를 만들 듯이 말입니다.

주: 맞습니다. 그런데 그처럼 무엇이 필요하다는 것은 자신에게 무엇이 부족하다는 말도 됩니다. 아무 것도 필요하지 않은 사람은 굳이 무엇을 만들거나 살 생각을 하지 않습니다. 인도사상가들은 이런 발상을 세상을 창조한 신에게 적용시켰습니다. 이 생각을 브라만의 세계 창조에 적용해보면, '브라만이 어떤 식으로든 이 세상을 창조했다면 그것은 브라만에게 무엇인가 부족한 것이 있기 때문이다'는 논리가 가능하게 됩니다. 그런데 이 주장에 문제가 있지요.

객: 그렇지요. 어떻게 신이 부족한 게 있을 수 있겠습니까? 자신에게 무엇인가 부족해서 어떤 것을 창조했다면 그런 존재는 신이라 불릴 수 없겠지요.

주: 그래서 인도사상가들은 이 문제를 어떻게 해결할까 골몰했습니다. 브라만이 이 세계를 창조했으되 부족한 것이 있어서 창조한 것이 아니라는 것을 보여주려면 어떻게 설명하면 될까 하고 말입니다. 그래서 나온 개념이 놀이입니다. 이것을 산스크리트어로는 '릴라(lila)'라고 하고 '놀이' 혹은 '유희'로 번역합니다. 그들에 따르면 브라만은 놀다가 이 세계를 창조했다는 것입니다.

객: 네? 브라만이 놀다가 재미로 이 세계를 만들어냈다고요? 도대체 무슨 말

인지 모르겠습니다. 지고의 신이 논다는 발상부터 이해가 잘 안 됩니다.

주: 그런 생경한 반응을 보일 줄 알았습니다. 충분히 이해가 됩니다. 우주 창조라는 거대한 사건이 유희에서 비롯되었다고 하니 믿기지 않을 겁니다. 그러나 이들의 주장에는 나름대로 심오한 것이 있습니다. 자, 한 번 생각해봅시다. 우리가 놀 때 무슨 목적이 있어서, 또 무엇이 부족해서 놉니까? 그냥 놀지요? 우리가 노는 데에는 다른 목적이 없습니다. 그저 노는 것만이 목적입니다. 비근한 예로 우리가 음악을 들으면서 춤을 춘다면 무엇이 부족해서 그런 것이 아니지 않습니까? 그저 음악에 맞추어 춤을 추는 것이 좋기 때문에 그런 행위를 할 뿐입니다. 브라만이 유희하면서 이 세상을 창조한 게 바로 그렇다는 것입니다. 무엇이 부족해서라든가 다른 것을 위해서 행한 행위가 아니라 그것 자체, 그러니까 창조 그 자체를 목적으로 창조한 것이라는 것입니다.

객: 어떻게 보면 궤변인 것 같고 어떻게 보면 탁월한 견해인 것 같고 가늠이 잘 안 섭니다. 이것은 유대-기독교-이슬람 전통처럼 신을 매우 심각하게 생각하는 전통에서는 나올 수 없는 주장인 것 같네요. 만일 구약의 창세기에서 야훼가 놀다가 천지를 창조했다고 하면 난리가 날 겁니다.

주: 그렇겠죠. 그러나 이 유일신교들이 주장하는 신론은 앞에서 본 것처럼 문제가 많지 않았습니까? 인도사상가들은 그런 문제를 풀기 위해 나름대로 이런 대안을 탄력적으로 제시한 것입니다. 사실 인도사상에는 이런 신론보다 더 파격적인 신관이 있습니다. 어찌 보면 낭만적인 신관이라고 할 수도 있습니다. 이런 신관은 멋있게 보이기는 하는데 이해하기는 어렵습니다.

낭만적인 힌두교의 신관
— 이 세계는 브라만의 꿈이다!

객: 신관이 낭만적이라니요? 신이 있고 없고 하는 것 가지고 사람들이 서로 죽고 죽이는데 거기에 무슨 낭만이 들어갑니까? 선생님이 말씀하시는 낭만적인 신관은 사람이 자다가 일어나 봉창 두드리는 것 같습니다.

주: 그렇게 생소하게 들리나요? 그러나 이 견해도 들어보면 힌두교 교리 안에서는 충분히 일리가 있습니다. 힌두교에는 '마야'라는 대단히 중요한 개념이 있습니다. 이것은 환상(illusion) 혹은 환영이라는 개념인데 힌두 철학을 제대로 이해하려면 이 교리를 잘 알아야 합니다. 사람들이 받아들이기 힘들 테지만 힌두교에서는 우리가 살고 있는 이 세상을 기본적으로 환상이라고 봅니다. 실재하는 것이 아니다, 즉 리얼(real)한 것이 아니라는 것이지요.

객: 우리들이 이 세상에서 멀쩡히 잘 살고 있는데 이 세상이 실재하는 것이 아니라는 것이 도대체 무슨 소리입니까? 그럼 내가 꿈을 꾸고 있다는 것입니까? 참으로 이해하기가 어렵군요. 그러면 정말로 실재하는 것은 무엇입니까?

주: 힌두교에 따르면 실재하는 것은 브라만뿐입니다. 브라만만이 리얼하고 다른 것은 모두 환상(환영)에 불과합니다. 다시 말해 브라만만이 존재하는 것이고 나머지는 그 그림자에 불과하다는 것입니다. 그래서 이 세상은 브라만의 꿈이라고도 합니다. 이것은 이 세상이 왜 생겨났느냐 하는 질문에 대한 답입니다. 힌두교식의 답이지요. 존재하는 유일한 존재인 브라만이 꿈을 꾸었기 때문에 이 세상이 생겨난 것이라는 것입니다. 이 세상이 브라만의 꿈이라

고 한 것은 낭만적이지 않나요?

객: 글쎄요, 꿈이라고 한 것은 낭만적인 것 같은데 대체 무슨 소리인지 모르겠습니다.

주: 이것을 설명하는 것은 아주 힘든 일입니다. 이것은 인도의 베단타학파–베단타라는 것은 '베다의 끝'을 의미한다. 이 학파는 베다의 철학을 이어받아 그것을 발전시킨 우파니샤드에 의거한 학파이다–에서 주장하는 것인데 특히 불이론적 베단타 학파인 아드베이타 베단타 학파가 주장하는 것입니다. 이 학파에 따르면 이 세상에 존재하는 유일한 것은 의식입니다. 브라만이 바로 의식이지요. 이 의식은 우리 개인들이 갖고 있는 의식과 다른 것은 아니지만 그보다는 '전체의식'이라고 해야 합니다. 이것을 굳이 현대어로 표현한다면 '우주의식(Cosmic Consciousness)'이라고 할 수 있습니다. 바로 이 전체의식에서 개별의식이 생겨났습니다. 이것을 조금 다르게 표현하면 보편자에서 특수자가 생겨났다고 할 수 있지요. 원래는(?) 이 전체의식만 존재했는데 이 의식이 꿈을 꾸면서 개별의식이 생겨났다고 보는 것이 이 학파의 견해입니다.

객: 이것도 도대체 무슨 말인지 모르겠습니다. 이 세상에 존재하는 것은 의식뿐이라는 것부터 이해가 안 됩니다. 이 전체 우주에는 별이 이렇게 많은데, 다시 말해 물질이 이렇게 많은데 어떻게 의식만 존재한다고 하는지 모르겠군요.

유대-기독교와 너무도 다른 힌두교의 세계관

주: 맞아요. 아주 어렵지요? 이에 대한 설명은 더 이상 하지 않겠습니다. 나중에 인간의 의식에 대해 거론할 기회가 생기면 그때 다시 보기로 하지요. 좌우간 브라만(전체의식)이 꿈을 꾸면서 우리의 의식을 비롯해 이 세계가 생겨났기 때문에 힌두 철학에서는 이 세계가 마야, 즉 환상이라고 하는 것입니다. 그런데 이러한 세계관은 셈족 종교(Semitic religion)인 유대교와 기독교, 그리고 이슬람교에서-이 세 종교는 셈족에서 비롯되었기 때문에 통칭해서 셈족 종교라는 표현을 쓴다-말하는 세계관과 판이하게 다릅니다. 이들 종교에서 이 세계를 어떻게 말하는지는 당신도 잘 알 겁니다.

객: 그거야 구약의 창세기에 잘 나와 있지 않습니까? 이 장을 보면 야훼가 6일 동안 이 세계를 창조한 다음에 그가 보기에 (자신이 창조한 세계가) 좋았다고 표현하고 있습니다. 신이 창조한 것이니 나쁠 수가 없겠지요. 그런데 자기가 창조해놓고 자기가 좋다고 하는 건 조금 이상하지만 유대인들은 이 세상과 야훼의 관계를 그렇게 이해한 모양입니다.

주: 여기에는 신이 창조한 세계가 그림자이니 꿈이라느니 하는 표현이 일절 없습니다. 이 종교에서는 원천적으로 이런 말을 할 수 없을 겁니다. 신이 창조한 것을 가지고 비실재적(unreal)이라고 말하면 큰일 나기 때문입니다. 그렇지 않습니까? 이들 종교에서는 절대 실재인 신이 창조한 세계를 두고 비실재적이라고 말할 수 없었을 겁니다. 나는 이 유대-기독교적인 세계관과 인도적인 세계관 중 어떤 것이 진리라고 말하고 싶지는 않습니다만 개인적으로는 인도적인 세계관이 진리에 가깝다고 생각합니다. 유대-기독교적에서 말

하는 신이나 창조설은 앞에서 본 것처럼 문제가 많기 때문입니다. 그러나 여기서 말하고 싶은 것은 교리의 우월을 따지기보다 서로 이렇게 다르다는 것뿐입니다.

객: 제가 그동안 여러 세계 종교에 대해 귀동냥을 해본 결과 이 많은 종교들은 '같다고 하기에는 너무 다르고 다르다고 하기에는 같은 점이 너무 많다'는 결론을 내린 적이 있습니다. 각각의 종교들은 분명히 비슷한 점이 있지만 선생님이 말씀하시는 것처럼 각 종교들이 주장하는 것은 너무도 다릅니다.

정면으로 상치되는 기독교와 불교의 인간관

주: 여러 종교들을 살펴보면 지금 본 세계관만 다른 것이 아니지요. 예를 들어 인간관도 기독교와 불교는 정면으로 상치됩니다. 이것은 큰 주제라 쉽게 이야기할 수 없지만 그 대강에 대해서는 말할 수 있습니다. 기독교는 말할 것도 없이 인간은 기본적으로 죄인이라는 입장에서 시작하지요. 그런데 그 죄가 보통 죄가 아니라 자신의 능력으로는 벗어날 수 없는 아주 큰 죄입니다. 신을 거역했으니 얼마나 큰 죄입니까?

그에 비해 불교에서 말하는 인간은 잠재적인 붓다입니다. 우리는 누구나 깨칠 수 있는 불성을 가지고 있는데 그것이 욕심, 즉 무명(ignorance) 때문에 가려져 있어 미망 속에서 헤매고 있다는 것이지요. 이처럼 기독교와 불교의 인간관이 얼마나 다릅니까? 같은 인간이 한 쪽에서는 혼자 힘으로는 벗어날 수 없는 죄인이고 다른 한 쪽에서는 지구상에서 가장 성스러운 성인이라고 하니 말입니다. 달라도 너무 다릅니다. 그러나 인간에게는 아주 심각한 문제, 즉 원죄와 무명이 있다고 말한 데에서 두 종교는 비슷한 것을 주장하고 있습니다. 이 점을 잊어서는 안 되겠지요.

객: 제 눈에는 불교와 기독교가 주장하는 인간관이 너무나 양극에 치우쳐 있어서 통합할 수 있을 것 같지 않네요. 불교나 기독교가 종교라는 점은 같은데 그 기본적인 입장이 어떻게 이렇게 상반될 수 있을까요?

주: 이 두 종교가 말하는 인간관이 이렇게 다르지만 이 종교들이 인간에게 권하는 덕목은 신기하게도 거의 일치합니다. 어떻게 일치하느냐고요? 불교는 자비를 말하고 기독교는 사랑을 말하지 않습니까? 쓰는 단어는 달라도 같은 의미라고 할 수 있습니다. 그런데 여기서 말하는 사랑이 그냥 세간에서 말하는 사랑이 아니라 무조건적인 사랑(그리고 용서)이라는 점에서 두 종교는 같습니다.

이 점이 중요합니다. 그냥 적당히 용서하고 사랑하는 게 아니라 아무리 철천지원수라도 용서해야 한다고 가르친다는 점에서 이 두 종교는 같은 것을 주장하고 있습니다. 물론 여기서도 세부적으로 더 파고 들어가면 다른 점이 다시 발견됩니다. 예를 들어 불교는 자비와 함께 지혜를 강조하는 반면 기독교는 사랑과 더불어 정의를 강조한다는 점에서 그렇습니다.

객: 맞아요. 그래서 제가 앞에서 언급하기를 이런 종교들은 아주 다른 것 같지만 같은 점도 많다고 한 것입니다. 선생님이 그렇게 정리해주시니 한 눈에 알겠네요.

불교의 자비와 기독교의 사랑은 어떻게 다른가?

주: 그러나 비슷하게 보이는 불교의 자비와 기독교의 사랑도 비교해 보면 세부적으로 다른 점이 있습니다. 특히 그 범위의 면에서 차이가 납니다. 불교도들이 생각하는 자비는 '생명중심적'이라고 할 수 있고 기독교의 그것은 '인간중심적'이라 할 수 있습니다. 불교는 그 사랑하는 범위가 인간에서 그치는 것이 아니라 적어도 동물에게까지 갑니다. 그래서 생물 죽이는 것을 금하는 것입니다. 이 불살생 계율은 불교의 계율 중 가장 먼저 나오는데 이것을 통해 불교가 생명을 얼마나 중시하는 종교인지 알 수 있습니다.

객: 그런데 아무리 승려라 해도 식물은 먹지 않습니까? 생명에 식물도 포함되어야 하는 것 아닌가요?

주: 승려들이 식물을 먹는 것은 최소한의 희생이라 할 수 있습니다. 식물마저 먹지 않는다면 생명을 잃게 되니 안 되는 일입니다. 또 식물을 섭취하더라도 현대의 채식주의자처럼 다양하게 먹고 포식하는 것이 아닙니다. 원래 승려는 오전에 한 끼, 그것도 아주 소략한 것 한 끼만 먹을 수 있었습니다. 오후불식이라고 해서 정오가 지나면 아무것도 먹을 수 없었지요. 자신의 생명을 부지하기 위해서 극소량만 먹는 것입니다.

객: 그렇군요. 그에 비해 보면 기독교는 그 사랑의 대상이 오로지 인간에게만 향하고 있군요. 그 사정은 기독교의 계율이나 경전에 동물의 생명을 존중하라는 그런 언급이 없는 것을 보면 알 수 있겠습니다.

주: 네, 그래요. 그런데 기독교에서도 예외처럼 보이는 경우가 발견됩니다. 이를 테면 아시시의 프란치스코 성인 같은 경우가 그렇지 않을까 싶어요. 이 분은 새를 비롯해 많은 동물들과 대화를 하고 그들에게 설교를 했다고 알려져 있지요? 그 가운데 가장 극적인 이야기는 사람을 해치던 어떤 늑대를 조복시킨 것입니다. 그는 자신이 숲으로 직접 가서 그 늑대를 만나 대화를 한 다음 그를 마을로 데려옵니다. 그리곤 마을 사람들과 대화를 하게 해 서로 협정을 맺게 합니다. 사람들이 그 늑대에게 정기적으로 먹이를 줄 것을 약속하고 늑대는 더 이상 인간을 해치지 않겠다는 약속을 받아낸 것입니다. 믿기 어려운 일이지만 만일 이 사건이 사실이라면 이런 분은 절대로 동물의 고기를 먹지 못할 겁니다. 자기와 대화가 가능한 동물을 어떻게 죽이고 더 나아가 그것을 어떻게 먹을 수 있겠습니까?

개인적인 생각으로 진정한 종교인이라면 당연히 동물에게도 인간의 사랑이 확대되어야 한다고 봅니다. 그리고 그런 배려는 식물에게도 가고 종국적으로는 대지에까지 도달해야 합니다. 그래서 온 온주와 하나됨을 느끼는 게 종교인의 마지막 목표이지 않을까 하는 생각을 해봅니다. 그리고 그런 광폭한 세계관을 가지게 되었을 때 현재 인류가 직면하고 있는 문제 중 가장 심각한 환경문제가 해결될 수 있을 것입니다.

객: 갑자기 범위가 넓어진 느낌입니다. 종교를 제대로 믿으면 인간에서 시작해 동물, 식물, 자연, 그리고 마지막으로는 우주에까지 그 사고의 범위가 확장되어야 한다는 데에 전적으로 동의합니다.

인간의 근본적인 문제는?

인간은 태생적인 한계 때문에 사물을 있는 그대로 보지 못한다! – 흡사 꿈꿀 때처럼

주: 앞에서 이 세계가 브라만이 꾸는 꿈이라고 하다가 여기까지 왔습니다. 우리의 주제로 다시 돌아가면–굳이 돌아간다는 표현을 쓸 것도 없지만–우리 인간은 이 거대한 꿈에 등장해 브라만과 같이 꿈을 꾸고 있는 것입니다. 이게 무슨 말인지 수긍이 잘 안 되지요? 내가 멀쩡하게 의식을 갖고 잘 살고 있는데 꿈을 꾸고 있다고 하니까 이해가 잘 안 될 겁니다. 힌두 철학에서 말하는 '브라만의 꿈속에서 꾸는 인간의 꿈'은 여러 가지로 해석될 수 있는데 그 중의 하나를 소개해 보겠습니다.

우리가 일상생활을 하면서 꿈을 꾸고 있다는 이야기는 사물을 있는 그대로 보지 못한다는 것과 같은 의미입니다. 우리는 우리가 외계에 있는 사물이나 사건을 객관적으로 보고 있다고 생각하는데 사실은 전혀 그렇지 않다는 것이 힌두철학자들의 주장입니다. 이에 대해서는 곧 다시 설명하기로 하고 여기서는 이런 상태가 꿈을 꿀 때와 같다는 것만 지적하고 싶습니다. 그렇지 않습니까? 우리가 자면서 꿈을 꿀 때에는 주변의 사물을 제대로 파악하는 일이 불가능하지 않습니까? 그러다가 잠에서 깨어서 각성상태에서 보았을 때에 사물을 정확하게 보게 됩니다.

객: 맞습니다. 우리가 꿈을 꿀 때에는 그게 꿈인지 잘 모릅니다. 잠이 깬 다음 제 정신(?)이 돌아와야 그제야 꿈을 꾼 줄 아는 경우가 대부분입니다.

주: 그래요. 앞에서 말하길 절대 실재의 입장에서 볼 때 지금 인간들은 꿈을 꾸고 있다고 했습니다. 이 상태를 좀 더 객관적인 용어로 풀어 보면, 인간은 태생적으로 갖고 있는 한계 때문에 사물을 있는 그대로 보지 못한다고 할 수 있습니다. 이게 무슨 말일까요? 우리 인간들은 어떤 사물을 볼 때 그게 인간이던 자연이던 항상 일정한 시각에서 보게 됩니다. 그 일정한 시각이 없으면 우리는 사물을 인지하지 못합니다. 그래서 태생적인 한계라고 하는 것입니다. 그런데 우리가 일정한 시각으로 보면 사물을 편벽되게 볼 수밖에 없습니다. 그래서 사물을 있는 그대로 보지 못하게 된다고 한 것이지요.

객: 또 알 듯 모를 듯한 소리만 하십니다. 도대체 그게 무슨 말입니까?

주: 그것이 무슨 말인가 하면 우리 인간은 어떤 사물이나 사건을 인지할 때 항상 이미 주어진 틀을 통해서만 본다는 것입니다. 이 틀이란 우리 모두가 쓰고 있는 안경과 같은 것으로 이 안경은 태어난 직후부터 수없이 많은 사람들

이나 사회가 우리에게 주입한 가치, 견해 등과 같은 것입니다. 우리는 그것을 통해, 다시 말해 그 안경을 써야만 주위의 사건을 이해할 수 있습니다.

그런데 여기에는 두 가지 심각한 문제가 있습니다. 이 안경이 없으면 사물을 보지 못한다는 것이 그 첫 번째입니다. 이 안경은 써도 그만 쓰지 않아도 그만인 것이 아니라 우리들은 이 안경을 쓰지 않으면 사물이나 사건을 이해할 수 없습니다. 그러나 안경을 쓰는 순간 외계의 사물이나 사건은 안경의 렌즈 때문에 굴절되면서 왜곡되게 됩니다(사실 이 안경은 몸에 부착되어 있어 벗을 수 없다). 우리가 볼 수 있는 것은 그렇게 굴절된 것뿐이라 실제의 모습은 어떤 방법으로도 볼 수 없습니다.

두 번째 문제는 그 안경은 내가 독자적으로 만들어낸 것이 아니라 주위, 혹은 사회에서 주입된 가치나 견해 등으로 만들어졌다는 것입니다. 그러니까 우리는 외계를 인지할 때 항상 자기가 아닌 사회라는 매체를 통해서 파악한다는 것입니다. 여기서 자기라는 것은 아예 위치할 수 있는 자리가 없습니다. 단도직입적으로 말해 이것은 자기란 없다는 뜻입니다. 이것은 매우 심대한 문제이고 어려운 문제라 이번에는 이 정도만 이야기하기로 하지요. 이 문제를 제대로 이해하는 데에는 많은 설명과 시간이 필요하기 때문에 여기서 그치겠다는 것입니다. 어떻든 내가 강조하고 싶은 것은 바로 이런 이유 때문에 우리 인간은 태생적으로 사물을 있는 그대로 보지 못한다는 것입니다.

객: 말씀을 들으니까 옛날에 들은 '벌거벗은 임금님' 이야기가 생각나는군요. 그 이야기에 나오는 어른들은 모두 사회에서 부과한 안경을 쓰고 벌거벗은 왕이 옷을 입고 있다고 하면서 자신을 속였습니다. 그에 비해 사회에 의해 오염되지 않은 어린이만이 사물 혹은 사건을 있는 그대로 보았습니다.

그런데 우리는 자신이 꿈을 꾸고 있다는 것을 모른다!

주: 좋은 예입니다. 그런데 그런 예에서는 그때만 정신 차리면 사태를 파악할 수 있지만 우리는 삶 전체가 꿈이라 문제가 심각한 것입니다. 매일 매일을 사는 것 자체가 꿈이니 우리는 자신이 꿈꾸고 있는지를 모릅니다. 따라서 지금 살고 있는 삶만이 실재한다고 생각합니다. 이것을 불교적인 표현으로 하면, 우리는 전적으로 무명 혹은 무지 속에 있다고 할 수 있습니다. 다른 표현으로 하면, 우리는 자기라는 감옥에 갇혀 자기의 시각에서만 사물을 보고 있다고 할 수 있습니다.

그런데 여기서도 오해가 발생할 수 있습니다. 어떤 오해일까요? 우리에게 자아가 있고 그 자아가 갇혀 있는 감옥이 있다고 생각하는 것입니다. 이것은 완전히 틀린 생각입니다. 자아 자체가 감옥이기 때문입니다. 감옥이 따로 있고 자아가 그 안에 갇히는 게 아니라 자아가 바로 감옥이라는 것입니다.

객: 아이고 더 어려워지는 느낌입니다. 제가 제대로 이해했는지 모르지만 선생님 말씀을 들어보면 우리 보통 사람들은 도저히 이런 상황에서 벗어날 수 있을 것 같지 않네요. 그런 의미에서 절망감마저 드는데 아직도 이런 태생적인 제약을 벗어난다는 게 어떤 것인지 실감이 잘 나지 않습니다.

주: 그럴 거예요. 사람들은 이렇게 하루하루를 아등바등 하면서 사는 것만이 정상적인 삶이라고 생각하고 있으니 초월적인 세계가 있다는 것을 전혀 알지 못합니다. 그저 좋은 직장 가고 맛있는 거 먹고 애인을 찾아 헤매다 결혼하고 그러다 자연스럽게 자식 낳아 기르고 하는 등등의 일상이 삶의 전부라 생각해 다른 삶에 대해서는 별 생각이 없습니다.

객: 저도 그렇게 살고 있습니다. 어떻게 하면 돈을 더 많이 벌 수 있을까, 또 어떻게 하면 더 강한 자극을 받을 수 있는 일을 해볼 수 있을까 하는 등등에 대해 생각하지 이런 삶을 넘어선 세계에 대해서는 관심이 그다지 가지 않습니다.

진정한 종교체험을 해야 이 꿈에서 벗어날 수 있다!

주: 이런 삶이 틀렸다는 것은 아닙니다. 문제는 이런 삶만 있다고 생각하고 이 삶에 함몰되는 것입니다. 우리의 삶은 매우 '칙칙'합니다. 그런데 우리는 이것을 잘 느끼지 못합니다. 그것은 우리가 한 번도 이런 삶에서 벗어나 본 적이 없기 때문입니다. 예를 들어 머리가 노상 아픈 사람은 그것을 일상으로 받아들이고 살기 때문에 머리가 아프지 않은 삶이 어떤지 모를 겁니다. 마찬가지로 우리는 이 치우치고 왜곡된 삶에서 벗어나 본 적이 없기 때문에 여기에서 해방된 삶이 어떤지 모릅니다.

그런데 우리의 삶이나 우리가 감지하는 외계가 사실은 이렇지 않다는 것은 일종의 종교 경험을 한 사람들을 통해 알 수 있습니다. 이 가운데 가장 강렬한 체험을 한 사람들은 신비주의자가 됩니다. 그런 예를 굳이 들자면 자신의 경험을 바탕으로 『Cosmic Consciousness(우주의식)』라는 책을 쓴 영국의 정신과 의사 리차드 버크(1837~1902)를 들 수 있습니다. 그는 30대에 엄청난 신비적이고 종교적인 체험을 합니다. 그때 그에게는 외계의 모든 것이 빛으로 바뀌고 가슴에서는 엄청난 환희와 자비의 감정이 뿜어져 나왔습니다. 그리고 그는 이것이 이 세계의 실상이라는 것을 알게 됩니다. 그 입장에서 보면 우리가 평소에 알고 있던 외계는 이 실상의 그림자처럼 보일 겁니다. 이 외계는 그림자처럼 어둡고 칙칙하게 보일 테니까요.

객: 글쎄요, 이게 맞는 비유일는지 모르겠는데 지금 선생님이 말씀하신 것을 빛과 색깔의 차이로 설명할 수 있지 않을까 싶습니다. 색깔이란 빛이 물질화한 것이라고 할 수 있으니까 빛의 그림자라고 볼 수 있겠지요. 그래서 빛의 입장에서 보면 색깔은 칙칙하기 짝이 없을 겁니다. 반대로 색깔의 입장에서 보면 빛은 휘황찬란하기 짝이 없을 것이고요.

주: 좋은 비유라고 생각합니다. 그런데 이런 종교적 경험은 정말로 극소수의 사람만 할 수 있는 것입니다. 안타깝게도 우리 같은 보통 사람에게는 거의 일어나지 않는 일입니다. 이 신비적 체험의 특징 중의 하나는 이 체험은 인과적으로 생기는 것이 아니라는 것입니다. 쉽게 말해 자신은 이런 체험을 전혀 예기하지 않았는데 갑자기 들이닥친다는 것이지요. 이런 체험을 하기 위해 열심히 명상 수련을 했다고 이 체험이 오는 것도 아닙니다. 또 그런 수련을 하지 않았다고 이 체험이 오지 않는 것이 아닙니다. 그런 까닭에 내가 가장 좋아하는 정신적 스승인 인도의 유지 크리슈나무르티도 자기가 겪은 종교 체험은 비인과적(acausal)이라고 몇 번이고 강조했습니다. 수련과 체험에는 어떤 인과관계도 없다는 것이지요. 그런 면에서 절망적이라고 할 수 있습니다. 우리들 대부분은 그런 실재의 세계를 체험하지 못한 채 평생을, 아니 앞으로도 수많은 생을 살아야하니 말입니다.

우리는 동굴 속 사나이!

객: 선생님 말씀을 듣다 보니 플라톤의 '동굴의 비유'가 생각납니다. 잘 아시겠지만 그 비유에 따르면 우리 보통 사람들은 동굴 안에 쇠사슬로 묶여 있습니다. 그런데 바깥쪽으로 등을 대고 있어 바깥에 있는 사물들은 전혀 보지 못합니다. 우리가 볼 수 있는 것은 바깥에서 들어오는 빛 때문에 생기는 자신의 그림자뿐이라는 것이 그 비유의 골자였지요. 그런데 이 동굴을 벗어나 바깥으로 나갈 수 있는 사람이 있었죠? 오직 현자 혹은 철학자만이 바깥으로 나가 실재하는 이데아, 즉 진리의 세계를 볼 수 있다는 것이 플라톤이 말하고자 하는 바이었던 것으로 기억됩니다.

주: 지금 이야기한 플라톤의 비유는 우리 같은 보통 사람의 상태를 묘사하는 아주 좋은 비유입니다. 플라톤도 이런 사정을 감지한 것 같아요. 우리가 살아가고 있는 이 세계가 진짜로 존재하는 실재의(really real) 세계가 아니라는 사실을 말입니다. 진짜 세계는 이 세상을 넘어서 있습니다. 플라톤의 사상에는 신비적인 요소가 있습니다. 그런데 이 비유에서도 알 수 있듯이 우리 보통 사람들은 이 상태에서 벗어나지 못합니다.

앞에서도 말한 것처럼 인도 사상도 비슷한 것을 이야기하고 있지만 인도의 설명을 따르면 더 절망적입니다. 우리들은 바로 이 무지 혹은 무명 때문에 윤회를 하는 것인데 이것을 깨뜨리지 못하면 생을 거듭하면서 똑같은 어리석음을 반복한다고 하니 말입니다. 참으로 참담하지요? 그러나 조금 긍정적으로 생각할 수 있는 면도 있습니다. 우리가 이 윤회를 거듭하는 이유는 이 무지를 깨뜨리기 위해서입니다. 그런 의미에서는 거듭 환생하는 것이 기회일 수 있다는 점이 긍정적인 면이 되겠군요.

객: 말씀을 들어보면 절망적이네요. 그런데 저는 이 문제를 어느 정도라도 인지하고 있는 사람을 주위에서 거의 보지 못했습니다. 대부분의 사람들은 자신이 왜 이 세상에 나왔는지 모릅니다. 또 이 생만이 존재한다고 생각합니다. 전생에 대한 기억이 전혀 나지 않으니 그때 풀지 못한 문제가 무엇인지도 모릅니다. 그리곤 욕망에만 이끌려서 한 생 살다가 속절없이 이 세상을 떠납니다. 그러다 다시 와서 똑같은 짓을 합니다. 이러니 절망적이라는 것이지요.

주: 당신은 윤회나 환생을 아예 인정하고 이야기를 하는군요. 이 문제는 나중에 다른 기회가 있으면 깊게 이야기하기로 하고 이번에는 그냥 통과하면 좋겠습니다. 그러나 우리가 이 문제의 해결을 위해서 아무 일도 못하는 것은 아닙니다. 우리가 할 수 있는 일이 있습니다.

우리가 만든 감옥에서 벗어날 수는 없지만…

객: 네? 아니 희망적인 면이 있다는 말씀입니까? 글쎄요 제가 그냥 봐서는 실낱같은 희망도 안 보이는데요.

주: 맞아요. 우리가 이 실재의 그림자 혹은 꿈에서 벗어날 수 있는 확률이 거의 없다는 점에서 우리는 확실히 절망적입니다. 그러나 그렇다고 해서 할 수 있는 일이 전혀 없는 것은 아닙니다. 소극적으로나마 할 수 있는 일이 있습니다. 그것은 우리 자신이 처해 있는 상태를 이성적으로나마 파악하는 것입니다. 지금 내가 이런 비실재의 세계에 살고 있다는 것을 확실하게 알자는 것입

니다. 다시 말해 병이 무엇인지는 알자는 것이지요. 물론 병의 원인을 안다고 해서 병을 고치는 것은 아닙니다. 병을 고치려면 약을 먹어야 하고 경우에 따라서는 수술도 해야 합니다. 그러나 가장 우선시 되는 것은 병의 원인을 정확히 아는 것입니다.

객: 그러니까 이 고통의 상태에서 벗어나는 일은 가능하지 않으니까 소극적으로나마 자신의 상태를 알자는 것이네요

주: 맞아요. 그렇게 자신의 병이 무엇인지, 또 상태가 어떤지를 숙지하고 있으면 기회가 왔을 때 그 병을 치료해서 그 상태에서 벗어날 수 있는 가능성이 아주 조금은 있다고 하겠습니다. 물론 이런 기회가 올 수 있는 확률은 대단히 낮습니다. 그러나 그 기회의 왕림에 대해 준비는 하고 있어야 합니다. 그렇지 않고 현상에 절망한 나머지 준비마저 하고 있지 않는다면 뜻하지 않게 기회가 왔을 때 그 귀중한 기회를 놓치게 됩니다.

객: 말씀 들어보니까 신약에서 예수님이 하신 '신부들의 비유'가 생각나네요. 신랑이 언제 올지 모르지만 그것을 대비하고 매일 밤 불을 켜둔 신부와 불을 켜놓고 있지 않은 신부들의 비유 말입니다. 그러니까 이 비유는 우리에게 불을 켜놓고 신랑을 기다리는 신부처럼 살라는 것이겠지요.

주: 조금 뜬금없는 질문인데 당신은 알고 짓는 죄와 모르고 짓는 죄 중 어떤 것이 더 나쁘다고 생각하나요?

객: 네? 갑자기 그런 질문을… 그거야 알고 짓는 죄가 더 나쁜 것 아닙니까?

주: 보통 그렇게 생각하지요. 그것도 틀린 것은 아닙니다마는 죄를 짓는 사람의 입장에서는 모르고 짓는 죄가 더 나쁩니다. 왜냐하면 알고 짓는 죄는 언젠가는 참회를 해서 그 죄에서 벗어날 수 있지만 모르고 짓는 죄는 무엇이 문제인지 모르기 때문에 그 죄에서 벗어날 수 없습니다. 그와 비슷한 논리로 우리가 이 무지의 상태에서 벗어날 수 있는 최소한의 조건은 우리가 현재 이 무지의 상태에 있다는 것을 아는 것입니다. 만일 이것마저 모르고 있으면 무지를 극복할 수 있는 기회는 영영 오지 않습니다.

무지에서 벗어나려면?
— 신에 대한 정확한 이해는 필수!

객: 그럴 듯합니다. 그러니까 선생님의 말씀은 최소한의 준비를 하자는 것 같은데 그러려면 무엇을 어떻게 해야 합니까?

주: 앞에서 우리는 신 같은 절대 실재에 대해서 보았습니다. 그 결과 지금 유대교, 기독교, 이슬람교와 같은 유신론교가 주장하는 신은 존재하지 않는 것으로 판명 났습니다. 그렇다고 신이 없다고 주장하는 것은 아닙니다. 그들이 말하는 그런 신은 존재하지 않는다는 것이지요. 그들이 주장하는 신은 내적 속성이 모순에 빠져 있는 듯한 상황을 많이 목격하게 됩니다.

객: 내적 모순이라고요? 다른 것은 몰라도 내적 모순이 있다면 그 명제는 결코 참일 수 없습니다. 선생님은 어떤 모순을 말하는 것인가요?

주: 그런 예가 너무 많아 어떤 것부터 보아야 할지 모르겠습니다. 우선 들고 싶은 예는 인격신에 관한 것입니다. 기독교든 이슬람교든 유신론적 종교에서는 한 결 같이 그들이 믿는 신이 인격신이라고 말합니다. 그렇기 때문에 이 신은 인간들과 소통할 수 있어 인간들의 기도를 들어주고 인간의 선과 악에 대해 적절한 보상 내지는 처벌을 해준다고 합니다. 이것이 그들의 믿음이지요.

그런데 인격신이라는 개념은 원천적으로 완전하지 못한 개념입니다. 왜냐하면 이 인격이라는 개념은 비인격이라는 개념과 대척점에 있기 때문입니다. 쉽게 말해 신을 인격신이라고 규정하는 순간 그에게는 비인격이라는 개념은 제외됩니다. 그런데 신이 무엇이라고 했습니까? 신은 전체라고 했지요? 전체에는 모든 것이 포함되어야 합니다. 다시 말해 어떤 것도 제외되어서는 안 됩니다. 그런데 신을 인격신이라고 하는 순간 비인격성은 제외됩니다. 이렇게 되면 이 신은 완전한 신이 아닌 게 됩니다.

신 개념은 우리의 생각이 투사된 것

신은 어떤 속성으로도 정의할 수 없다!

객: 선생님 말씀을 들어보면 논리적으로 타당한 것 같은데 어떻게 보면 말장난 같은 느낌도 듭니다. 저는 신이 인격을 갖고 있어야 우리가 신을 향해 기도도 할 수 있고 의존할 수 있는 것 아닌가 하는 생각이 듭니다. 그래서 노상 기도할 때에도 '하느(나)님 아버지'라고 하지 않습니까? 아버지이니 당연히 인격이 있는 존재입니다. 이게 당연한 것처럼 보여서 신의 인격성에 대해서는 전혀 의문을 갖지 않았습니다.

주: 신은, 혹은 신에 대한 정의는 논리적으로도 완벽해야 합니다. 논리적으로 따졌을 때 결함이 발견되면 그것은 신이 될 수 없습니다. 그런 점에서 볼 때 우리는 인격신이라는 개념에서 문제를 발견할 수 있습니다. 신은 어떤 속

성으로든 규정하면 안 됩니다. 그 속성이 반하는 속성은 제외되기 때문입니다. 이와 관련해서 내가 항상 드는 예는 '신은 사랑이시다'라는 것입니다. 이 주장은 기독교인들이 입에 달고 사는 것입니다. 이 믿음은 아주 정상적인 것처럼 보이지만 논리적으로 보면 문제가 있습니다.

객: 이제는 저도 알 것 같습니다. 눈치를 차렸습니다. '신은 사랑'이라고 말하는 순간 그 반대 개념인 증오가 제외되기 때문에 신이 사랑에만 한정된다는 그런 말씀이지요? 신이 진짜 모든 것을 포용한다면 어떤 개념도 제외되어서는 안 되는데 신은 사랑이라고 말하는 순간 신이 이 개념 하나에 속박된다, 그런 말씀이겠죠.

주: 정확합니다. 그래서 이런 신의 정의에 문제가 있다고 발견한 유신론자들은 다른 식으로 신을 정의하기 시작했습니다. 그래서 나온 게 부정신학(否定神學)이라는 것입니다. 이것은 '신은 무엇이다'라고 규정하는 대신 '신은 무엇이 아니다'라고 주장하는 신학입니다. '신은 무엇이 아니다'라고 할 경우 이때에는 반대 개념이 나올 수가 없습니다. 예를 들어 '신은 증오가 아니다'라고 할 경우 이때에는 어떤 반대 개념도 나올 수 없습니다. 증오가 아니라는 개념에는 확실한 반대 개념이 없습니다. 증오가 아니라고만 했지 그것이 사랑이다 용서다라는 식으로 한정하지 않았기 때문에 신 개념이 어느 한 곳에 고정되지 않습니다. 그렇게 해서 신을 오해할 수 있는 개념들을 하나하나 제외시키는 것이지요.

유신론자들이 생각하는 신 개념은 대부분 그릇된 것?

객: 선생님의 말씀은 이해는 됩니다마는 그렇게 신을 정의하면 일반 대중들이 신과 관계할 수 있는 방법이 없는 것 아닌가 하는 생각이 듭니다. 신은 위대하다든지 자비롭다든지 하는 식으로 해놓아야 그 신을 향해 기도도 하고 용서도 구할 텐데 이처럼 신은 어떤 속성도 가질 수 없다고 하면 도대체 누구에게 기도를 하고 간청할 수 있겠습니까?

주: 그런 심정은 충분히 이해합니다. 그러나 논리는 논리이지요. 논리에서 벗어나면 그것은 틀린 겁니다. 대부분의 유신론자들이 생각하는 신은 존재하지 않는다고 할 수 있습니다. 그것은 단지 자신의 마음속에 만들어 놓은 이미지에 불과한 것입니다. 이렇게 신을 인격적인 존재라고 보는 것도 문제가 있는데 기독교에서는 그 신을 아버지라고 부릅니다. 아버지로 부르는 순간 우리는 신에게 남성이라는 또 다른 속성을 부여하는 것입니다. 이렇게 되면 여성은 또 배제됩니다. 그런 신 안에는 여성이 있을 수 없습니다. 이것은 더 문제이지요. 너무나도 중요한 여성성이 배제되니 말입니다. 편향이 심해요.

객: 그래서 이슬람교에서 알라에게 어떤 성도 부여하지 않는군요. 그런 면에서는 이슬람교가 앞선 것 같네요.

주: 그런데 인격신이 갖고 있는 내재적인 모순은 아직 끝난 게 아닙니다. 신이 인격이 있다고 할 경우 신의 편재성(omnipresence)과 충돌할 확률이 큽니다. 유신론교에서 주장하는 '신은 모든 곳에 계신다'라는 명제는 그들이 결코 포기할 수 없는 것입니다. '신이 어디에는 없다'고 하면 완전한 신이 되지 못

합니다. 무한한 신이 아니라 유한한 존재로 떨어지기 때문입니다. 신이 만일 어느 특정한 곳에는 없다고 하면 그런 신은 전체가 될 수 없겠지요. 따라서 이런 신은 부분적인 것으로 떨어지게 됩니다.

객: 무슨 말씀인지 확실하게 들어오지 않습니다. 저는 '신은 모든 곳에 있다'는 명제를 의심해본 적이 없습니다. 당연히 모든 곳에 있어야 우리들 가운데 누가 어디서 기도를 하든지 신이 그 기도를 들어주고 응답해주는 것 아닙니까? 그것이 왜 문제라는 겁니까?

주: 좋습니다. 그럼 이 문제를 해결하기 위해 아주 간단한 예를 들어보지요. 이 예는 『장자』에 나오는 것으로 신에 관한 것은 아니고 도(道)의 편재성에 대한 것입니다. 신과 도에 대한 개념은 다른 것처럼 보이지만 모두 절대 실재로 간주되기 때문에 같은 수준에 있다고 할 수 있습니다. 신이 편재해야 하듯 도도 편재하기 때문에 같은 속성을 갖고 있다는 것이지요. 단지 전자는 인격적인 개념이고 후자는 비인격적인 개념이라는 점만 다를 뿐 그 속성은 같다는 것입니다.

그런 생각을 갖고 『장자』를 보면 이 책에는 이런 대화가 나옵니다. 어떤 사람이 도가 인간에게 있는 것은 말할 것도 없고 개미에도 있느냐고 물었습니다. 당연히 있다는 대답이 나왔습니다. 그러자 한 걸음 더 나아가서 그럼 똥에도 도가 있냐고 물었습니다. 답은 예측할 수 있겠지요? 당연히 도는 똥에도 있습니다. 도는 비인격적인 존재라 있는 곳을 제한받지 않습니다. 도는 그렇다 치고 그러면 이 논의를 인격신에 도입해볼까요? 신이 개미에게 있다는 것까지는 받아들일 수 있을지 모릅니다. 그러나 신이 똥에도 있다는 것은 아마도 대부분의 유신론자들은 수용할 수 없을 겁니다.

그렇지 않습니까? 그 고매한 신이 소똥, 말똥, 아니 사람이 설사한 똥, 혹은 토한 음식에도 있다고 하면 누가 그것을 받아들이겠습니다. 차마 그런 더럽고 추잡한 것에 우리 하느님이 있다고 할 수 없겠죠. 그런데 이렇게 생각한다면 여기에 심대한 문제가 발생합니다. 신의 편재성이 깨지기 때문입니다. 신이 똥이나 토사물에는 존재하지 않는다면 그런 신은 부분적인 존재가 되기 때문에 두루두루 편재한 신이 될 수 없습니다. 부분에 치우친 존재가 되니 더 이상 신이라고 할 수 없습니다.

객: 선생님 말씀은 머리로는 수긍이 되는데 가슴으로는 받아들이기가 힘드네요. 머리와 가슴이 따로 놀아요. 제 생각에는 또 이런 말씀을 하실 것 같습니다. 유신론자들이 생각하는 신은 마음 이미지(mental image)에 불과한 마음속의 우상이라고요. 아닙니까? 선생님의 신관은 너무 가혹합니다. 사람들이 수천 년 동안 인격신으로 믿어온 것을 버리라고 하시니 말입니다.

주: 오해하지 말기를 바랍니다. 나는 그런 신앙이 틀렸다고 하는 것이 아닙니다. 단지 미숙하다는 것이지요. 그런 식의 신관은 어린 아이들에게는 어울립니다. 어린 아이들은 이 정도의 설명만 이해할 수 있기 때문입니다. 그러나 고등학생만 되어도 이런 미숙한 신관에서 벗어나야 합니다. 그런데 기독교인 가운데에는 어른이 되어도 이런 수준 낮은 신관을 견지할 뿐만 아니라 죽을 때까지 이러한 신이 진리라고 믿는 신자가 너무 많습니다. 이게 문제라는 것입니다. 이런 신관과 비교해볼 때 힌두교의 신관은 많은 시사점을 줍니다.

객: 힌두교는 신이 너무 많아 뭐가 뭔지 모르겠던데요?

논리적인 힌두교의 신관(神觀)

주: 그렇죠. 힌두교에는 아주 철학적인 신이 있는가 하면 일반 대중들이 우상숭배 수준에서 믿는 신들도 있는 등 엄청나게 다양한 신이 있습니다. 그 가운데 내가 지금 말하려고 하는 것은 철학적인 신에 대한 것입니다. 힌두 철학에서는 이 주제와 관련해 최고신인 브라만의 속성을 둘로 나눕니다. '인격적인 브라만'과 '비인격적인 브라만'이 그것입니다. 브라만이 세상에 나타날 때 인격적인 속성과 비인격적인 속성을 다 갖는다는 것이지요. 이것은 힌두교 철학가들이 아주 잘 설정한 것입니다.

앞에서 말한 것처럼 만일 브라만이 인격적인 속성만 갖고 있다고 하면 그에 상대되는 비인격적인 속성은 제외되어 전체가 되어야 할 브라만이 부분으로 전락합니다. 따라서 진정한 절대 실재가 될 수 없죠. 이런 문제가 있다는 것을 잘 알았기에 힌두철학자들은 브라만에게 인격적인 속성과 비인격적인 속성을 모두 부여한 것입니다. 이런 식의 신 이해는 한 걸음 진전된 이해라 하겠습니다.

객: 힌두 철학가들은 용의주도하군요. 그런데 힌두교 책을 보면 '쉬바'니 '비쉬누'니 하는 신의 이름이 자주 등장하던데 이 신들은 또 뭡니까? 그 외에도 '크리슈나'니 '깔리'니 '드루가'니 하는 많은 신들이 있지만 앞의 두 신이 제일 많이 등장하는 것 같더군요.

주: 힌두교의 신 이야기로 빠지면 하염없어 끝을 보지 못합니다. 워낙 신이 많고 그 속성이 다양해 그렇습니다. 기독교나 이슬람교 같은 유신론교에서는 상상할 수도 없는 신들이 등장합니다. 예를 들어 힌두교에서 아주 대중적

인 신으로 깔리 여신을 들 수 있습니다. 이 신을 그린 그림은 많은데 그 중의 한 그림을 보면 손에는 잘려 있는 사람 머리를 들고 있고 목에는 해골로 만든 긴 목걸이를 걸고 있습니다. 또 발로는 여자를 밟고 있습니다. 이 얼마나 기괴한 모습입니까? 기괴하다 못해 무시무시합니다. 이런 신이 힌두교에서는 매우 중요하게 취급되는데 같은 유신론교인 기독교나 이슬람교에서는 상상도 할 수 없는 일입니다. 힌두교의 신은 이처럼 상식으로는 이해하기 힘들어 논의를 시작하기가 어렵습니다.

객: 저도 간간히 힌두교의 신들을 그림으로 본 적이 있는데 우리가 기존에 갖고 있는 신 개념과 너무 달라 이해를 포기했습니다. 청컨대 아주 일반적인 힌두교의 신에 대해서만 말씀해주시면 고맙겠습니다.

주: 알겠습니다. 지금 방금 예로 든 깔리 여신에 대해서도 어느 정도 설명은 할 수 있습니다. 아마도 이런 식으로 이해할 수 있을 겁니다. 이 그림에는 인간의 생성이나 탄생, 그리고 죽음이 다 들어 있지요. 인간의 생사가 다 들어 있는 것입니다. 신은 이처럼 인간의 모든 것을 관장하고 있다는 것을 보여주는 것이 이 그림의 목적입니다. 아차, 힌두교의 신에 대해 이야기를 하지 않겠다고 해놓고 설명하기 시작했네요. 이 설명은 끝이

깔리 여신

없으니 다시 돌아가서, 힌두교에서 가장 인기가 많은 신인 쉬바와 비쉬누에 대해서만 잠깐 보기로 하지요.

이 두 신은 특히 대중들에게 많은 숭배를 받았습니다. 여기서 볼 것은 그런 대중적인 이미지가 아니고 철학적인 면입니다. 이 두 신은 브라만과 함께 사물의 생성과 소멸이라는 과정을 대표하고 있습니다. 무슨 말인가 하면, 브라만이 사물의 창조를 담당하고 있다고 하면 비쉬누는 유지를, 마지막으로 쉬바는 소멸(혹은 파괴)을 담당합니다. 그러니까 사물이 만들어지고 유지되다 소멸되는 것을 이렇게 각각의 신이 나누어서 담당하고 있는 것입니다. 이를테면 역할 분담이지요.

객: 참으로 그럴 듯한 설명입니다. 왜냐하면 사물이 변화되는 전 과정을 다 표현하고 있으니 말입니다. 셈 족 종교들은 창조만을 강조한 것에 비해 여기서는 창조부터 지속, 그리고 소멸(그리고 다시 창조)되는 전 과정을 포괄하고 있네요.

주: 시간적으로 보면 그렇게 해석할 수도 있지만 이 창조와 소멸이 동시에 일어날 수 있어 그것을 표현한 것이기도 합니다. 하나의 사건은 보는 입장에 따라 창조가 될 수도 있고 소멸이 될 수도 있습니다. 이것은 바로 그런 것을 말하는 것이지요. 예를 들어 나무를 가지고 책상을 만든다고 하면 책상의 입장에서는 창조가 됩니다마는 목재의 입장에서는 파괴가 됩니다. 그러니까 창조와 파괴가 동시에 일어나고 있는 것이지요. 많은 사건이 이렇게 진행되지 않습니까? 이처럼 사건이나 사물이 갖고 있는 전체적인 양상을 표현하고 있다는 점에서 이런 힌두교의 신관은 높이 평가할 수 있습니다. 개인적인 생각일지 모르지만 동양인들은 전체를 보는 데에 강한 것 같아요.

객: 선생님의 말씀은 신을 인격을 갖고 있는 존재로 파악하는 것을 멈추라는 뜻으로 들리네요. 그럼 대체 어떻게 파악해야 하나요?

우리가 갖고 있는 신 개념은 우리의 속성을 투사한 것!

주: 그것은 매우 큰 주제라 여기서 말할 수 있는 게 아닙니다. 신 개념은 유례를 찾기 힘들 정도로 다양하고 복잡합니다. 따라서 그것을 이같은 한정된 지면에서 다 다룬다는 것은 불가능하지만 그것이 아무리 복잡하더라도 다음과 같은 면에서는 다 같지 않나 하는 생각을 해봅니다. 그게 무엇이냐고요? 지금 사람들이 신에 대해 갖는 생각은 모두 심적인 투사에 불과하다는 것입니다. 자신들이 갖고 있는 사랑이나 소망, 공포, 죄의식, 회한, 증오, 기대, 정의관(正義觀) 등을 모두 신에 투사해 심적인 이미지를 만든 것이라는 것입니다.

신이라는 개념은 이런 모든 인간의 감정들이 외적으로 투사되어 만들어진 복합 이미지일 뿐입니다. 다시 말해 인간이 좋아하고 필요로 하는 것을 모두 밖으로 투사해서 신이라는 이미지를 만들어낸 것이라는 것입니다. 예를 들어 인간은 의존하기를 좋아합니다. 또 무슨 일을 해도 다 용서하고 자신을 사랑해 줄 존재, 어떤 소원을 빌어도 다 들어줄 그런 존재를 무의식적으로 필요로 합니다. 그러니까 우리가 어릴 때의 부모처럼 우리에게 아무 것도 바라지 않고 무작정 주기만 하는 그런 존재가 필요한 겁니다.

객: 선생님 말씀을 제가 제대로 이해했다면 지금 말씀하신 것은 이런 이야기

같습니다. 우리 인간들은 아주 어렸을 때 부모로부터 무조건적인 돌봄을 받았습니다. 그런데 어른이 되면 그런 존재가 더 이상 없다는 것을 알게 되어 모든 것을 스스로 해나가야 합니다. 우리는 나이를 먹은 뒤에 흡사 성숙한 어른이 된 것 같지만 무의식적으로는 여전히 사랑과 용서와 돌봄을 갈구합니다. 누대(累代)에 걸쳐 수많은 사람들이 이런 소망을 갖게 되었고 그것이 외부로 투사되어 신이라는 이미지로 나타났다는 것 아닌가요?

주: 대체로 맞습니다. 한두 사람만 그런 욕구를 갖고 있으면 그들을 미성숙한 사람으로 치부하지만 여러 사람이 갖게 되면 그 미성숙함을 정당화하고 그 욕구를 채워줄 상상적인 존재를 만들어냅니다. 부분적으로 그게 종교이고 신이라는 것이지요. 그래서 이 신에 대한 개념은 시대가 변하면 그에 따라 계속해서 변했습니다. 사회적인 환경이나 인간들의 욕구가 바뀌면 신에 대한 생각도 그에 따라 변한 것입니다. 더 나은 이해를 위해 우리에게 친숙한 기독교의 신을 예로 들어 간단하게 설명해보지요.

구약 초기에 나타나는 신은 그 성질이 어땠습니까? 그는 변덕스럽고 인간들 위에 군림하려는 마초 같았습니다. 때로는 잔인하게 나타났다가 때로는 질투에 넘치는 모습을 보이기도 했습니다. 그런 신이 지금은 어떻게 바뀌었습니까? 현대의 신학자들 가운데에는 이 야훼를 환경과 여성을 생각하는 대단히 여성적인 신으로 이해하는 사람이 꽤 있습니다. 신에 대한 생각이 완전히 바뀐 것이지요. 그 사이에 수천 년이라는 시간의 간격이 있지만 기독교에서는 구약의 신이나 지금의 신이 같은 야훼라고 가르치고 있습니다. 마초에서 여성적인 신으로 바뀌었으니 얼마나 크게 변화했는지 알 수 있습니다. 그런데 신과 같은 절대 실재의 이미지가 어떻게 이렇게 전폭적으로 바뀔 수 있습니까? 절대 실재란 불변하는 것 아닙니까? 그런데도 신 개념이 이렇게 크게 바뀐 것은 신이란 인간들이 갖고 있는 세계관이나 자기 이미지가 투사되어 만들어진 것이기 때문입니다.

객: 말씀을 들어보니까 로버트 퍼시그라는 사람이 했다는 말이 생각납니다. '누군가 망상에 시달리면 정신 이상이라고 한다. 그러나 다수가 망상에 시달리면 종교라고 한다'는 것 말입니다. 선생님이 생각하시는 종교 개념도 이와 비슷한 것 아닌가 합니다.

주: 그렇습니다. 내가 보기에 사회의 모든 것이 그렇듯 종교도 철저한 집단적 최면의 결과입니다. 그렇지 않고서야 어불성설이고 모순된 교리를 그렇게 많은 사람들이 믿는 일이 발생할 수 없습니다. 한두 사람이 최면에 걸리면 금세 그것을 알아볼 수 있지만 다수가 최면에 걸리면 오히려 최면에 걸리지 않은 사람이 이상한 사람이 됩니다. 그런데 문제는 최면에 걸린 사람들이 그렇지 않은 사람들을 내버려두지 않는다는 데에 있습니다. 그들은 종교라는 집단적 최면에 걸리지 않은 사람들을 위험하게 생각해 가만히 놓아두지 않습니다. 역사적으로 보면 최면에 걸리지 않은 소수의 사람들이 모진 박해를 받든가 죽임을 당하는 일이 많이 있지 않았습니까?

객: 그러면 선생님이 생각하시는 신은 어떤 존재인가요? 그런 투사물이나 집단적 최면의 소산이 아닌 신은 어떤 것인가요? 진정한 신은 대체 어떤 것이어야 하나요?

신의 진정한 속성은?
— 텅 비어 있어야

주: 진정한 신 개념에 대한 논의는 실로 엄청나게 광범위한 문제라 여기서 한두 마디로 말할 수 없습니다. 그러나 앞에서 논의한 것을 가지고 신에 대한 정의를 어느 정도 시도해볼 수 있습니다. 앞에서 그랬지요? 신에게는 어떤 속성도 있어서는 안 된다고 말입니다. 그렇다면 그런 신은 텅 비어 있어야 합니다. 텅 비어 있어야 모든 것을 품을 수 있기 때문입니다. 모든 것이 신 안(?)에 있다고 할 때 그것을 품으려면 신은 비어 있어야 한다는 것이지요. 신이 만일 어떤 속성을 가지고 있으면 신은 그 속성을 품을 수 없습니다.

객: 이건 또 무슨 말씀입니까? 신이 모든 것을 다 품으려면 자신은 비어 있어야 한다는 게 이해가 잘 안 됩니다.

주: 원래 이쪽 계통 이야기는 일반 상식으로는 잘 이해가 안 됩니다. 그래서 비유를 사용하는 수밖에 없습니다. 신비주의자들은 절대 실재의 이런 상태를 표현하려 할 때 눈을 비유로 많이 듭니다. 자, 보세요. 눈이 모든 것을 보려면 어떻게 되어야 합니까? 눈이 투명해야 합니다. 그래야 모든 사물이 눈에 있는 그대로 비쳐지겠지요. 만일 눈에 빨간 색이 있다고 합시다. 그렇게 되면 그런 눈은 외부에 있는 빨간 색은 감지하지 못합니다. 이해를 더 쉽게 하기 위해, 우리가 빨간 색 렌즈가 있는 안경을 썼다고 상상해보세요. 그러면 그 안경을 쓴 사람은 빨간색은 절대로 볼 수 없습니다. 바로 그겁니다. 신이라는 절대 실재가 세상을 있는 그대로 품으려면 신에게는 어떤 속성도 있어서는 안 된다는 것입니다. 그래서 유신론을 표방하는 신비주의자들은 신을

'공(空)'이라고 표현하기도 합니다.

객: 눈과 안경을 비유로 들어주시니까 이제 이해가 좀 됩니다. 신에 대한 이야기는 이처럼 어려우니 다음 기회에 또 하기로 하고요, 다음으로는 고등종교 안에 있는 미신적인 혹은 불합리한 교리에 대해서 이야기를 나누었으면 좋겠습니다.

유신론은 문제 덩어리!

주: 이처럼 인격적인 신이라는 개념은 그 자체가 성립되지 않는다고 했지만 문제는 그것만 있는 것이 아닙니다. 사실은 유신론 자체가 문제입니다. 신이 존재한다고 하면 그 다음 단계로 인간들은 신과 신 아닌 것을 가르게 됩니다. 분별하는 것이지요. 그런가 하면 신을 믿는 사람들끼리도 또 분별이 생깁니다. 나의 신과 너의 신을 가르기 때문입니다. 이렇게 사물을 가르게 되면 거기에는 반드시 갈등이 생기게 됩니다. 아무리 우리 기독교의 신은 자비하다 한들, 우리 알라는 관대하다고 한들, '우리 종교'라는 개념이 들어가면 거기에는 근본적인 갈등이 생기게 되어 있습니다.

객: 저도 동의합니다. 이것은 인간들에게도 적용됩니다. 우리 인간들은 '자기의식'이 있어 인간이라 할 수 있다고 선생님은 늘 말씀하셨습니다. 그런데 그 자기의식이 있으면 타인과 자신을 가르지 않을 수 없습니다. 내가 존재한다는 것은 남이 존재한다는 것을 의미하기도 하기 때문입니다. 여기에서 어

쩔 수 없는 자기와 타인의 구별이 생깁니다. 그러한 나누기 행위는 아무리 너그러워도 기본적으로 남에 대한 배척으로 이어지게 되어 있습니다. 그래서 인간 관계는 언제든지 어그러질 수 있습니다.

주: 맞아요. 다 마찬가지입니다. 이 종교가 나의 종교라고 말하는 순간 나는 내 종교와 다른 사람의 종교를 구분하게 되고 그 구분은 조금 잘못하면 갈등을 불러일으키고 그런 것이 쌓이다 보면 폭력으로 발전하게 됩니다. 그래서 나는 종교, 특히 유신론교들은 기본적으로 폭력적인 종교라고 말합니다. 이 종교들이 좋은 일을 많이 한다고 암만 외쳐봐야 그 기본적인 발상에는 아무리 미약하더라도 '내 신만이 진리'라는 생각이 있기 때문에 본질적으로 폭력을 잉태하고 있는 것입니다.

객: 선생님 말씀에 동의할 수밖에 없네요. 인류 종교사가 그 말씀을 증명하고 있으니 말입니다. 특히 유대교로부터 시작하는 유일신교들은 문제가 많습니다.

유대-기독교와 이슬람교는 한 뿌리이지만 끊이지 않는 쟁투(爭鬪)가!

주: 한 번 세계 지도를 볼까요? 세계를 지배하고 있는 종교들의 분포를 보면 두 축이 있는 것을 알 수 있습니다. 인도와 이스라엘이 그 두 축이 되지요. 먼저 인도를 축으로 해서 힌두교와 불교가 나옵니다. 이 가운데 불교가 세계

종교가 됩니다. 그 다음에는 이스라엘을 축으로 해서 유대교, 기독교, 이슬람교가 나옵니다. 우리가 보고 싶은 것은 아브라함을 공통 조상으로 하는 이 세 셈족 종교입니다. 이 종교들은 뿌리가 하나입니다. 다시 말해 형제라는 것입니다. 그런데 이 종교들의 역사를 보십시오. 어땠습니까? 이 세 종교가 만나면 거의 대부분 싸웠습니다. 여기다 기독교의 변종이라 할 수 있는 마르크시즘(혹은 공산주의)까지 가세하면 이것들이 만나는 현장은 피바다가 되는 경우가 많았습니다. 공산주의는 거의 퇴조해서 지금은 별 의미가 없지만 말입니다.

객: 맞습니다. 특히 기독교와 이슬람교의 쟁투는 날이 갈수록 더 극악해지는 느낌입니다. 이 두 종교 간의 싸움은 해결될 조짐을 보이지 않습니다.

주: 그래서 나는 종종 이런 말을 합니다. 이 두 종교 간의 전쟁은 세상 끝 날까지 간다고 말입니다. 세상이 언제 끝날지 모르지만 이 지구상에 기독교도와 이슬람교도가 존재하는 한 세상 끝날까지 그들의 싸움은 끝나지 않는다는 것입니다. 이게 바로 유신론의 폐해입니다. 이것은 신들의 전쟁입니다. 정확하게 말하면 신을 앞세운 인간들의 전쟁이겠지요.

우리가 일단 '나의 신'을 인정하면 다른 신을 인정하기 힘들어집니다. 다른 신에 대해 아무리 너그러운 마음을 가지려 해도 마음 한 쪽 구석에는 '내 신이 저 신보다 낫다'는 생각이 똬리를 틀고 있습니다. 이런 마음이 커지면 서로 무시하게 되고 결국에는 싸우게 되는 것입니다. 그래서 이 전쟁을 끝낼 수 있는 유일한 길은 양쪽 다 자기들이 믿고 있다고 생각하는 신에 대한 믿음을 버리는 것입니다. '나의 신을 인정받고 싶으면 저 사람의 신도 인정하자'는 식의 적당한 절충주의 가지고는 이 난제를 풀 수 없습니다. 유일신을 포기하지 않으면 이 진흙탕 같은 갈등에서 절대로 벗어날 수 없습니다.

객: 선생님 말씀은 굉장히 과격합니다. 또 한 쪽으로 치우친 것 같은 느낌도 받습니다. 종교에는 분명 그런 폭력적인 면이 있지만 어떤 분야보다도 평화에 대해 많은 이야기를 하고 있습니다. 그런 모습은 간과하시는 것 같은데요?

주: 우리들 주위를 보면 가끔씩 종교인들이 모여 평화 이야기를 하는 것을 발견할 수 있습니다. 그런 모임에 나갈 기회가 있으면 나는 이렇게 말하곤 합니다. '종교가 무슨 평화를 운운할 자격이 있느냐? 종교는 그동안 평화를 지키는 것보다 깨는 데에 앞장섰다. 당신들이 평화를 이야기하고 싶으면 당신들이 믿고 있는 유신론부터 버리고 임해라'고 말입니다. 물론 종교가 평화의 진작을 위해 노력하지 않았다는 것은 아닙니다. 그러나 그동안 인류 역사를 통해 종교가 저질러왔던 악행 혹은 못된 짓을 보면 종교가 평화의 정착을 위해 기울였던 노력과는 비교도 안 되게 많았던 것을 알 수 있습니다. 내가 이런 말을 종교인들에게 하면 그들은 자기 종교는 그렇지 않다고 우깁니다. 그러나 그것은 머리만의 생각이고요, 몸은 여전히 자기가 믿는 신이 가장 위대하다고 믿고 있습니다. 이런 믿음이 있는 한 진정한 평화의 안착은 불가능합니다.

객: 실질적으로 생각해보면 인류는 신에 대한 믿음을 내려놓을 것 같지 않습니다. 만일 이것이 사실이라면 이 종교 간의 '신쟁(神爭)'은 끝나지 않겠다는 생각이 듭니다.

주: 종교는 정말로 거대한 환상입니다. 이게 그저 단순한 환상에 불과하다면

꿈만 꾸고 말면 됩니다. 그런데 종교는 여기에 힘이나 권력 등이 추가됩니다. 그렇게 되면 싸움이 시작되는 것은 불 보듯 뻔한 일입니다. 그런데 인류는 이제 이러한 환상에서 막 벗어나기 시작했습니다. 특히 서양에서 이런 움직임이 시작됐습니다. 서양에는 지난 2천 년 동안 자신들이 믿어왔던 신을 버리는 사람들이 꽤 생기고 있습니다. 종교에서 해방되는 것입니다. 이런 일은 실로 대단한 것입니다. 서양인들이 자신들이 2천 년 동안 믿어왔던 종교에서 벗어나고 있으니 말입니다.

그에 비해 다른 지역에서는 아직 그런 기미가 보이지 않습니다. 기독교와 날 선 각을 세우고 있는 이슬람 세계를 보십시오. 이슬람 세계에서는 '나는 전통 이슬람을 버리겠다'고 공언한 사람을 만나기가 힘듭니다. 이것은 종교의 세속화가 일어나지 않았기 때문에 일어난 현상입니다. 이슬람 국가에 태어나면 무조건 무슬림이 되어야 합니다. 서양인 중에는 '나는 무슬림이 되겠다' 혹은 '나는 불교도가 되겠다'라고 하는 사람들이 꽤 있습니다. 그런데 이슬람 세계에서는 '나는 이슬람을 버리고 기독교도가 되겠다'고 공개적으로 선언한 사람이 있다는 것을 과문한 탓인지 모르지만 아직 들어보지 못했습니다. 개인적으로는 그런 선언을 하고 이슬람을 떠나는 사람이 있기는 있는 모양인데 공개적으로 그렇게 하기는 힘든 형편인 것 같습니다. 이슬람 세계에서는 종교를 떠날 자유를 주지 않는 모양입니다.

그래도 꽤 포용적인 불교

객: 종교 간의 이 지긋지긋한 싸움은 어차피 그 끝이 없는 것이니 더 말할 필

요가 없겠습니다. 그에 비해 볼 때 불교는 상대적으로 평화롭게 세를 확장하고 다른 종교와도 우호적인 관계를 유지한 것으로 보입니다. 불교도들은 자신들이 다른 나라에 가서 전교를 할 때 한 번도 그 나라의 문화나 종교를 무시하지 하지 않았고 어떠한 분쟁도 일으키지 않았다는 것을 큰 자랑으로 삼고 있습니다. 선생님 말씀대로 하면 불교가 이렇게 탄력적인 종교가 될 수 있었던 것은 유일신교가 아니었기 때문이었다고 할 수 있겠군요.

주: 그런 이유도 있었겠지요. 그런 불교가 요즈음 들어와서 자꾸 폭력에 물들어가고 교조적으로 되어가서 걱정입니다. 특히 한국 불교가 그런 모습을 많이 보입니다. 그런데 재미있는 것은 불교의 교리를 원칙적으로 따져보면 불교만을 고집할 수 없게 되어 있다는 점입니다. 불교의 목적이 무엇입니까? 깨달음을 얻는 것입니다. 깨달음만 얻는다면 어떤 믿음을 가져도 상관없습니다. 더 과격하게 말해서 기독교를 믿던 이슬람을 믿던 관계없습니다. 불교는 우리가 이런 종교를 믿으면 깨달음을 얻을 수 없다고 하지 않습니다. 그런 면에서 불교는 종교라 할 수 없을지도 모릅니다. 그저 하나의 길을 제시할 뿐 따르든 안 따르든 그것에 대해 관계하지 않기 때문입니다. 불교가 갖고 있는 이런 보편주의나 이성주의 정신 때문에 서양인들이 불교로 개종하는 겁니다.

객: 네. 저도 그 상황은 조금 알고 있습니다. 제가 알기로 불교는 서양을 상당히 광범위하게 뚫은 유일한 외래종교입니다. 그동안 서양 백인들은 콧대가 높아서 그런지 다른 종교의 유입을 허락하지 않았습니다. 그렇지 않습니까? 서양의 백인들 가운데 이슬람교도로 개종한 사람이 몇 사람이나 되겠습니까? 아니면 유교도가 된 사람이 몇이나 되겠습니까? 있어도 극소수에 불과

할 겁니다.

그랬던 서양 백인들이 불교의 한없이 높은 가르침에는 그들의 문을 열지 않을 수 없었습니다. 제가 알기로는 지금 미국에는 자신이 불교도라고 고백하는 사람(백인)이 백 만 명 이상이라고 한다는데 신앙 고백까지는 하지 않지만 불교적인 세계관을 견지하고 수행을 하는 사람은 수백 만 명이 된다고 하더군요. 그런데 이건 지금 우리가 이야기하는 것과 별로 관계없는 질문일 수 있는데 불교에서는 기도를 하는 것이 가능한가요? 절에 붙어 있는 현수막을 보면 '관음보살 천일기도' 같은 것이 있던데 불교는 유신론교가 아닌데 어떻게 기도를 한다는 건가요?

주: 아 그거요? 불교에서 하는 기도는 아주 간단합니다. 그 대상이 누구 건 그저 그 이름만 부르면 됩니다. 만일 관음기도라면 목탁을 치면서 '관세음보살'이라고 계속 되뇌면 됩니다. 일종의 염불이지요. 기독교처럼 관음에게 대고 무엇을 해달라고 하지 않습니다. 불교도들의 기도는 소원을 이루어달라고 비는 게 아니라 일종의 수행으로 보면 될 겁니다.

객: 그렇군요. 그런 면에서 불교는 또 합리적으로 보입니다. 사실 제가 불교를 공부해보니까 도그마 같은 걸 발견하기가 힘들어요. 교리가 어려워서 그렇지 비합리적이고 비이성적인 교리는 없습니다. 불교는 그런 면이 참 좋습니다. 물론 민간 차원으로 오면 미신 같은 것이 많지만요. 이에 비해 유신론교들은 처음부터 납득하기 힘든, 혹은 이해하기 어려운 '신은 존재한다'는 교리 같은 것부터 시작합니다. 그래서 무조건 믿고 보라고 하는 것이겠지요.

그런 것에 비해 불교는 '인생은 괴롭다'는 극히 간단하면서도 자명한, 그래서 종교 교리 같지 않은 교리로 시작합니다. 이 교리야 말로 불교의 근본 교리인 사성제 중 첫 번 째 아닙니까? 그러니 불교는 받아들이는 데에 별 문제를 느끼지 못합니다. 인생은 괴롭다는 것을 동의하지 않을 사람이 없을 것이기 때문입니다. 그에 비해 기독교는 더 들어갈수록 받아들이기가 힘든 교리가 계속해서 나옵니다. 그 가운데 대표적인 것이 바로 '예수만이 구세주'라는 교리 아닐까 합니다. 밖에서 보기에 이 교리는 대단히 독선적이고 오만한 것인데 기독교도들은 이 교리를 버리면 큰일 나는 줄 압니다. 다른 건 몰라도 이 교리는 절대 못 버리겠다고 공언합니다.

기독교 유일 혹은 우월주의의 문제는?

문제 많은 기독교 유일주의 혹은 기독교 우월주의

주: 아 그 문제 많은 교리요? 이 문제는 기독교 유일주의와 직결됩니다. 기독교만이 인간을 구원한다는 생각이지요. 그렇게 생각하니까 기독교 이외의 다른 종교는 모두 거짓 내지는 불완전하다고 간주합니다. 기독교도 가운데 다수는 다른 종교를 거짓 종교로 보는 것 같습니다. 다른 종교를 인정하지 않는 것이지요. 그리고 소수만이 다른 종교를 인정하는데 그 소수도 대부분은 다른 종교를 기독교보다 열등한 것으로 봅니다. 그리고 정말로 극소수만이 기독교를 다른 종교와 평등하게 보는데 이런 사람들은 참으로 찾기 힘듭니다.

객: 다른 것은 알겠는데 두 번째 입장은 어떤 것인가요? 다른 종교는 인정하

지만 기독교보다 열등한 종교로 보는 태도 말입니다.

주: 일부 개신교 신학자 가운데에는 다른 종교를 인정하면서 그 종교를 믿어도 구원에 이를 수 있다고 주장하는 사람이 있습니다. 그런데 기독교는 구원에 이르는 특별한(special) 길인 것에 비해 다른 종교는 같은 곳에 이르는 일반적인(general) 길이라고 하면서 차등을 둡니다. 우리의 것이 더 낫다는 것이지요. 그런가 하면 가톨릭의 대표 신학자라 할 수 있는 칼 라너는 다른 종교도들을 일컬어 '익명의 기독교인(anonymous Christian)'이라고 부른 적이 있습니다. 그러니까 다른 종교들도 겉만 다를 뿐 속은 기독교라는 것인데 여기에는 교묘하게 기독교 우월주의가 들어가 있습니다. 다른 종교를 인정한 것 같은데 그 종교들이 다 기독교라고 하니 기독교에 대한 우월감이 엿보입니다.

객: 라너의 주장을 들어보면 처음에는 관용적인 것 같아 괜찮았는데 곱씹어보면 다른 종교를 인정하지 않는 것으로 읽혀 기분이 나빠지네요. 그러면 같은 논리로 기독교도들에게 당신들 역시 '익명의 무슬림' 혹은 '익명의 불교도'라고 하면 기독교도들이나 라너가 그것을 받아들일까요? 아마도 그렇게 하지 않겠죠?

주: 그렇죠. 기독교도들에게 일일이 다 물어본 것은 아니지만 아마도 그들은 이 주장을 받아들이지 않을 겁니다. 종교에서 이처럼 자기 유일주의를 벗어나는 것은 아주 힘들어요. 그런데 당신은 '가톨릭'이 무슨 뜻인지 아시나요? 이것은 '보편적'이라는 뜻입니다. 이름을 이렇게 지은 것은 자신들의 종교만이 보편적인 것이고 다른 종교들은 그렇지 않다는 것이지요. 그래서 지금은

조금 바뀌었지만 가톨릭은 지난 2천년 동안 '교회 밖에는 구원이 없다'고 공언해왔던 겁니다. 그런데 이 태도는 1960년대에 있었던 제2차 바티칸 공의회(Vatican Council) 이후에 다른 종교를 어느 정도는 인정하는 태도로 바뀝니다. 그러나 일반 신자들은 여전히 옛 태도를 견지하고 있는 것처럼 보입니다. 이 바티칸 공의회에 대해서는 가톨릭뿐만 아니라 세계 종교사에서도 중요한 사건이기 때문에 뒤에서 더 소상하게 보기로 하겠습니다.

객: '교회 밖에는 구원이 없다'는 선언과 관련해서 생각나는 사건이 있습니다. 제 기억에 수십 년 전에 기독교의 한 파(감리교)에 속하는 교수이자 목사가 '교회 밖에도 구원이 있다'고 했다가 그 종파로부터 파문당했던 사건이 기억납니다. 기독교 밖에 있는 우리들은 그 이야기를 듣고 기독교 밖에도 구원이 있다는 것은 당연한 것인데 그 분이 왜 이런 주장을 했나 하고 의아했던 기억이 있습니다. 그런데 그런 당연한 이야기를 했다고 그 분이 그 교단으로부터 격렬하게 성토되고 파문까지 당하는 것을 보고 크게 놀랐던 기억이 납니다.

교회 밖에는 구원이 없다고?

주: 그렇죠? 밖에서 볼 때에는 기독교는 많은 종교 가운데 하나에 불과하기 때문에 당신이 보기에는 기독교 밖에도 구원이 있다는 게 당연하게 생각되었을 겁니다. 그런데 기독교는 기독교(특히 개신교)만이 참이라는 교리가 가장 중요한 교리로 되어 있기 때문에 다른 종교를 인정할 수 없습니다. 그러니

그 교단은 다른 종교를 인정하는 목사를 파문할 수밖에 없었을 것입니다. 그런데 사실은 저 주장의 문제는 다른 데에 있습니다. '기독교 밖에도 구원이 있다'고 할 때 이 구원이 무엇을 뜻하느냐 하는 것입니다. 기독교에서 말하는 구원은 인간이 지은 죄를 예수를 통해 신으로부터 사함을 받는 것입니다. 그런데 이 주장은 이런 구원이 다른 종교를 통해서도 가능하다는 뉘앙스를 풍기고 있습니다.

만일 이 말이 사실이라면 이것은 온당치 못합니다. 왜냐하면 기독교적인 시각을 다른 종교에 적용하는 것이기 때문입니다. 당장 보아도 불교에는 이런 구원의 개념이 없습니다. 불교는 스스로 닦아서, 조금 어려운 말로 하면, 본인의 수행을 통해 우리의 이분법적인 사고 구조를 넘어서는 것을 목표로 하고 있습니다(물론 스승이 없으면 안 되지만). 이것은 인간의 죄나 죄의 사(赦)함과 아무 관계가 없습니다. 불교에 이런 기독교적인 시각을 적용하는 것은 흡사 농구 경기에 축구 경기의 규칙을 부과하는 것과 같다고 할 수 있습니다.

객: 농구 경기에 축구 경기의 규칙을 부과한다는 말씀은 아주 재미있군요. 그렇지만 불교나 기독교는 많은 다름에도 불구하고 종교로서 같은 점도 꽤 있을 것으로 생각됩니다. 사정이 어떻든 기독교는 지난 2천 년 동안 이 교리를 계속해서 유지해 왔습니다. 이것이 마치 기독교인의 정체성을 보지(保持)한다고 생각한 나머지 신도들은 이 교리를 굳건히 지켰습니다. 알려진 바에 따르면 한국 개신교도의 95% 이상은 여전히 이 신앙을 견지하고 있다고 합니다.

주: 그런데 이 교리가 문제가 많다는 것은 한 번만 생각해봐도 알 수 있습니다. 기독교가 지난 2천 년 동안 행한 수많은 종교 전쟁은 이 교리 때문에 생

긴 것입니다. 예수만이 유일한 통로이니 다른 통로를 인정할 수 없고 그러니 다른 통로인 다른 종교를 거세하려고 온갖 노력을 한 것입니다. 이런 기독교 유일주의는 도덕적으로도 문제가 있지만 기독교 교리 자체 내에서도 다른 교리와 상충되면서 모순을 만들어냅니다. 지금 말한 도덕적인 문제란 간단한 겁니다. 같은 처지에 있는 다른 종교들을 인정하지 않는 것입니다.

만일 이슬람교도가 기독교도를 향해 너희들은 진리를 갖고 있지 않다고 무시하면 기독교인들은 기분이 좋겠습니까? 당연히 기분이 상하겠지요. 그처럼 우리는 남이 싫어하는 일을 해서는 안 됩니다. 이것은 도덕 중에도 가장 기본적인 도덕에 관계된 것입니다. 이런 도덕은 보통 황금률이라고 부르는데 예수의 가르침에서도 발견됩니다. '남이 나에게 하지 않았으면 하는 것을 너도 남에게 하지마라'는 것이 바로 그것 아닙니까? 기독교인들은 왜 자신들의 종교 교리 안에 엄연히 있는 가르침을 실천하지 않는지 잘 모르겠습니다.

객: 그렇습니다. 만일 어떤 종교가 자신만이 참된 종교라고 주장한다면 그것은 진리를 독점하겠다는 매우 오만한 발상입니다. 그런데 이 교리가 기독교의 다른 교리와 상충된다고 하셨는데 그게 무엇인지 궁금하군요.

주: 사실은 이게 중요합니다. 앞에서도 내가 그렇게 말하지 않았습니까? 어떤 명제가 틀렸다는 것을 밝히고 싶을 때 가장 좋은 방법은 그 명제가 그것이 포함되어 있는 전체 시스템과 모순을 일으킨다는 것을 밝히는 것이라고 말입니다. 사람들은 다른 사람들이 자신의 주장을 다른 관점에서 공격하는 것은 받아들이는 데에 인색하고 그것을 거부할 수 있지만 그 주장 안에 내적인 모순이 있는 것을 밝혀내면 자신이 내세운 명제가 틀렸다는 것을 인정하지 않을 수 없을 겁니다.

'예수만이 유일한 구세주'라는 교리에는 내적 모순이

객: 제가 이해하기로는 '교회 밖에는 구원이 없다'는 주장은 '예수만이 유일한 구세주'라는 명제와 같은 것입니다. 그런데 선생님 말씀은 이 명제가 틀렸다는 것, 즉 다시 말해 이 명제가 기독교의 다른 교리와 상충된다는 것을 밝히시겠다는 것 아닙니까? 맞나요? 그런데 그 다른 교리라는 게 어떤 것입니까? 그 교리는 기독교 교리 중 아무 교리나 되어서는 안 된다는 생각입니다. 그래도 예수 유일주의와 수준이 비슷한 교리가 되어야 하지 않을까요?

주: 맞는 말입니다. 거두절미하고 그 다른 교리라는 것이 어떤 것인지 보지요. 기독교 교리 가운데 '예수는 유일한 구세주'라는 것 이상으로 중요한 교리가 있습니다. 그것은 '하느님은 (보편적) 사랑이시다'라는 것일 겁니다. 하느님이 존재하고 그 하느님은 모든 존재를 사랑하신다는 것이야말로 기독교를 기독교답게 만드는 교리입니다.

객: 맞아요. 기독교를 믿지 않으면 구원을 받지 못한다고 주장하는 기독교인들도 대놓고 '하느님은 우리 기독교인만 사랑하신다'고 하지는 않죠. 속으로는 '우리 하느님은 기독교를 믿지 않는 사람들은 사랑하지 않으실 거다'라고 믿고 있을지 몰라도 겉으로는 그렇게 이야기 안 할 겁니다. 만일 하느님이 편벽되게 사랑한다는 것을 공표하면 자신들의 신이 속 좁은 존재로 비치게 될 터이니 그것을 반기지 않을 것이라는 생각입니다.

주: 어떻든 이 교리는 문제가 없습니다. 신의 사랑이 당연히 보편적이어야지 편벽될 수는 없기 때문입니다. 만일 신의 사랑이 치우쳐 있다면 그것은 신이

완전하지 못하다는 이야기가 되니 기독교인들은 결코 이런 주장을 받아들일 수 없을 겁니다. 그런데 문제는 이 교리가 '예수는 유일한 구세주다'는 교리와 상충된다는 데에 있습니다. 이 교리를 따르면 예수를 믿지 않은 사람은 구원을 받을 수 없습니다.

그런데 이 교리는 그 자체에 심대한 문제가 있습니다. 예수를 만날 수 있는 기회가 지극히 제한되기 때문입니다. 어떻게 제한되느냐고요? 우선 예수를 만나려면 우리는 반드시 예수가 태어난 이후에 태어나야 합니다. 그것뿐만이 아니지요. 반드시 기독교가 자리 잡고 있는 지역에 태어나야 합니다. 예수 후대에 태어났다고 해도 기독교가 전파되지 않은 지역에 태어나면 예수를 알 방법이 없습니다. 그런데 지금까지 살았던 인류들 가운데에 이 조건에 맞는 사람들은 그리 많지 않습니다.

객: 그것은 당연한 말씀이지요. 지금까지 인류 역사를 보면 예수 이전에 태어난 사람들이 더 많지 않을까요? 예수가 태어난 것은 2천 년밖에 안 되었기 때문입니다. 그리고 예수가 태어난 다음에 출생한 사람 가운데에도 예수의 가르침을 접할 수 없는 사람이 그것을 접할 수 있는 사람보다 훨씬 더 많았습니다. 그것은 당연한 것 아닙니까? 기독교가 전파된 지역이 한정되어 있었으니 말입니다. 만일 기독교가 자기가 사는 지역에 전파되어 있었는데도 예수를 믿지 않았다면 그런 사람은 구원 받을 수 없을지 모르겠습니다. 기회가 있는데도 예수를 영접하지 않았으니 말입니다. 그러나 기독교가 전파되지 않은 지역에 사는 사람들까지 구원 받을 수 없다고 하는 것은 억지입니다. 자기 잘못이 아닌데 예수를 만날 수 없는 사람들 보고 당신들은 예수를 믿지 않았다니 구원받지 못한다고 한다면 어불성설이라는 것이지요. 선생님의 말씀은 대강 이런 것 아닌가요?

주: 정확하게 보았습니다. 자신에게 예수를 믿을 수 있는 기회가 없었는데 그것 때문에 구원을 받지 못한다면 그런 독선이 어디 있습니까? 그것은 그렇다 치고 여기서 가장 큰 문제가 생기는 것을 알 수 있습니다. 무엇이 문제이냐고요? 그것은 이른바 '예수 구원, 불신 지옥'이라는 단순무식한 구호가 앞에서 본 기독교 최고의 명제인 '하느님은 보편적 사랑이시다'와 상충된다는 것입니다. 그렇지 않습니까? 하느님은 어느 누구도 가리지 않고 사랑하신다고 해놓고 예수를 믿어야 구원 받을 수 있다고 하면 이것은 앞뒤가 안 맞는 것 아니겠습니까? 만일 이런 문제 제기에 동의한다면 이 모순을 어떻게 해야 해결할 수 있을까요?

객: 제가 보기에 기독교인은 첫 번째 명제를 버릴 것 같지 않은데요? '하느님은 보편적 사랑'이라 하지 않고 '차등적인 사랑이시다' 혹은 '변별하는 사랑이시다'라고 할 수는 없는 것 아니겠습니까?

주: 맞아요. 기독교인들은 이 믿음을 포기할 수 없습니다. 그 이유는 앞에서도 말한 것처럼 이 명제를 부정하면 자신들이 믿는 신이 보편적이지 않은 것이 되기 때문입니다. 그러면 그것은 완전한 존재가 될 수 없지요. 상황이 그렇다면 이 모순을 푸는 데에는 한 가지 경우의 수밖에는 남아 있지 않습니다. 두 번째 명제를 포기하던지 혹은 조금 바꾸면 됩니다. 사실 포기까지 할 필요는 없고요, 조금만 바꾸면 됩니다.

객: 어떻게 바꾸면 될까요? 그거 아주 흥미진진하네요.

주: 생각에 따라 이것은 아주 간단합니다. 두 번째 명제에서 '유일한'이라는

단어 하나만 빼면 됩니다. 그러니까 예수는 유일한 구세주가 아니라 그냥 구세주라고 하면 된다는 겁니다. 그렇게 되면 예수는 인류 역사상 있었던 그 많은 구세주 가운데 한 사람이 되는 것입니다. 'only one'에서 'one of them'이 되는 것이지요. 다시 말해 이것은 기독교인들이 그렇게 싫어하는 기독교의 상대화 작업입니다. 비유로 들면, 지금까지 기독교인들은 산 정상(진리)으로 가는 길은 기독교 하나뿐이라고 주장해왔는데 이렇게 명제를 수정하면 산 정상으로 가는 길이 많은 것이 되고 기독교는 그 가운데 하나라는 것이 됩니다. 그러면 문제는 깨끗하게 풀립니다. 그런데 이렇게 하면 이 모순은 풀리지만 기독교 유일주의에 빠진 사람들은 이 주장을 결코 받아들이지 않을 것입니다.

인간이 종교를 위해 존재하는 것이 아니라 종교가 인간을 위해 존재해야

객: 선생님이 말씀하시는 것은 잘 알겠는데 제가 만일 기독교인이라면 선생님 말씀에 이런 의문을 가질 것 같네요. 구원으로 가는 길이 그렇게 많다면 굳이 기독교를 믿어야 할 필요가 무엇이냐고요. 그렇지 않나요? 모든 종교가 다 같다면 아무 종교나 믿지 굳이 기독교를 믿을 필요가 무엇이냐는 것입니다. 그리고 사정이 이렇다면 기독교인이 된다는 것이 무슨 의미가 있냐고 물을 수도 있겠습니다.

주: 맞아요. 그렇게 항변하는 기독교인이 적지 않아요. 그런데 이런 태도는

본말이 전도되었다는 느낌입니다. 원래 인간이 '본'이고 종교가 '말'이어야 하는데 그 반대가 되었다는 것입니다. 다시 말하면, 종교는 단지 수단에 불과한 것이지 그것이 목적이 되어서는 안 된다는 것입니다. 한 걸음 더 나아가서 말한다면, 우리가 무슨 종교를 믿던 그것은 아무 관계없다는 것입니다. 오로지 목표는 자신의 완전한 해방이기 때문에 이 일을 위해서는 무슨 종교를 믿던 관계없다는 것입니다. 왜 우리 인간은 자신을 중심에 놓지 않고 종교를 중심에 놓습니까? 자신이 진정으로 해방되기 위해 종교를 이용해야지 왜 자신을 자신이 믿는 종교를 드러내는 데에 맞추느냐는 것입니다. 그래서 본말이 전도되었다고 하는 것입니다.

우리는 우리가 믿는 종교에서 말하는 것을 맹종하면 안 됩니다. 거기에는 틀린 것도 많고 억지도 많습니다. 그런 것에 넘어가면 안 됩니다. 그러나 대부분의 신자들은 그 종교가 지시하는 것을 무조건 따라가려고 하기 때문에 거기서 벗어나면 큰일 나는 줄 압니다. 우리 인간은 그렇지 않아도 많은 것에 종속되어 사는데 왜 또 종교에까지 종속되어야 한다는 말입니까?

객: 선생님의 말씀을 들어보니 예수님이 했던 말이 생각납니다. 예수님을 비판하는 사람들이 그가 안식일을 지키지 않는다고 힐난하자 예수님이 이렇게 응대하지 않으셨습니까? 즉 '안식일이 사람을 위해 있어야지 사람이 안식일을 위해 있는 것이 아니다'라고 말입니다. 이것을 종교에 적용시키면 '종교가 사람을 위해 있어야지 사람이 종교를 위해 있어서는 안 된다'고 할 수 있겠습니다. 그런데 지금 대부분의 종교 신자들은 자신을 위해 종교를 믿는 것이 아니라 자신보다 종교를 위해서 사는 것처럼 되었습니다. 그 대표적인 예를 들면, 다른 종교를 믿는 사람들을 박해하고 죽이는 행동 따위를 들 수 있겠습니다.

주: 좋은 비유입니다. 그런데 기독교가 이처럼 예수만이 유일한 구세주라고 주장하는 근거가 무엇인지 아십니까? 그렇게 주장하려면 경전적인 근거가 있어야겠지요.

예수가 유일한 구세주라는 주장의 경전적 근거는?

객: 그것이야 신약에서 보는 것처럼 예수님이 계속해서 자신이 신과 밀접한 관계에 있다고 이야기했기 때문에 그런 것 아닌가요? 그렇지 않고 이 주장을 뒷받침할 만한 정확한 문구를 콕 집어낼 수 있나요?

주: 물론 있습니다. 아주 명확한 구절이 있습니다. 요한복음 14장 6절에 보면 예수가 '나는 길이요 진리요 생명이니 나를 통하지 않고는 아무도 아버지께 갈 수 없다'고 말한 것으로 나와 있습니다. 이것이 바로 그 정확한 경전적 근거입니다. 예수가 자신을 거치지 않고서는 신께 가지 못한다고 했다는 이 말이 그 이후에 기독교가 갖고 있는 모든 배타적인 태도의 단초를 제공했습니다. 산 정상으로 가는 유일한 길은 기독교뿐이라는 것을 천명한 것입니다. 기독교만이 유일한 진리가 되는 순간입니다.

객: 시중에서 '예수 천국, 불신 지옥'이라고 쓰여 있는 피켓을 들고 선교하는 사람들을 가끔 보는데 그들이 이렇게 말할 수 있는 근거가 바로 이 경전 구절에 있군요.

주: 그런데 문제는, 예수는 이런 말을 한 적이 없다는 것입니다. 이것은 내가 아무 근거 없이 주장하는 것이 아니라 신학자들이 밝혀낸 사실입니다. 신학자들의 문헌비평학(textual criticism)은 대단합니다. 신약을 다 분석해서 그 경전들, 그러니까 마태복음이나 요한복음 같은 것들이 언제 생겨났고 그 안에서 예수가 진짜로 한 말과 아닌 말들을 꽤 정확하게 가려냈으니 말입니다. 이 분야는 아주 전문적인 분야라 나도 자세한 것은 모르고 그 대강만을 알 뿐입니다. 그런데 내가 귀동냥한 바로는 이 4 복음서에서 예수가 진짜로 한 말을 추려보면 A4 용지로 한 장 정도밖에 나오지 않는다는 설도 있다고 합니다.

객: 네? 아니 마태복음이나 요한복음 등에 실려 있는 예수님 말씀이 진짜가 아니라고요? 우리는 그게 '성경' 말씀이라고 생각해 다 진실로 알고 있었는데요. 제가 주위에서 들은 바로는 복음서를 쓸 때 성령이 그 기자(記者), 즉 복음서를 쓴 사람에게 임해 진실만을 쓰게 했다고 하던데 그것이 사실이 아닙니까? 그러니까 그 기자는 통로 역할만 한 것이지 그가 창작한 것은 아니라는 것이지요. 이게 잘못된 생각인가요?

주: 그러한 태도를 일컬어 보통 축자영감설(逐字靈感說)이라고 하지요. 이 설은 지금 당신이 말한 것처럼 신(혹은 성령)이 기자로 하여금 기계적으로 받아 적게 했다는 의미로 해석되기도 하지만 다른 해석도 있습니다. 즉 기자가 복음을 기술할 때 그 용어나 표현 등이 오류에 빠지지 않도록 성령이 보호했다는 의미로도 해석되는 것으로 알고 있습니다. 그러나 어찌 됐든 이것은 그들이 말하는 '성서무오설'을 주장하는 근거가 되어 있습니다. 나는 이러한 태도를 받아들이지 않습니다. 이 세상에 나와 있는 것은 어떤 것이든 인간의 손을

거친 것입니다. 그 인간은 그가 처한 시대나 문화, 계급, 성별 등에 의해 제약을 받습니다. 이러한 제약을 벗어나 완벽하게 보편적인 태도나 견해를 표방할 수 있는 사람은 없습니다.

객: 저도 선생님 말씀에 완전히 동의합니다. 그러면 우리는 이 복음서들을 어떻게 이해해야 하나요?

주: 이 복음서들에 나와 있는 이야기들은 물론 그 기본 자료는 예수의 언행이지만 그 표현은 그 경전이 쓰인 당시의 사람들의 생각을 통로로 해서 나온 것입니다. 그러니까 필터를 한 번 이상 거쳐서 나왔다는 것입니다. 따라서 예수의 '원체험'이 있는 그대로 표출된 것이 아니라 한 번 이상 굴절(?)되었다고 보아야 합니다. 이런 입장에서 보면 이 복음서들이 예수의 원체험에 대한 객관적인 기록이라고 하기보다는 당시 기독교인들의 '신앙고백서'라고 할 수 있습니다. 다시 말해 당시의 기독교인들이 예수를 통해 자신들의 믿음을 표현한 것이라는 것이지요. 자신들이 예수를 어떤 사람으로 이해했고 그를 어떻게 숭배하고 있는지 등에 대해 쓴 것이라는 겁니다.

객: 그렇게 말씀하시니까 이해가 되네요. 그런 입장에서 앞에서 본 요한복음 14장에 나온 예수의 발언은 그가 직접 한 것이 아니라 당시 기독교인들의 신앙을 나타낸 것이라는 말씀이시지요?

주: 그래요. 이 문제는 이렇게 이해할 수 있습니다. 당시 기독교인들은 상대적으로 작은 집단이었을 것이고 그로 인해 주위로부터 많은 견제를 받았을 것입니다. 그런 상태를 타개하기 위해 그들은 복음서에 예수가 이런 말을 했다

는 내용을 첨가했을 것으로 생각됩니다. 다시 말해 자신들이 주위에 있는 다른 집단들을 능가하고 있다는 것을 표명하기 위해 자신들만이 진리를 갖고 있다고 천명한 것이라는 것이지요. 그것을 예수의 입을 통해 표현한 것입니다. 나는 개인적으로 예수가 이런 말을 했으리라고 생각하지 않아요. 만일 그가 진정한 성인(聖人)이었다면 내가 진리라느니 생명이라느니 하는 독단적인 말을 하지 않았을 것이라는 것입니다.

객: 네? 너무 강한 주장 같은데 선생님은 어떤 근거로 그런 말씀을 하시나요?

성인은 자신만이 진리라고 주장하지 않는다!

주: 예수는 평소에 항상 사랑과 겸양과 용서를 가르치던 사람입니다. 그런데 그런 분이 '이 세상에 나밖에 없다. 나만이 진리다'라는 말을 했겠습니까? 성인은 절대로 자신을 앞세우지 않습니다. 그들은 오만하지 않습니다. 성인은 진리 그 자체이기 때문에 자신이 진리라고 주장할 필요도 없습니다. 그러기에 이런 분들은 책도 남기지 않습니다. 책을 남기는 것은 자신이 부족하다고 느끼기 때문에 하는 행동입니다. 자신을 알리고 싶어 하고 자신을 후세에 남기고 싶은 마음에 책을 쓰는 것입니다. 부처님이나 예수님 같은 분들은 모든 것이 완결된 분이라 자신을 후세에 남기겠다느니 자신을 알려야겠다느니 하는 생각을 갖지 않습니다.

객: 그 말씀에 동의할 수밖에 없습니다. 자신만이 진리이고 유일한 구세주라

고 주장하는 것은 이른바 사이비 종교의 교주들이 하는 일입니다. 그렇지 않습니까? 우리 주위에서 명멸했던 사이비 종교의 교주들을 보면 하나 같이 자신만이 유일한 구세주라고 말했습니다. 심지어는 자신이 하느님이라고 주장하던 교주도 있었습니다.

주: 우리가 어떤 종교 집단이 '사이비다 아니다'를 판명하려고 할 때 이 점이 중요합니다. 즉 그 종교의 교주가 자기만이 깨달은 존재이고 자신만이 구세주라고 한다면 그런 집단은 백이면 백, 사이비 집단입니다. 그것은 아집과 독선의 표현입니다. 아집과 독선을 갖고 있다면 그것은 성인이 아닙니다.

객: 지금도 우리 주위에는 그런 사이비 집단들이 많습니다. 그런 집단에서는 모두들 자신들의 교주가 유일한 구세주라고 주장합니다. 이들의 입장이 틀렸다는 것은 선생님이 말씀하신 대로입니다. 그런데 이런 관점에서 보았을 때 신약에 나오는 이야기 중에 의문 나는 내용이 더러 있습니다. 그 중의 하나가 예수가 붙잡히기 전에 했다고 하는 만찬 사건과 연관된 것입니다. 그때 예수는 제자들에게 빵과 포도주를 주면서 '이것은 나의 살과 피니 이것으로 후에 나를 기억하라'는 말을 남깁니다. 선생님 말씀대로라면 이것도 예수가 했을 법한 언행이 아닌 것 같은데요?

최후의 만찬 사건도 후대에 만들어낸 것?

주: 아, 그 최후의 만찬 사건을 이야기하는 거군요. 그 사건은 누가복음 22

장 14절부터 23절에 적혀 있지요? 이 사건은 기독교에서 굉장히 중요한 것입니다. 여기에서 바로 기독교의 가장 중요한 의례가 나왔으니 말입니다. 가톨릭의 미사는 바로 이 사건을 재현하는 것입니다. 성당에서 행해지는 미사의 핵심은 바로 이것입니다. 그들은 이것을 '성체성사'라고 하지요. 천주교도들은 예수가 최후의 만찬에서 제시한 빵과 포도주를 먹고 마시기 위해 미사를 드리는 겁니다. 그런데 재미있는 것은 미사에서는 이 빵과 포도주가 예수의 살과 피라는 것을 상징적으로 나타내는 것이 아니라 실제의 예수의 살과 피라고 주장한다는 것입니다. 가톨릭 교리에 따르면 신부가 이 빵과 포도주를 들고 관련 구절을 읽은 다음 종을 치면 그것은 실제로 예수의 살과 피가 된다고 합니다. 외부자들은 이것을 믿을 수 없지만 가톨릭교도들은 그렇게 믿고 있습니다.

객: 그렇습니까? 제가 보기에는 그런 생각이 무리가 있는 것으로 보이지만 그들이 그렇게 믿겠다는 데에 외부자의 입장에서 무엇이라고 간섭할 이유는 없습니다. 그런데 왜 이들은 빵과 포도주를 먹고 마시나요?

주: 좋은 질문입니다. 여러 각도로 접근할 수 있지만 내 생각에 이것은 영생을 재체험하는 의례적인 행위입니다. 기독교인에게 예수는 영생의 상징입니다. 따라서 미사를 드릴 때 예수의 몸으로 변모한 빵과 포도주를 먹고 마시는 것은 예수와 하나가 되기 위한 행위입니다. 그럼으로써 영생을 얻는 것이지요. 이처럼 가톨릭교도들은 이 미사라는 의례를 통해 일주일에 한 번씩 영생하게 됩니다. 이런 의미에서 이 의례는 대단히 중요한 것입니다. 그래서 가톨릭교도들은 이 미사를 반드시 주일에 한 번 씩 드려야 합니다. 만일 미사를 못 드리게 되면 죄가 되고 그것을 사함받기 위해 신부에게 고백성사를 받아

야 합니다. 이만큼 미사는 가톨릭에서 중요한 위치를 차지하고 있습니다.

객: 가톨릭의 미사가 최후의 만찬 사건에서 비롯된 것이고 교도들의 신앙생활에서 얼마나 중요한 위치를 차지하는지 알게 되었습니다.

주: 바로 이 미사 때문에 초기의 기독교인들은 주위로부터 사람의 피와 살을 먹는 카니발리즘(사람의 고기를 먹는 풍습)에 빠졌다는 비난을 받기도 했습니다. 그렇지 않겠습니까? 빵과 포도주를 놓고 사람의 피나 살이라 생각하고 먹었으니 말입니다.

객: 충분히 그렇게 될 것 같습니다. 그런데 다시 여쭈어 보는데 예수가 정말로 이런 이야기, 즉 빵과 포도주를 통해 자신을 기억하라고 했을까요?

주: 나는 그럴 가능성이 아주 낮다고 봅니다. 자신이 죽은 뒤에 자기를 기억해달라는 것은 성인들이 행할 법한 일이 아닙니다. 그렇지 않아요? 보통 사람 중에도 성숙한 사람들은 자식들에게 자신을 기억하라는 식의 부탁을 하지 않습니다. 그러나 미성숙한 사람들이나 그의 자손들은 반대의 짓을 합니다. 자신이나 조상의 무덤을 호화롭게 만들고 비석을 크게 세우는 등 유치한 짓을 합니다. 우리 보통 사람들도 이렇게 행동하거늘 성인이 '내가 죽은 다음에 나를 기억하라'는 식의 소인배 같은 행동을 했을 리가 없습니다. 내 생각에 이 부분도 복음서를 쓴 기자들이 만들어내었을 가능성이 큽니다. 그러나 그렇다고 해서 예수와 제자들이 모여서 저녁 식사 한 것을 부정하는 것은 아닙니다.

객: 이렇게 신약에 나오는 이야기들을 하나하나 지워나가면 나중에는 신약에 예수님 말씀이 남아나지 않겠다는 생각이 드네요.

주: 그런 걱정은 안 해도 됩니다. 왜냐하면 예수의 원체험, 즉 사람들에게 최고의 진리를 가르쳤을 뿐만 아니라 사람들을 너무 사랑해서 자신을 희생한 높은 사랑의 정신은 없어지지 않기 때문입니다. 신약 곳곳에는 예수 같은 최고급의 성인이 아니면 할 수 없는 말과 행동이 묘사되어 있습니다. 그런 것을 통해 우리는 예수님의 고매한 정신을 배울 수 있습니다. 이것은 또 다른 주제이니 다음에 기회 있으면 다루기로 하고 여기서 내가 문제 삼고 싶은 것은 이 '성경'이라는 단어입니다.

성경이라는 단어는 왜 문제인가?

객: 성경을 성경이라고 하는데 무엇이 문제라는 것입니까? 성경이야 당연히 기독교 경전을 가리키는 것 아닙니까?

주: 지금 한국은 물론이고 중국과 일본을 포함한 동북아 사람들은 아무 의심 없이 기독교의 경전을 성경이라고 부르고 있습니다. 그런데 이 현상에는 심대한 사대주의 혹은 문화제국주의가 깔려 있습니다. 다른 종교도 아니고 기독교 경전만을 성경으로 부르는 것은 서양의 종교를 우위에 놓고 생각하는 사대주의 정신이 깔려 있다는 것입니다. 뿐만 아니라 기독교인들이 자신들의 경전을 가장 높은 데에 두려는 문화제국주의가 도사리고 있습니다. 무엇

이 문제냐고요? 아주 간단합니다. 특정 종교의 경전을 보통명사로 부르면 안 된다는 것입니다.

다른 종교 경전을 보십시오. 불교 것은 불경, 이슬람 것은 꾸란(혹은 코란)이라는 고유명사로 부르지 않습니까? 그런데 유독 기독교 경전만 성경이라는 보통명사를 써서 부릅니다. 이렇게 기독교 경전만 가지고 성경이라고 부른다면 그것은 기독교 경전만이 유일한 종교 경전이라는 것을 뜻하는 것입니다. 기독교 경전만이 진리를 담은 유일한 경전이라는 것이지요. 따라서 다른 경전, 즉 불경이나 꾸란은 과장되게 말하면 모두 거짓 경전, 혹은 아무리 잘 봐줘도 기독교 경전에 비해 많이 떨어지는 열등한 경전이 됩니다. 이것은 다른 종교를 애초부터 인정하지 않겠다는 발상입니다.

객: 평소에 아무 생각 없이 기독교 경전을 지칭할 때 '성경'이라는 표현을 썼는데 말씀을 듣고 보니 사안이 중대한 것이네요. 그러니까 성경이라는 표현 자체는 문제가 없지만 그것을 한 종교의 경전만 지칭하는 것으로 쓰면 안 된다는 것이지요? 그러면 이렇게 정리하면 될까요? 성경이라는 말은 자신의 종교 내부에서 그 종교의 경전을 지칭할 때 사용하는 것은 문제가 없다. 그러나 객관적으로 자기 종교의 경전을 지칭할 때에는 불경이니 꾸란처럼 고유명사를 사용하라는 것으로 이해하면 되겠습니까?

주: 비교적 정확합니다. 그런데 우리나라는 기독교 국가도 아닌데 사람들이 기독교 경전만을 콕 찍어서 성경이라고 부르고 있습니다. 기독교를 믿지 않는 사람들도 흡사 기독교를 믿는 것처럼 공공연하게 '성경 말씀에 이렇게 되어 있다'라는 표현을 씁니다. 이것은 안 될 일입니다. 앞에서 말한 것처럼 세상의 진리는 기독교 경전에만 있다는 것으로 해석될 수 있기 때문입니다. 기

독교도가 자신들의 경전을 성경이라고 부르는 것은 문제없습니다. 그러나 공식적인 자리에서는 이 성경이라는 단어를 기독교 경전만 지칭하는 것으로 사용해서는 안 됩니다.

객: 그럼 기독교 경전을 어떻게 부르라는 말입니까? 적절한 이름이 있을지 모르겠네요. 하도 성경이라고만 불러와서 말입니다.

주: 기독교 경전이라고 해도 되겠지만 이 단어가 너무 길면 '기독경'으로 줄여 써도 무방하겠습니다. 앞으로는 기독교 경전도 성경이라는 보통명사가 아니라 고유명사화 해 '기독경' 같은 특정한 이름으로 불러야 할 것입니다. 기독경이라는 이름이 처음에는 생소하겠지만 조금 지나면 익숙해질 겁니다.

객: 기독경이요? 영 어색하네요. 그런데 생각해보면 그 단어의 구성을 볼 때 불경과 다를 것이 없네요. 불경이 '붓다의 경전'이나 '불교의 경전'이듯이 기독경도 '그리스도의 경전' 혹은 '기독교의 경전'이라는 의미이니 말입니다. 그런데 미국에서 보니까 기독경을 'Bible'이 아니라 'The Book'이라고 부르기도 하던데요? 이건 어떻게 된 것입니까?

주: 아, 그것이요? 이때 'Book' 앞에 있는 정관사 the는 통상적인 발음인 '더'가 아니라 '디'로 발음해야 합니다. 그렇게 되면 세상에서 유일한 책이라는 의미가 됩니다. 미국에서 이렇게 부르는 것은 과히 틀리지 않습니다. 왜냐하면 그들은 기본적으로 기독교 국가이기 때문입니다. 그들에게 기독경은 가장 중요한 책이기 때문에 이렇게 써도 무방하다는 것입니다. 그렇지 않습니까? 이 나라에서는 신임 대통령이 취임할 때에 바로 이 기독경에 손을 얹

어 놓고 선서를 합니다. 미국은 종교 편향적인 태도를 극도로 꺼리는 나라인데도 대통령 취임할 때에는 이 (특정) 종교의 경전을 이용합니다. 그만큼 이 기독경은 그들에게 지니는 의미가 크기 때문입니다. 그런데 한국으로 오면 상황이 완전히 달라집니다. 한국은 불교나 유교, 샤머니즘 같은 전통 종교가 시퍼렇게 살아 있는 나라이기 때문입니다. 이런 한국에서 기독교 경전을 성경으로 부르는 것은 안 될 일입니다.

예수의 생일을 성탄'절'이라 하면 안 된다?

객: 정말 그러네요. 기독경은 여러 경전 가운데 하나에 불과한데 그것을 성경이라고 부르면 유일한 경전이라는 의미가 되니 안 될 말이네요. 저는 기독교도도 아닌데 지금껏 성경이라는 단어를 기독교 경전을 지칭할 때 썼으니 자괴감이 듭니다. 그런 시각에서 보면 크리스마스를 성탄절이라고 하는 것도 어불성설이네요. 그렇지 않습니까? 앞에서 말씀하신 논리를 적용해서 보면 그렇게 말할 수밖에 없을 것 같습니다. 만일 예수가 태어난 날을 성탄절이라고 부른다면 성인은 예수 한 사람뿐이라는 것이 되기 때문입니다. 고유명사를 써야 할 곳에 보통명사를 썼으니 말입니다.

주: 제대로 보았습니다. 그래서 그 날도 사실은 '기독탄일'이라고 불러야 합니다. 이것은 불교에서 사월 초파일을 '불탄일' 혹은 '부처님 오신 날'이라고 부르는 것과 같은 것입니다. 그런데 '불탄일'이라고 하면 익숙한데 '기독탄일'이라고 하면 이상하지요? 한국인들은 자신들이 1천 6백년 이상을 믿어왔

던 불교의 교주인 붓다의 생일은 불탄일이락 부르면서 들어온 지 얼마 안 되는 기독교의 교주인 예수의 생일은 성탄절이라고 하니 무엇인가 잘못 되었다는 느낌이 강합니다. 게다가 성탄절은 그냥 '날'이 아니라 '절'이라고 했다는 사실에 대해 유의해야 합니다.

절(節)이란 국가나 사회가 공식적으로 경축하는 기념일에만 쓰는 단어입니다. 3.1절이나 개천절 같은 예에서 그 사정을 알 수 있습니다. 북한에서도 김일성의 생일을 태양절이라고 하지 않습니까? 거기서는 그 날이 국가적으로 가장 중요한 날이라 그렇게 쓰는 것인데 외부에서 보면 웃기는 일이지요. 현대 국가에서는 정치 지도자가 아무리 잘 나도 그의 생일을 절이라고 부르지 않습니다. 그것은 봉건 왕조 냄새가 나기 때문인데 그런데도 북한에서는 이 표현을 버젓이 쓰고 있으니 웃긴다는 것입니다. 같은 논리를 종교에 적용하면 이 절이라는 낱말을 기독교라는 특정 종교에만 쓰는 것은 안 되겠지요. 그렇지 않습니까? 불교에서도 부처님 오신 날을 그냥 불탄일이라고 하지 불탄절이라고 하지는 않지 않습니까?

객: 사정이 그렇다고 하지만 그 종교의 내부에서 그렇게 쓰는 것은 문제가 없겠지요. 그러니까 불교도들에게 성탄절은 불탄일이고 기독교도들에게 성탄절은 기독탄일이 되는 것이겠지요. 그러나 그렇게 교단 안에서만 통용되는 단어를 외부 사회에서 써서는 안 된다는 것을 선생님 말씀을 듣고 깨달았습니다. 한 종교에 편향되기 때문이겠지요.

제가 알기로는 이처럼 종교적으로 편향되는 것을 엄격하게 금지하는 나라 가운데 하나가 미국입니다. 기독탄일과 관련해서 보면, 미국에서는 '크리스마스' 시즌이 가까웠을 때 방송에서 공적으로 '메리 크리스마스'라고 인사하는 것을 금하고 있다고 들었습니다. 특정 종교의 기념일을 공식 석상에서 말하면 종교 평등주의에 어긋난다고 여기기 때문입니다. 미국인 가운데에는 이슬람교도도 있고 불교도도 있을 터이니 기독교의 고유 용어인 크리스마스를 공적인 장소에서 외치면 안 된다는 것입니다. 미국은 비록 기독교 이념에 따라 세워진 나라이지만 종교적 자유를 인정하기 때문에 이런 일을 못하게 하는 겁니다. 그에 비해 한국은 기독교 국가도 아닌데 마구 기독교 관련 용어들을 외쳐대니 놀랍습니다.

한국 사회의 종교편향적인 모습은?

주: 종교 편향에 대한 이야기가 나와서 말인데 한국에서 벌어지고 있는 종교 편향의 모습은 한두 가지가 아니라 그것을 다 예로 들 수 없습니다. 학교, 군대, 경찰 등에서 벌어지고 있는 신앙 강요의 모습은 이미 도를 넘어도 한참을 넘었습니다. 이 문제를 뒤에서 다시 이야기할 수 있을지 모르겠는데 여기서 그냥 지나치면 섭섭하니 한 가지 예만 들어보지요.

한국의 운동선수나 연예인 가운데 일부의 개신교 신자들은 공공장소에서 자신의 신앙을 노골적으로 드러내서 타종교인들의 눈살을 찌푸리게 합니다. 예를 들어 연예인 가운데에는 시상식장에서 상을 받고 소감을 말할 때 가장 먼저 하나님께 감사한다는 말부터 하는 경우가 있습니다. 그런가 하면 축구선수 중에는 골을 넣으면 운동장에서 기도하는 모습을 보이는 경우가 있습니다. 또 경기가 끝나면 기독교(개신교)인 선수만 모여 운동장에서 (감사)기도를 하는 경우도 있습니다. 내가 보기에 이런 것들은 모두 상식에 어긋나는 행동입니다. 공적인 자리에서 사적인 행위를 하기 때문에 그렇다고 하는 것입니다.

객: 저도 전적으로 동의합니다. 그렇게 드러내놓고 기도하는 것은 성숙한 종교인의 자세가 아니겠지요. 특히 저는 축구 선수가 꼴을 넣고 기도하는 광경을 볼 때 그런 생각을 많이 합니다. 그런 행동은 골을 넣은 자신만 생각하는 것 아닌가 하고 말입니다. 자기야 꼴을 넣어서 기쁘겠지만 골을 먹은 골키퍼나 수비수들은 마음이 쓰릴 텐데 그 앞에서 기도하는 것은 상대 팀의 선수들을 배려하는 태도가 아니라는 것입니다. 그렇게 자기가 믿는 신께 감사하고 싶으면 밤에 혼자 있을 때 절절하게 감사기도 하면 될 터인데 그것을 굳이 골을 넣고 바로 할 필요가 있을까 합니다. 제가 듣기에 독일 같은 나라에서는 공공장소에서 자신의 신앙을 드러내는 일을 하지 못하도록 법으로 정해놓았다고 하더군요.

주: 맞아요. 자신의 사적인 신앙 행위를 공적인 장소에서는 하지 않는 것이 정상 아니겠습니까? 남들이 나에게 하면 싫어하는 것을 자신도 하지 말아야 하는 것 아닙니까? 그런데 한국은 불교고 기독교고 자신의 종교를 전도하기 위해 염치없는 짓을 할 때가 많아요. 그래서 많은 학생들이 고통을 겪고 있는데 사회는 모른 척 하고 있습니다. 권력을 잡고 있는 자들이 기득권자들이기 때문입니다. 권력이 있으니 자기 마음대로 하겠다는 것이지요. 이 이야기는 나중에 한국 종교만을 다루는 기회가 있을 때 구체적으로 하면 좋겠습니다. 한국 종교에 대한 이야기도 책 한 권이 나올 정도로 많습니다. 그러니 여기서는 통과하기로 하고 주제를 조금 바꾸어 볼까요? 당신은 이 기독탄일이 예수의 진짜 생일이 아니라는 것을 알고 있나요?

동의할 수 없는 종교 교리들

크리스마스가 원래 로마의 축일이라고?
– 종교는 모두 짬뽕이다!

객: 네? 크리스마스가 예수의 진짜 생일이 아니라고요? 생전 처음 듣는 소리입니다. 하기야 생각해보면 이 문제는 충분히 의심해볼 수 있는 여지가 있습니다. 예수의 생일에 대한 기록이 남아 있을 것 같지 않으니 말입니다.

주: 맞아요. 예수가 정확히 언제 태어났는지 아는 사람은 아무도 없습니다. 지금처럼 12월 25일을 예수의 생일로 삼은 데에 대해서는 몇 가지 설이 있지만 고대 로마에서 통용되는 동짓날을 차용했다는 설이 가장 유력합니다. 이날 로마 사람들은 태양을 기리는 큰 축제를 했는데 그 이유는 그때부터 해가 길어지기 때문이었을 겁니다. 하지를 지나 동지까지 해가 계속 짧아지다

가 동지부터 다시 길어지니 그 날을 경축하고 싶었던 모양입니다. 이 날이 기독탄일이 된 것은 기독교가 로마의 국교가 된 다음의 일일 겁니다. 이런 식으로 기독교에는 외부의 요소들이 들어오기 시작했습니다. 이 이외에도 기독교에는 다른 종교로부터 들어온 많은 요소가 있습니다.

객: 저는 기독교도들이 제일 싫어하는 것 중의 하나가 혼합주의(syncretism)라고 알고 있습니다. 혼합주의는 여러 종교적인 요소들이 혼합되어 있는 것을 말합니다. 한 마디로 말해 '짬뽕'이라는 것인데 기독교도들은 자신들의 종교는 절대로 그렇지 않다고 주장합니다. 기독교는 여러 종교의 교리가 너절하게 섞인 잡탕이 아니라는 것이지요. 다른 종교들은 이질적인 여러 요소들이 혼합되어 짬뽕식의 교리 체계를 갖고 있는데 기독교는 예수의 직접적인 계시로 만들어진 종교이기 때문에 순수한 종교라는 것이지요. 그런데 기독탄일부터 벌써 기독교와는 아무 관련 없는 이질적인 것이 들어왔으니 그런 주장이 무색하게 됐습니다.

주: 자신의 종교가 순수하다는 것은 그 교도들의 믿음에 불과한 것입니다. 세계의 모든 종교들은 아무것도 없는 데에서 나온 것이 아니라 다른 종교로부터 수많은 요소를 차용해 만들어진 것이기 때문입니다. 이렇게 함으로써 더 훌륭한 종교가 만들어지는 것입니다. 따라서 모든 종교는 그 중심에 혼합주의가 있습니다. 기독교도 보세요. 기독교도들은 자신의 종교가 순혈적이라고 하지만 기독교에서 유대교적인 요소를 걷어내면 무엇이 얼마나 남겠습니까? 기독교의 근간은 유대교입니다. 기독교에서 유대교를 빼면 흡사 골조가 다 빠지는 것처럼 될 겁니다.

기독교에서 유대교적인 요소를 제거하려 한다면 당장에 기독교 경전에서

구약이 빠져야 합니다. 구약(헤브루 성서)은 유대교 경전이지 기독교 경전이 아니지 않습니까? 이런 맥락에서 유대교와 기독교의 관계가 궁금하지 않나요? 이 두 종교의 관계를 어떻게 보면 좋겠느냐는 것입니다. 한 마디로 말해 기독교는 예수가 유대교를 개혁하고 세계화시켜 보편적인 종교로 만든 것이라고 할 수 있습니다. 그런 면에서 나는 기독교를 '개혁 유대교'라고 부릅니다.

객: 저도 그 의견에 동의합니다. 그런데 생각해보면 그 사정은 불교도 마찬가지이겠네요. 불교도들은 불교가 힌두교와 많이 다르다고 하지만 불교 자체가 우파니샤드 철학에 근거해 발생한 것 아닌가요? 제가 아드베이타 베단타 철학을 조금 공부해 본 적이 있는데 철학적으로는 이 사상이 불교와 다른 것을 그다지 모르겠던데요? 이 말이 사실이라면 기독교를 개혁 유대교라고 하듯이 불교 역시 개혁 힌두교라고 할 수 있는 것 아닌가요?

주: 당신의 주장은 대체로 맞습니다. 그러나 기독교가 유대교에서 나오고 불교가 힌두교에서 나왔다고 해도 그 뒤의 발전 과정은 굉장히 다릅니다. 그래서 이 두 종교는 그 선임자와 확실하게 다른 종교가 됩니다. 그리고 이 종교 내부에서는 시간이 지나면서 분열이 생기고 각기 다른 과정을 거치면서 변모 내지는 발전을 하게 됩니다. 불교는 남북방 불교(그리고 티베트 불교)로, 기독교는 가톨릭(그리고 동방정교회)과 개신교 등으로 분열 및 발전했습니다. 그러면서 서로 자신들이 정통이라고 우기는 일이 발생합니다. 그렇지 않습니까? 예를 들어 정통의식이 상대적으로 약한 불교에서도 북방불교를 신봉하는 사람들은 남방불교를 소승이라고 하면서 낮추어보지 않습니까? 그런데 그렇게 서로 자신들만이 정통이라고 우기는 것 가운데 제일 이해가 안 되는

것은 일부 개신교도들이 가톨릭을 두고 이단이라고 하는 것입니다.

가톨릭이 이단이라고?

객: 그 이야기는 들은 바 있습니다. 한국의 일부 개신교도들이 그런 주장을 하고 있지요. 그런데 그들이 그런 주장을 하는 근거는 어디에 있나요? 옆에서 보기에는 황당합니다. 그렇지 않습니까? 가톨릭은 개신교에게 큰 집에 해당된다고 할 수 있는데 작은 집이 큰 집 보고 틀렸다고 주장하니 말입니다.

주: 그런 주장을 하기 위해 개신교도들은 여러 근거를 댑니다. 그것을 다 볼 필요는 없겠고 여러분들이 잘 아는 것 한두 가지만 살펴보지요. 첫 번째로 들 수 있는 것은 가톨릭의 교황 제도가 근거없다는 것입니다. 자신들의 경전인 기독경에서 교황 제도를 인정할 만한 근거를 찾을 수 없다는 것입니다. 다시 말해 교황이 교회의 최고 영적 지도자라는 것을 인정할 수 없다는 것이지요. 그리고 가톨릭에는 '교황 무오설'이라는 교리가 있는데 이것도 받아들일 수 없다는 게 개신교의 입장입니다. 교황무오설이란 교황은 절대로 오류를 범하지 않는다는 것인데 이 교리는 제3자가 보았을 때에는 수긍이 잘 안 되지만 가톨릭에서는 꽤 중요한 교리입니다.

객: 교황이라는 존재는 세계적으로 워낙 거물이고 뉴스에도 많이 등장해서 별 문제가 없다고 생각했는데 개신교 입장은 아주 다르군요. 그 존재 자체를 인정하지 않는다니 말입니다.

주: 나는 개신교 측 주장에 동의하는 점도 있고 그렇지 않은 점도 있습니다. 일단 나는 가톨릭에서 교황이라는 제도를 만들어낸 것은 기독교 발전의 한 형태로 보기 때문에 인정할 수 있다는 입장입니다. 그런데 그 교황이 실수를 전혀 하지 않는다는 '교황무오설'은 받아들일 수 없습니다. 가톨릭 입장에서는 1대 교황인 베드로가 예수로부터 직접 임명(?)을 받았으니, 다시 말해 신(예수)에 의해서 신의 대변자로 지정되었으니 그런 존재는 오류를 범할 수 없다는 입장에 서 있는 것 같은데 이런 유의 주장은 받아들일 수 없습니다.

객: 저도 선생님의 의견에 동의합니다. 사람이 어떻게 실수를 하지 않을 수 있겠습니까? 제가 이전에 본 개신교 신학자, 하비 콕스가 쓴 『바보제』라는 책에서는 교황무오설은 처음부터 있었던 것이 아니라고 하더군요. 유럽에서 바보제 같은 축제가 사라지고 사회가 경직되면서 이 설이 나왔다는 것입니다. 바보제란 한국의 탈춤 현장처럼 신분을 떠나서 서민들이 귀족들을 마구 풍자하고 비판하는 그런 축제를 말하는 것 아닙니까? 그런데 이 교황무오설은 예부터 주장되어 왔었지만 공식적으로 발표하고 인정된 것은 그 시기가 19세기 중엽인 것 같더군요.

문제 많은 마리아론

주: 개신교도들이 그 다음으로 문제삼는 마리아 숭배도 그렇습니다. 가톨릭에서는 마리아를 거의 예수 급으로 숭배하고 있는데 개신교에서는 기독경에는 그렇게 할 수 있는 근거가 없다고 주장합니다. 가톨릭에서는 마리아와 관

련해서 4대 교의를 믿고 있습니다. 즉 마리아는 하느님(예수)의 어머니이며, 원죄 없이 잉태되었으며[무염시태, 無染始胎], 평생 동정녀였고, 지상에서 생애를 마친 후에 영육이 같이 하늘(천국)로 '들어올림'[성모승천, 聖母昇天]을 받았다는 것이 그것입니다. 개신교에서는 마리아가 동정녀였다는 것은 동의하지만 다른 교리는 반대하는 입장을 취합니다. 기독교에서는 오직 예수만을 신으로 대해야 하는데 가톨릭에서는 마리아를 위시해 온갖 성인들이 많아 그런 것들이 개신교도들의 마음에 들지 않았던 것입니다. 이런 이유 등으로 일부 개신교도들은 가톨릭을 이단으로 보는 것입니다.

객: 기독교를 처음 대했을 때 나를 당황하게 만들었던 교리 중의 하나는 마리아가 남자와의 관계를 통해 임신한 것이 아니라 그들이 말하는 성령으로 잉태했다는 것이었습니다. 아니 어떻게 그게 가능한 일입니까? 어떻게, 또 도대체 어떤 방식으로 (성)령이 육체가 있는 사람을 임신시킬 수 있다는 말입니까? 이렇게 반문하면 기독교인들은 그것은 신비이고 하느님은 전지전능해 그런 일을 능히 할 수 있다고 하는 식으로 대답합니다. 그러나 그렇게 그저 신비라고 포장만 한다고 해결될 일이 아닙니다. 그렇게 하면 설명은 쉬워지지만 세상 일이 설명이 잘 안 될 때 그것은 신비로운 것이니까 그냥 받아들이라고하면 문제가 다 해결되나요? 그리고 신은 전지전능해 어떤 것도 할 수 있다면 세상에는 왜 이렇게 악과 고통이 난무하고 있나요? 이럴 때에는 왜 신의 전지전능한 능력이 발휘되지 않느냐고 재차 질문할 수 있습니다. 한 번만 더 생각해보아도 이런 식의 대답에는 문제가 많은 것을 알 수 있습니다.

주: 이 마리아 동정녀 설은 분명히 수긍하기 힘든 주장이지만 교도의 입장에서 보면 이해할 수 있는 여지가 있습니다. 기독교인들은 지고의 존재인 신(예

수)이 인간의 남녀관계를 통해 생겨났다는 것을 인정할 수 없었을 겁니다. 생각해보십시오. 인간의 성교는 욕정을 근본으로 하고 있고 인간들은 그 행위를 거의 대부분 남몰래 은밀하게 합니다. 인간들도 이 주제는 쉬쉬하면서 피합니다. 그러니 자신들이 생각하는 이 세상에 하나밖에 없는 지고지순의 신(예수)이 인간의 그 탁한 욕정이 발산되는 과정을 통해 만들어졌다는 것을 도저히 받아들일 수 없었을 겁니다. 기독교사 초기에 아마도 여러 사람들이 그런 생각을 공통적으로 갖고 있었을 것이고 그것이 많은 대를 거쳐 축척되면서 이런 신앙이 자연스럽게 생겨났을 겁니다.

객: 맞아요. 과거 인간들은 가능한 한 이쪽, 즉 인간의 성(sex)과 관계되는 것은 금기시 해 말을 하지 않고 애써 피하려고 했습니다. 이것은 인류의 거의 모든 문화에 공통되는 현상이었습니다. 선생님의 책을 보니까 인류 역사에서 인간의 아랫도리 동네 이야기를 처음으로 사정없이 까발린 사람이 프로이트라고 하시는 것 같던데 이 말이 사실이라면 인류는 극히 최근까지 성을 피해온 것이 됩니다.

붓다도 보통 사람과는 다르게 출생!

주: 그 주제는 대단히 광범위한 것이라 여기서 더 이상 거론하지 않는 것이 좋겠습니다. 인간의 성에 관한 문제는 아직도 그다지 명쾌한 답을 얻지 못한 주제라 그렇습니다. 그러니 다시 우리의 주제인 종교로 돌아가지요. 성을 회피하는 것은 불교도 마찬가지입니다. 불교가 이성적인 종교라 하지만 성에

대해서는 별 관심이 없는 것처럼 보입니다. 성은 불교도들에게도 회피나 억압의 대상일 뿐 별다른 언급이 없습니다. 그 전형적인 예가 붓다의 잉태에 관한 것입니다. 불교도들의 믿음에 의하면 붓다는 어떻게 잉태됩니까?

객: 그것은 잘 알려진 이야기라 저도 알고 있습니다. 아주 간단하게 말해서 붓다의 모친이 흰 코끼리가 자신의 몸 안으로 들어오는 꿈을 꾸고 그를 임신했다고 하지요. 그러니까 붓다가 어떻게 잉태되었는지에 대한 자세한 언급은 없이 초자연적인 것처럼 보이는 태몽만 언급한 것입니다. 그러나 붓다의 모친이 동정녀니 하는 그런 언급은 없습니다.

주: 그런데 붓다가 모친의 몸에서 세상에 나올 때 그는 보통 사람과 다른 방식으로 출생하지요? 전설에 따르면 그는 태어날 때 보통 사람과는 다른 길, 즉 옆구리로 나오지 않습니까? 사람이 출생할 때 옆구리로 나온다는 것은 대단히 이상한 일입니다. 전해오는 이야기에 따르면 이것은 당시 힌두 사회의 속설, 즉 붓다가 속한 계급인 크샤트리아의 아기는 옆구리로 출생한다는 속설이 있어 그런 믿음으로부터 영향을 받은 것이라고 합니다. 그러나 어찌됐든 붓다 역시 인간의 아랫도리를 통하지 않고 세상에 출현했다고 믿었다는 점에서 불교도들도 성적인 것을 회피하고 있는 것을 알 수 있습니다.

객: 이런 신화적인 이야기는 크게 문제될 것은 없지 않을까요? 성인은 무언가 우리와는 다르다는 것을 표현한 것이니 그런 마음을 이해하면 될 것 같아요.

마리아가 원죄가 없으면 그녀의 모친(예수의 외할머니)도 원죄가 없어야!

주: 뭐 이 정도면 괜찮습니다마는 가톨릭의 경우에는 여기서 두세 걸음을 더 나아갑니다. 그 첫 번째가 '마리아는 원죄가 없다'는 교리입니다. 이 교리를 그대로 따라 어떤 수녀회는 '원죄 없으신 마리아 교육 선교 수녀회'라는 이름을 걸어놓기도 했습니다. 수녀회 이름치고는 꽤 깁니다. 그만큼 가톨릭에서는 이 교리가 중요합니다. 기독교에서는 예수 빼고 모든 인간이 원죄를 갖고 있습니다. 우리의 구원은 이 원죄에서 벗어나는 것인데 그것은 예수만이 가능한 것입니다. 예수만이 우리를 원죄에서 벗어날 수 있게 한다는 것이지요. 예수는 그렇게 강한 권한을 갖고 있는 것입니다.

그런데 가톨릭에 따르면 예수 외에 원죄가 없는 존재가 나타나니 이게 바로 마리아인 것입니다. 모든 인간이 원죄에서 허덕이는데 예외가 나타났으니 얼마나 대단한 것입니까? 마리아는 가톨릭에서 이처럼 대단한 존재가 되어 있습니다. 그래서 앞에서 마리아는 예수와 동급이라고 한 것입니다. 이렇게 예외를 두는 이 교리도 이해하지 못할 바는 아닙니다. 왜냐하면 예수 같은 원죄와 관계없는 성인, 그쪽의 믿음을 따르면 신이지만요, 이런 성인을 낳으려면 그 모친도 원죄가 없어야 하지 않겠느냐는 논리가 가능하기 때문입니다. 추정컨대 초기 기독교인들은 어떻게 죄인의 몸에서 하느님이 나올 수 있겠느냐, 예수님을 임신하려면 그 모친도 원죄가 없어야 하지 않느냐 하고 생각한 것 아닌지 모르겠어요.

객: 마리아가 원죄가 있는지 없는지는 잘 모르겠지만 예수 같은 성인을 낳은 분이라면 급이 굉장히 높은 분 아니겠어요? 유유상종이라고 비슷한 사람끼

리 만나는 것은 당연한 것 아니겠습니까?

주: 맞아요. 분명 붓다의 모친이나 마리아, 이 두 분의 여성은 영이 엄청나게 높은 분일 겁니다. 어떻게 잉태됐든, 또 어떻게 임신을 했든 붓다나 예수는 이 두 분의 뱃속에 10달 동안 있다가 태어난 것입니다. 따라서 이 분들은 우리 보통 사람과는 아주 많이 다를 겁니다. 그렇지 않고서는 인류 최고의 성인들이 이 세상으로 나올 때 이용(?)한 통로가 될 수 없습니다. 그 같은 이해에 대해 시비를 거는 것은 아닙니다. 내가 문제 삼고자 하는 것은 '마리아의 원죄 없음' 부분입니다. 가톨릭의 교리에 따라 마리아가 원죄가 없다고 한 것까지는 이해할 수 있지만 문제는 그 다음 부분입니다.

논리적으로 생각하면, 다시 말해 가톨릭의 논법을 그대로 적용하면, 마리아가 원죄가 없다면 마리아를 낳은 여성, 그러니까 예수의 외할머니도 원죄가 없어야 합니다. 그렇지 않습니까? 원죄 없는 사람만이 원죄 없는 사람을 낳을 수 있을 터이니 말입니다. 그렇게 되면 예수의 외가 쪽 할머니들은 모두 원죄가 없어야 합니다. 논리적으로 이렇게 될 수밖에 없습니다. 그런데 이 원죄 없음은 예수의 모친에서 끝이 났습니다. 그래서 문제라는 겁니다. 이렇게 함으로써 가톨릭은 자기모순에 빠진 것 아닐까요?

객: 듣고 보니 그럴 듯합니다. 앞에서 선생님이 말씀하신 것처럼 교리 안에 숨어 있는 문제점을 밝혔으니 그 교리가 성립될 수 없게 되었습니다. 그런데 선생님은 앞에서 가톨릭은 이 교리와 관련해 두세 걸음을 더 나아갔다고 하셨습니다. 이제 한 걸음 온 것인데 그 다음은 어떤 교리와 관계된 것입니까?

마리아가 대낮에 하늘로 올라갔다고?

주: 그 다음 교리는 앞의 것과 조금 다른데 재미있는 교리입니다. 이것은 이른바 '성모 승천'이라는 교리로서 쉽게 말해서 마리아가 죽은 뒤 그의 몸과 혼이 신의 능력으로 하늘로 올림을 받았다는 것입니다. 이 교리는 20세기 중엽에 교황청으로부터 믿을 만한 교리로서 지정되었다고 합니다. 그래서 나온 게 성모 승천 대축일 같은 것이겠지요. 이런 교리까지 나오면 논리고 뭐고 따질 게 없습니다. 이런 교리가 민간 차원에서 믿어진다면 별 문제가 없습니다. 민속이라고 생각하면 되기 때문입니다.

객: 가톨릭에 그런 교리가 있었단 말입니까? 참으로 희한한 교리네요. 이 정도 되면 이성적으로 따질 수 있는 차원의 교리가 아니라 신화의 세계로 들어간 것 같군요. 이 성모 승천 이야기를 들어보니 도교에서 신선들이 대낮에 육신을 갖고 그대로 하늘로 올라가는 백일승천(혹은 우화등선) 이야기가 연상됩니다. 중국 도교의 목표는 신선이 되어 이 육신을 가지고 죽지 않고 오래 사는 것 아닙니까? 세계 종교 가운데 영혼의 영생을 말하는 종교는 많아도 육신을 가지고 영생을 한다는 종교는 이 도교를 제외하고는 없는 것으로 알고 있습니다. 그런데 가톨릭에서는 이 성모 마리아가 이 어려운 일을 해냈군요.

주: 이 비슷한 이야기는 『삼국유사』에도 보입니다. 욱면이라는 여자종 이야기인데 이 사람은 고된 일을 하면서도 절에 와서 지극한 마음으로 염불을 했습니다. 그러나 몸이 너무 피곤해 자세가 흐트러지니까 손을 말뚝에 묶고 염불을 했습니다. 그러자 하늘에서 욱면을 법당 안으로 들어오게 하라는 소리

가 들립니다. 그 명에 따라 법당 안에서 염불을 하던 욱면은 갑자기 지붕을 뚫고 그대로 하늘로 올림을 받게 됩니다. 이게 이 이야기의 전모인데 육신을 갖고 그대로 하늘로 올라갔다는 것은 꼭 같습니다. 그런데 우리는 도교의 신선이든 욱면이든 그들이 승천했다는 이야기를 진실이라고 생각하지 않습니다. 그렇기에 그들이 승천한 날을 기념하지도 않습니다. 그런데 가톨릭에서는 교황의 권위로 그런 이야기를 사실로 만들어버렸습니다.

객: 선생님, 이 이야기는 우리가 외부자의 입장에서 언급할 만한 것이 아닌 것 같습니다. 조금 전에 말씀하신 것처럼 논리로 대할 수 있는 경우가 아니기 때문입니다. 신의 능력으로 육신을 그대로 하늘나라로 보냈다는데 우리가 무슨 말을 할 수 있겠습니까? 비상식적인 것이라 하더라도 어느 정도는 되어야 논의를 할 수 있을 텐데 이 사안은 대화가 가능한 것이 아니라고 생각합니다.

주: 그래도 다행인 것은 이런 교리들 때문에 다른 종교들과 갈등이 생기지는 않는다는 것입니다. '내 신만이 존재한다'와 같은 교리들은 엄청난 갈등을 일으키지만 이런 교리는 가톨릭 안에서만 통용되니 별 문제가 없다는 것입니다. 이제 이런 교리에 대해서는 그만 언급하기로 하고 아까 우리가 논의하던 이른바 '성경' 문제로 되돌아가야 하겠습니다. 나는 아까 이 단어를 기독교의 경전에만 국한해서 쓰면 안 된다고 했습니다. 다른 종교와 형평성을 맞추기 위해 그렇다고 했습니다. 이번에는 조금 다른 각도에서 이 단어는 기독교 안에서도 쓰면 안 된다고 말하고 싶습니다.

객: 네? 아까는 자신들의 종교 안에서는 이 단어를 써도 상관없다고 하지 않으셨습니까? 그 사이에 마음이 바뀌셨나요?

‘경’은 성인의 언행을 적은 책만을 지칭!

기독경을 성‘경’이라고 부를 수 있을까?

주: 내가 제기하고 있는 문제는 성경의 ‘경’이라는 글자와 관계되는 것입니다. 사람들은 이 경이라는 글자의 뜻을 잘 모르고 있는데 어떤 책에 경이라는 글자가 붙으면 이것은 진리를 담은 책이라는 뜻이 됩니다. 따라서 이런 책은 성인이 직접 썼거나 성인이 했다고 믿어지는 언행을 적은 책에만 한정됩니다. 이것은 한자 문화권에서는 불문율로 지켜지고 있는 법칙입니다.

객: 서양인들은 기독경을 그리스어로 책을 뜻하는 ‘바이블’이라고 적고 있지요? 그리고 영어로 쓸 때에는 ‘The Book’이라고 쓴다고 앞에서 말씀하셨습니다.

주: 서양에서 그렇게 쓰는 것은 문제없다고 했습니다. 그들에게는 이 바이블보다 더 중요한 책이 없기 때문입니다. 그런데 한자 문화권에서는 이 기독경, 그중에서도 특히 신약을 성경이라고 쓰면 안 됩니다. 신약에 성경에 해당하는 문헌이 있다고 한다면 맨 앞에 있는 세 공관(共觀)복음서인 마태, 마가, 누가복음과 마지막의 요한복음서 뿐입니다. 왜냐하면 이 복음서들에만 예수의 언행이 적혀 있기 때문입니다. 그런데 그 뒤의 장을 보십시오. 초대교회의 발전 과정에 대해 적은 사도행전도 그렇고 로마서를 위시해 21개나 되는 장들이 모두 무엇입니까? 바울 같은 초대 교회의 지도자들이 교회에서 일어나는 여러 가지 문제들을 해결하기 위해 자신들의 의견을 피력한 편지입니다. 여기서 신약의 맨 뒤에 나오는 요한계시록은 워낙 성격이 다른 문헌이라 제외하겠습니다(그러나 이것도 성인의 말씀은 아니다). 그러니 보십시오. 신약에 실린 많은 장들은 성인이 직접 한 언행이 아니라 제자들, 즉 보통 사람들이 한 말로 구성되어 있다는 사실입니다. 이 편지들을 쓴 지도자들은 나름대로 훌륭한 사람일 테지만 여전히 성인에 비하면 보통 사람일 수밖에 없습니다.

객: 그러니까 선생님 말씀은 일반인들이 쓴 문헌을 가지고 성경이라고 부르면 안 된다는 것이지요? 그런 논리로 하면 기독경도 옳지 않은 단어이겠네요. 여기에도 경이라는 글자가 들어가 있으니 말입니다. 그래서 그런지 이 기독경을 '성서'라고 하는 경우도 있습니다. 이것을 그대로 풀면 '성스러운 책'인 것이 되니 문제는 없겠네요. 그러나 여전히 '성서'라는 보통명사를 가져다 기독교라는 특정 종교 경전에 가져다 쓰고 있으니 선생님 주장을 따르면 바람직하지 않다고 하겠습니다. 그러면 '기독서'라고 하면 문제가 없을까요?

주: '기독서'라. 괜찮게 들리네요. 그렇지만 기독교 측에서는 그런 것에 아랑

곳 하지 않고 여전히 '성경'이라고 부를 테지요. 그쪽에서 어떻게 부르던 우리가 할 수 있는 일은 없습니다. 우리는 우리식대로 부르면 되겠지요.

객: 그런데 기독교는 왜 그렇게 경전이라고 할 만한 것이 없나요? 초기에 많은 기독교 운동이 있었던 것 같은데 사정이 그렇다면 당시에 예수에 대한 언행록이 많이 있지 않았을까요?

기독교에는 지금보다 훨씬 많은 복음서가 있었다!

주: 내 전공이 그쪽이 아니라서 깊게는 모릅니다마는 기독교사 초기를 보면 이보다 훨씬 많은 경전이 있었다고 합니다. 당신은 "도마복음서"라는 복음서에 대해 들어보았을 겁니다. 도마가 쓴 예수의 언행록이 되겠지요. 이 도마라는 사람은 영어로는 '토마스(Thomas)'로 쓰는데 예수의 12 제자 중의 한 사람입니다. 이 도마가 도마복음서를 썼는지는 확실하게 규명되어 있지 않습니다마는 이 책은 신약 안에 들어가 있지 않습니다. 이단으로 취급 받아 제외되었기 때문입니다.

객: 제가 알기로 이 복음서는 나그함마디 문서(Nag Hammadi library)에 들어가 있는데 이 문서는 1945년 이집트 나그함마디 마을 근처에서 발견된 초기 기독교의 영지주의 복음서라고 하는 것 같던데요.

주: 맞아요. 이때 이곳에서 다량의 영지주의 계통 복음서들이 발견됩니다.

이 영지주의에 대해 말하기 시작하면 대책이 없습니다. 엄청나게 큰 주제이기 때문입니다. 따라서 여기서는 그냥 지나치기로 하는데 간단하게만 보면, 영지주의는 신비주의의 한 형태로 보면 됩니다. 이때 영지는 그리스어인 그노시스(Gnosis)로 지식을 의미하는 것입니다. 그런데 이 지식은 단순한 지식이 아니라 직접적이고도 개별적인 신비체험을 통해서 알게 되는 지식을 말합니다. 따라서 영지주의의 목표는 이 신비한 체험과 지식을 통해 우리의 근원인 신과 하나 되는 것이라 할 수 있습니다.

객: 말씀을 들어보니까 로마 교회가 이 영지주의를 가만 놓아두었을 리가 없네요. 로마 교회를 신봉하는 친구들은 오직 예수만을 통해 구원이 가능하다고 주장하니 영지 같은 게 들어갈 구석이 없겠습니다.

주: 기독교도들은 지난 2천년 동안 내내 신비주의를 이단으로 여겨 철저하게 탄압했습니다. 기독교 신비주의의 문헌에는 이 도마복음서를 비롯해 '진리 복음', '야고보의 비밀 가르침', '요한의 비밀의 서' 등이 있었고 이 이외에도 수십 종류의 문헌들이 포함되어 있었습니다. 이런 것들이 기독교 경전에 포함되었더라면 기독교는 훨씬 더 풍부한 종교 전통이 되지 않았을까 하는 생각을 해봅니다. 그러나 로마 교회는 자기들의 입맛에 맞는 네 복음서만 경전으로 채택하게 됩니다. 사실 이 복음서 가운데 요한복음은 영지주의 전통에 가까운 면이 있는데 워낙 훌륭한 경전이라 제외되지 않았다는 설이 있습니다.

객: 이 복음서들이 주장하는 것은 어떻길래 그렇게 철저하게 배격되었나요? 특히 도마복음은 많이 들어본 복음서인데 어떤 내용으로 되어 있습니까?

도마복음서
— 기독교 신비주의의 대표적인 복음서

주: 도마복음은 114절의 간단한 예수의 말씀으로 이루어져 있습니다. 그 중 반은 마가복음이나 마태복음과 내용이 겹칩니다. 그러나 도마복음에는 예수의 기적이나 재림, 종말, 부활, 최후심판, 대속과 같은 현재 기독교 신앙의 근간을 이루는 개념들이 나오지 않습니다. 이 복음서에는 기존 복음서에서는 찾아볼 수 없는 '내 속에 빛으로 있는 신'을 체험해 영지를 얻어야 구원받을 수 있다는 내용이 있습니다. 이 영지에 대해 오강남 교수 같은 분은 아예 깨달음으로 보아야 한다고 주장하지요. 그런 면에서 도마복음의 가르침은 불교와 통하는 바가 있다고 할 것입니다.

객: 그렇게 말씀하시니까 도마복음에 대해 더 궁금해지는데 경전의 어떤 구절이 그런 모습을 보여주는지 예를 들어주시겠습니까?

주: 그렇게 하지요. 이 복음서에는 예수가 "여러분이 둘을 하나로 하고, 안을 바깥처럼, 바깥을 안처럼 하고, 높은 것을 낮은 것처럼 하고, 암수를 하나로 하여 수컷은 수컷 같지 않고, 암컷은 암컷 같지 않게 하고,...(중략)... 그러면 여러분은 그 나라(하늘나라)에 들어갈 것입니다"라고 서술한 부분이 있습니다. 이런 구절은 기존 복음서에서는 볼 수 없습니다. 이것을 동양종교 입장에서 해석해보면 이원론을 극복하라는 것처럼 읽힙니다. 또 예수는 "나는 모든 것 위에 있는 빛입니다. 내가 모든 것입니다. 모든 것이 나로부터 나왔고 모든 것이 나에게로 돌아옵니다. 통나무를 쪼개십시오. 거기에 내가 있습니다. 돌을 드십시오. 거기서 나를 볼 것입니다."라고 말했다고 하는데 이것은 전

형적인 범신론의 입장을 대변하고 있습니다. 흡사 모든 곳에 붓다가 있고[처처불상, 處處佛像] 모든 곳에 도가 있다는 불교와 노장사상을 연상시킵니다. 그래서 그런지 이런 입장은 정통(?) 기독교에서는 철저하게 배격하고 있습니다. 기독교는 모든 사물에 신이 깃들여 있다는 범신론을 이단으로 규정해 왔습니다.

객: 그렇군요. 기독교에 이런 가르침이 있었다는 게 믿기지 않습니다. 이런 가르침이 기독교 안에서 용인되었다면 기독교가 독단적인 도그마만 배출하지 않았을 것이라는 생각을 해봅니다.

주: 동감입니다. 불교의 경우에는 많은 종파들이 평화롭게 잘 발전했습니다. 말할 수 없이 사변적인 중론이나 유식학이 있었는가 하면 그런 경전을 깡그리 무시하는 선종도 있었습니다. 그런가 하면 그런 엘리트 불교와는 달리 순전한 믿음만 강조하는 정토신앙과 같은 민중불교도 있었습니다. 초기불교와 선종은 기본적인 교리가 완전히 반대의 입장에 설 정도로 다른 불교입니다. 왜냐하면 초기 불교에서는 무아론(無我論)을 강조했는데 선종에서는 진아론(眞我論)을 강조했기 때문입니다. 무아론과 진아론은 완전히 반대가 되는 교리 아닙니까? 그러나 이런 종파들은 불교 안에서 평화롭게 공존했습니다.

이에 비해 기독교는 정통의식이 너무 강했습니다. 그래서 조금이라도 자신들과 다른 견해를 말하면 가차 없이 잘라냈습니다. 그 결과 기독교 교단은 지금처럼 상당히 경직된 교단이 되고 말았습니다. 우리가 경에 대해 이야기하다 또 옆으로 샜습니다. 다시 주제로 돌아가서, 불교는 이 '경'이라는 단어를 쓰는 데에 꽤 엄격합니다. 붓다의 언행이 아닌 것은 결코 경으로 부르지 않았습니다. 이 사정을 정확히 알기 위해서는 불교의 대장경에 대해 알아야 합니다. 당신은 불교에서 말하는 삼장(三藏)이 무엇인지 알고 있지요?

'경'은 붓다의 언행을 기록한 책에만 붙이는 이름!

객: 그럼요. 그거야 '경율론' 아닙니까? 경이야 부처님 말씀을 말하고 율은 계율을, 논은 학식이 높은 승려들이 쓴 논문을 뜻하는 것 아닙니까? 그런데 왜 갑자기 삼장을 거론하시는지요?

주: 불교에서는 부처님 말씀과 아닌 것을 정확하게 구분한다는 말을 하려고 삼장을 꺼낸 것입니다. 붓다의 언행에 대한 기록을 모아놓은 것을 경이라 하는 것에 비해 고승대덕들이 쓴 것은 아무리 훌륭한 것이라도 절대로 경으로 취급하지 않습니다.

객: 그래서 불교 경전을 보면 여시아문(如是我聞), 즉 '나는 이렇게 들었다'는 것으로 시작하는 것이군요. 이때의 나라는 사람은 붓다의 사촌동생이자 붓다를 20여 년 동안 모신 아난다를 지칭한다는 것은 잘 알려진 사실이지요. 아난다가 들은 것은 다름 아닌 부처님 말씀이고 그 말씀을 적어놓은 것이 경이 되는 것이겠지요.

주: 잠깐만요. 한국에서 말하는 이 '여시아문'의 해석에는 조금 문제가 있는 것 같습니다. 산스크리트어를 잘 아는 어떤 분이 그러더군요. 여시아문은 '내가 이렇게 들었다'가 아니라 '나에게 이렇게 들려왔다'라고 해석해야 된다고

말입니다. 그러니까 능동태가 아니라 수동태로 보아야 한다는 겁니다. 사실 이렇게 해야 맞는 것입니다. 만일 내가 이렇게 들었다고 하면 아난다가 주인공이 되는 것이니 안 된다는 것입니다. 불경의 주인공은 붓다, 그리고 그 분의 말씀이어야지 아난다가 되어서는 안 되지 않습니까? '나에게 들려왔다'는 것은 붓다의 말씀이 들려온 것을 말하는데 이렇게 하면 붓다의 말씀이 주어 혹은 주인공이 되니 이게 맞는다는 것입니다.

객: 그렇군요. 거기까지는 생각하지 못했습니다. 그런데 한 가지 의문이 드는 것은 법화경이나 화엄경 같은 경전을 보면 거기 나오는 붓다는 인간 같지 않고 슈퍼맨처럼 보입니다. 예를 들어 붓다의 이마, 정확히 말하면 백호(白毫)에서 빛이 발해져 삼천대천세계를 비추었다느니 하는 것이 그렇고 또 그렇게 했더니 수만의 보살들이 나타난다느니 하는 것들이 그렇습니다. 이처럼 현실과는 아주 동떨어진 묘사가 많이 나옵니다. 붓다가 실제로 설법할 때 어찌 그런 일이 일어났겠습니까? 그에 비해 남방 불교 전통의 경에는 붓다가 인간처럼 나옵니다. 제자들에게 설법하는 모습이 정겹게 그려져 있습니다.

주: 무슨 말인지 압니다. 대승불교 경전은 어떤 면에서는 황당하기 그지없습니다. 그 때문에 대승경전은 붓다의 말씀이 아니라는 '대승비불설'이라는 주장이 진즉에 일본학자에 의해 제기된 바 있습니다. 대승경전은 분명 붓다가 직접 설한 것을 적은 것은 아닙니다. 그런 의미에서 대승비불설이 맞지요. 그렇다고 해서 대승 경전의 가르침이 불교의 본령에서 벗어났다고 볼 수는 없고 외려 교리가 훨씬 더 발전된 모습을 보여줍니다. 남방계 경전보다 훨씬 철리적인 교리가 많이 나옵니다. 당시 인도의 승려들은 그런 높은 철리를 바탕으로 대승경전을 만들었을 겁니다. 그러나 사정이 어찌 됐든 대승경전들이

모두 붓다가 설한 것으로 되어 있으니 경이라고 해서 문제될 것은 없습니다.

객: 알겠습니다. 그것은 알겠는데 그럼 론에는 어떤 것이 있습니까?

삼장의 '론'은 고승의 논문이다

주: 론은 학덕이 가장 높은 승려들이 쓴 연구서를 말합니다. 이 론에 들어가는 책은 드뭅니다. 최고의 연구서가 아니면 안 되기 때문입니다. 예를 들어 대승불교의 공사상을 완성한 용수(龍樹)가 쓴 『중론』이나 유식학의 대가인 세친(世親)의 책을 바탕으로 여러 고승들이 단 주석들을 총정리한 『성유식론』, 그리고 마명(馬鳴)이 지었다고 전해지는 『대승기신론』 등이 여기에 해당되는데 이 고승들은 불교 최고의 사상가들이지요. 그러니까 불경이 1급 자료라면 이 론서들은 2급 자료 정도가 되겠습니다.

객: 이런 전문적인 책은 잘 모르겠네요. 그런데 한국 승려의 논문은 여기에 포함되어 있는 것이 없나요?

주: 한국 승려의 저작 가운데 론의 지위까지 간 것은 원효의 『금강삼매경론』이 유일할 겁니다. 이 책은 원효가 '금강삼매경'이라는 경에 주석을 단 것인데 원래는 '금강삼매경소(疏)'라고 했다고 합니다. 원효의 입장에서 자기가 주석을 단 책을 '론'이라고 할 수는 없었을 겁니다. 그런데 이 저작을 본 중국 승려들이 이 정도의 수준이면 앞에서 본 인도의 용수나 마명 급의 연구라고

하면서 론으로 격상시켰다고 합니다. 이처럼 승려의 저작이 론에 포함되는 것은 매우 어려운 일입니다. 성경의 '경' 이야기를 하다가 한참을 멀리 왔습니다. 이 이야기를 맺기 전에 한 가지만 더 말해보지요? 당신은 삼장법사라는 단어를 많이 들었지요? 이게 무엇을 뜻하는지 아시나요?

삼장법사는 고유명사가 아니라 보통명사이다

객: 서유기에 나오는 유명한 스님 말하는 것 아닌가요? 손오공과 저팔계, 사오정을 이끌고 인도까지 갔던 그 중국 스님 말입니다.

주: 그런데 이 삼장법사는 고유명사가 아니라 보통명사입니다. 간단하게 풀면 삼장법사란 이 삼장에 두루 통달한 고승을 말하는 것으로 불교에서 가장 뛰어난 승려를 지칭합니다. 그런데 이 뛰어나다는 것의 기준이 모호해요. 전통적인 설명에 따르면 경전을 잘 암송하고 해설을 잘 하는 승려를 일컬어 삼장법사라고 한다는데 어느 정도까지 암송하고 설명을 잘 해야 하는지에 대한 구체적인 설명이 없습니다.

객: 그렇겠네요. 경만 해도 얼마나 많습니까? 그걸 어떻게 다 암송한다는 것인지 잘 모르겠네요. 거기다 율장에도 능통하고 그 많은 론에도 해박한 것이 한 사람이 능히 할 수 있는 일인지 의구심이 듭니다.

주: 서유기가 모델로 삼은 승려의 실제 이름은 현장(玄奘)입니다. 이 사람은

7세기 초에 인도에 가서 14년간 머물면서 불교 공부를 깊게 하고 많은 경전을 가지고 645년에 귀국합니다. 그 뒤로 그는 자신이 닦은 산스크리트어 실력을 바탕으로 불경을 번역하여 불경의 한어 번역에 금자탑을 세우게 됩니다. 뿐만 아니라 자신이 여행하고 머물렀던 지역에 대한 정보를 종합해서 『대당서역기』라는 책을 제자와 함께 편찬합니다. 이 책 덕에 우리는 당시의 인도나 네팔·파키스탄·방글라데시·중앙아시아 지역의 역사나 지리, 종교 등에 대해 소상하게 알 수 있습니다.

객: 그의 업적이 얼마나 대단했으면 후대 사람들이 서유기 같은 소설까지 만들어내 그를 영웅처럼 받들었겠습니까? 제가 알기로는 궁궐의 지붕에 있는 잡상에도 이 삼장법사 팀이 들어가 있다지요?

주: 그렇습니다. 서유기를 보면 인도로 가면서 온갖 요괴들을 만나 무찌르는 모습이 자세히 나와 있습니다. 그래서 후대의 사람들은 저런 초능력을 가진 팀이라면 어떤 악귀도 물리칠 것이라고 믿은 모양입니다. 이를테면 환상적인 드림팀이지요. 옛 사람들은 그런 팀을 궁궐 전물 지붕 위에 놓음으로써 화마 같은 것으로부터 궁궐 건물을 보호할 수 있다고 믿었던 것 같습니다.

객: 또 이야기가 많이 옆으로 샜습니다. 기존 종교에서 주장하는 교리나 주장들을 곧이곧대로 따르지 말고 비판적인 시각으로 바라보자고 하다가 여기까지 왔군요.

정신을 바짝 차리고 종교를 대하자!

주: 내가 다시 한 번 강조하고 싶은 것은 이것입니다. 자신이 믿는, 혹은 주위에 있는 종교의 교리 가운데 지난 2, 3천년 동안 주장됐던 것이라 하더라도 이제는 그것을 정신 차리고 다시 보자는 것입니다. 그것이 교회나 절에서 가르치는 정통교리이고 아무리 그 종교 경전에 기록되어 있더라도 조금이라도 이상한 점이 있으면 한 번쯤은 의심하고 비판해보자는 것입니다. 그런데 이런 시각은 바로 당신들이 믿는 종교들의 교주들이 취한 자세이기도 합니다. 그들은 기존 종교의 시각을 그대로 받아들이지 않았습니다. 그들은 항상 자신만의 새로운 시각으로 기존의 교리들을 대했습니다.

객: 저도 철저하게 동의합니다. 앞에서 선생님이 인용하신 이야기에서도 그런 것을 느꼈습니다. 왜 예수가 설하길 '안식일이 사람을 위해 있지 사람이 안식일을 위해 있지 않다'고 하지 않았습니까? 그 당시에 유대 사람들은 안식일을 철저하게 지켰던 모양입니다. 그래서 안식일에 무슨 일이라도 하면 큰일이라도 나는 줄 알았던 것이지요. 그러나 예수가 보기에 안식일 지키는 게 사람보다 더 중요할 수 없었습니다. 그래서 그는 그런 계율을 지키지 않았습니다.

주: 그랬더니 주위에서 말이 많았지요. 원리주의자들이 예수를 비판한 것입니다. 예수가 죽임을 당한 것도 바로 이런 원리주의자들 때문입니다. 근본주의자(fundamentalist)들 말입니다. 이들은 자신들이 매우 도덕적이고 종교성이 뛰어나다고 생각합니다. 그것으로 끝나면 좋은데 이들은 자신들의 잣대에 맞지 않는 사람들을 비난하고 억압합니다. 그런데 이런 사람들이 소수이

면 별 문제 없지만 이런 사람들이 다수가 되면 원리를 지키지 않는 사람들을 폭력을 써서 박해하기 시작합니다. 예수가 당한 것이 바로 이것이라는 것이지요. 그런데 이것은 비단 과거의 일이 아닙니다. 지금도 그런 일이 공공연하게 일어나고 있습니다.

객: 맞아요. 지금도 교회 열심히 나가고 헌금도 잘 내면 자신이 매우 훌륭한 종교인이라고 생각하는 사람들이 많습니다. 그런데 이런 사람들이 사회에서는 매우 비도덕적이고 매정한 사람인 경우가 적지 않습니다.

주: 정확한 지적입니다. 미사를 꼭 드려야 한다고 생각하고 십일조 헌금을 하지 않으면 안 된다고 생각하는 등 지엽적인 것을 지키는 것을 아주 자랑스럽게 생각하는 신도들이 많이 있습니다. 그런데 당신이 말한 것처럼 이런 사람일수록 이기적이고 이웃에 관심이 없는 경우가 많습니다. 미사를 드리고 십일조 헌금을 내는 것보다 다른 사람을 배려하는 마음을 갖는 게 기독교의 기본 정신에 더 가깝습니다. 우리들 주위에는 이처럼 본령을 놓치고서도 자신은 예수의 말을 잘 실천하는 기독교 신자라고 생각하는 사람들이 꽤 있습니다. 그런데 우리가 그들의 그런 미성숙한 태도를 지적하면 그들은 받아들이지 않을 뿐만 아니라 외려 화를 냅니다.

객: 맞습니다. 지금 종교들을 보면 지엽적인 것이 본령처럼 행사하는 경우가 많습니다. 진짜 본령은 아주 깊게 감추어져 있어서 그런지 그것을 실천하는 사람이 별로 없는 것 같아요.

주: 한 번은 가톨릭 신학을 하는 사람에게서 이런 이야기를 들은 적이 있습

니다. 예수 재세 당시 유대교 근본주의자였던 바리새파가 지정한 규범 같은 것이 800개인가가 있었다고 하는데 지금 가톨릭은 그런 규범이 10배로 늘어났다는 겁니다. 그 개수는 정확하게 생각나지 않지만 10배가 되었다는 것이 중요합니다. 그만큼 지엽적인 것이 많아졌다는 겁니다.

객: 그 지엽적인 것에 대해 조금 구체적으로 예를 들어주시지요.

종교의 본령을 바로 보자!

종교의 지엽적인 것과 본령을 구분하자 — 가톨릭의 경우

주: 그런 게 하도 많아 무엇을 들어야 할지 모르겠습니다만 가톨릭 의례의 근간인 '성사(聖事)'를 예로 들어볼까요? 가톨릭교도들은 일생을 살면서 6~7가지 성사를 반드시 행해야 하는데 이 성사에는 세례 받는 성사나 임종할 때 받는 성사, 죄를 고백하는 고백성사 등등이 있습니다. 사실 외부에서 보면 이런 것들도 기독교의 본령이 아닌 지엽적인 것으로 보이지만 가톨릭 안에서는 예수의 가르침만큼이나 중요한 것입니다. 그러나 이것들을 다 설명할 필요는 없겠고 그 중의 하나만 설명해보지요.

가톨릭교도들은 죽을 때 반드시 종부(병자)성사를 받게 되어 있습니다. 만일 이 성사를 받지 않고 죽으면 천당으로 바로 가지 못한다고 합니다. 이 설대로라면 아예 가톨릭에 들어가지 않은 우리 같은 사람들은 죽은 뒤 지옥행은 떼어 놓은 당상입니다. 종부성사는커녕 아무 성사도 하지 않았으니 우리를 위해 기다려 줄 천당은 없을 겁니다. 그런데 내가 보기에 이런 것들은 가톨릭 내부에서는 매우 중요할지 몰라도 기독교의 본령에 비하면 지엽적인 것이라고 할 수 밖에 없습니다. 그렇다고 해서 이런 것들을 지키지 말라고 하는 것은 아닙니다. 가톨릭교도가 되기로 마음먹었다면 이런 것들을 지켜야 하겠지요. 그러나 지키더라도 이런 것이 크게 중요한 것은 아니라는 생각을 가져야 합니다. 그 대신 진짜 예수님의 정신이 무엇인지를 깊게 생각해보고 그것을 실천하는 길이 무엇인지 광범위하게 고민해야 합니다.

객: 그 말씀을 들으니까 일전에 가톨릭교도 친구한테 들은 이야기가 생각납니다. 실화인지 아닌지는 확실히 모르겠는데 이야기를 들어보면 충분히 있을 수 있는 사례더라고요. 어떤 가톨릭교도가 배를 타고 가고 있었는데 사고로 인해 배가 가라앉기 시작했답니다. 그러자 이 가톨릭교도가 아주 난감해하더래요. 왜 그런가했더니 자신은 이제 여기서 죽을 것 같은데 종부(병자)성사를 받을 신부가 없기 때문이라는 것입니다. 배에 무슨 신부가 있었겠어요? 그러나 이 사람은 이 성사를 받아야 천당에 갈 수 있다고 믿고 있었으니 다급해졌습니다. 전 배를 다 뒤져보니 마침 환속한 신부가 있었답니다.

가톨릭 교리에 따르면 신부는 환속해도 성사를 줄 수 있는 권한을 여전히 갖고 있답니다. 그래서 성사를 무사히 받았다는 이야기인데 그 뒤에 그 사람이 그 배와 함께 가라앉았는지 어떤지는 잘 모릅니다. 저는 이 이야기를 듣고 이것을 어떻게 이해해야 할지 난감했습니다. 선생님 말씀대로 하면 이런 것들은 모두 지엽적인 건데 여기에 매달리고 있으니 답답한 마음이 들지만 그 교도 입장에서 보면 매우 중요한 일인 것 같고, 판단에 가늠이 잘 서지 않았습니다.

주: 사실 이렇게 따져보면 종교적 신념이나 의례는 거의가 다 지엽적인 것입니다. 기독교에 대해서 조금 강경하게 발언하면, 예수를 믿어야 구원을 받을 수 있다는 교리도 사실은 지엽적인 것이라고 할 수 있습니다. 그렇지 않습니까? 어떤 사람이 예수를 믿으면 구원받는다는 것을 믿고 교회에 신자로 등록했다고 합시다. 이제 그가 천당 가는 것은 정해진 사실입니다. 교회에서 그렇게 가르쳤으니 문제될 게 없습니다. 그런데 그 사람이 그 다음부터 나쁜 짓만 골라서 하면 어떻게 되겠습니까? 이런 것은 안 되겠지요? 입으로만 예수를 믿는다고 하고 행동으로는 기독교인으로 살지 않는다면 그런 사람은 기독교인이라고 할 수 없습니다. 그런 의미에서 '예수=구원'이라는 공식이 지엽적이라는 것입니다.

객: 그렇게 말씀하시면 바로 기독교인들의 강한 질타가 이어질 것 같은데요? 그러면 도대체 기독교인으로 사는 의미가 뭐냐고 말입니다. 자신은 기독교가 유일한 혹은 아주 우월한 구원의 통로로 생각하고 교회를 다니는데 이런 믿음들이 다 지엽적인 것이라고 하면 자신보고 어쩌라는 것이냐고 말입니다.

주: 이 문제는 앞에서 설명을 했죠? 자신의 귀중한 삶을 교회 같은 외부 단체를 위해 살지 말라고 말입니다. 교회든 뭐든 사회의 조직이나 단체는 내게는 모두 수단에 불과한 것입니다. 그것이 나를 위해 있어야지 내가 그것을 위해 있어서는 안 됩니다. 교회도 마찬가지입니다. 교회가 나의 영적 성장을 위해 있어야지 내가 교회를 위해 있어서는 안 됩니다. 따라서 교회가 임의적으로

지정한 것에 자신을 맞출 필요가 없습니다.

그 다음에 기독교인이 되는 것이 무슨 의미냐고요? 냉정하게 생각하면 별 의미 없습니다. 자신이 이번 생에 기독교인이 된 것은 자신이 믿는 신의 섭리인지 인연의 결과인지 알 수 없지만 여러 채널 중에 하나를 택한 것에 불과한 것이라고 생각하면 됩니다. 우리가 서울에서 광주로 갈 때 여러 길로 갈 수 있지만 실제로 가려면 그 중의 한 길을 택해야 합니다. 내가 이번 생에 기독교인이 된 것은 여러 통로 중에 하나를 택한 것뿐이라는 것입니다. 그렇게 기독교인으로 살다가 다른 채널, 즉 다른 종교로 통로를 바꿀 수도 있고 아예 기존 종교를 버리고 혼자서 영적 탐구를 할 수도 있습니다. 말이 조금 길어졌는데 어떻든 내가 말하고 싶은 것은 제발 기존 종교들이 말하는 것을 아무 비판 없이 받아들이지 말라는 것입니다.

종교의 지엽적인 것과 본령을 구분하자
— 불교의 경우

객: 지금 주로 기독교에 대해서만 말씀하시는데 불교에도 이런 예가 있지 않나요? 본령과 지엽적인 것을 혼동하는 것 말입니다. 불교는 도그마가 약한 종교라 이런 일이 덜 일어날 것 같은데 어떻습니까?

주: 불교는 분명 이런 논의에서 상대적으로 자유롭습니다. 불교는 교리가 대단히 포용적이기 때문에 그렇습니다. 최근 뉴스를 보니까 어떤 절에서 건물 하나를 제공해서 무슬림들이 기도할 수 있게 한 일이 있더군요. 이런 일은 가

톨릭이나 개신교에서는 있을 수 없는 일일 겁니다. 불교가 이렇게 포용적이기는 하지만 여기에도 도그마적인 요소가 있습니다. 그 가운데 대표적인 것을 꼽으라면 나는 '무아론'을 듭니다.

객: 그 교리는 불교의 대표적인 교리 아닙니까? 우리들은 상식적으로 자기라고 생각하는 주체가 있다고 믿고 있는데 그런 주체는 존재하지 않는다는 교리를 말씀하시는 것이죠? 그저 감각이나 지각, 의지 등이 모여서 주체를 이루는 것처럼 보일 뿐 이것들을 통제하는 조정자(controller)로서의 주체는 없다는 교리 맞지요?

주: 맞습니다. 그런데 이 교리에는 문제가 있습니다. 앞에서도 보았지만 불교의 가장 중요한 교리인 사성제를 보면 '삶은 괴롭다'는 교리가 첫 번째로 나옵니다. 그런데 만일 내가 없다면 그 고통을 받는 주체는 누구입니까? 내가 없으면 고통 받을 주체도 없으니 거기서 벗어날 일도 없습니다. 따라서 이 두 교리는 서로 모순이 되는 것입니다. 이런 문제는 또 발견됩니다. 불교는 깨달음의 종교라 할 수 있습니다. 그런데 그 깨달음은 누가 얻는 것입니까? 내가 없다고 한다면 깨달음을 얻는 주체도 없어지지 않습니까? 내가 없는데 무슨 깨달음을 얻겠다고 수행을 합니까? 이런 논리를 계속해서 밀고 나가면 불교는 공허한 허무주의가 될 공산이 큽니다.

객: 그렇게 말씀하시니까 확실히 이 교리에 문제가 있는 것 같네요. 그런데 우리가 불교를 묘사할 때 '참된 나를 찾는 수승(殊勝)의 가르침'이라고 하잖아요. 그리고 불교의 교리를 보아도 참된 나를 지칭하는 단어들이 많이 있습니다. 예를 들어 불성이니 여래장(如來藏)이니 진아(眞我)니 하는 것들이 그

련 것입니다. 특히 선불교에서는 진여자성(眞如自性)이라는 단어를 많이 씁니다. 이런 것들이 모두 인간이 갖고 있다고 하는 참된 나를 지칭하는 것 아닙니까?

주: 맞아요. 불교는 이처럼 모순되게 보이는 교리를 갖고 있는 것을 알 수 있습니다. 무아론과 진아론이 같이 있으니까 말입니다. 물론 불교에서 말하는 무아론을 어떻게 해석하느냐에 따라 이 모순을 해결할 수 있는 방법이 있습니다. 이 무아론을 무조건 자아는 없다는 식으로 해석하지 말고 우리가 알고 있는 '나'는 없다고 한다면 그 주장에는 동의할 수 있습니다. 우리가 알고 있는 나는 표피적인 나라고 할 수 있는데 이것은 끊임없이 변하기 때문에 실재한다고 할 수 없지요. 그러나 그렇다고 해서 진아가 있는 것까지 부정하면 곤란해집니다. 그렇게 되면 불교는 한갓 허상만 좇는 이상한 종교가 됩니다.

객: 그렇죠. 내가 없다고 한다면 살 이유가 없는 것 아닌지 모르겠습니다. 그렇지 않습니까? 내가 없다는데 삶을 더 이상 이어나갈 필요가 있을까요? 제가 알기로는 불교가 서양에 처음 소개됐을 때 서양인들은 이 무아론을 가장 받아들이기 힘들었다고 하더군요. 개개성을 강조하는 서양 문화의 입장에서 볼 때 내가 실재하지 않는다는 것을 수용하기 힘들었을 겁니다.

불교 무아론의 실상
— 붓다는 무아론만 가르치지 않았다

주: 나도 이 문제가 궁금해서 대학원 시절에 무아론을 가지고 논문을 쓴 적이 있습니다. 그 연구 결과를 보면, 붓다는 이 문제를 매우 탄력적으로 다루었더군요. 붓다는 무아론이나 유아론(有我論) 중 어느 하나에 치우치지 않았습니다. 경전을 보면 붓다는 무아론을 강하게 주장하는 사람이 오면 유아론을 주장하고 유아론을 주장하는 사람이 오면 그때에는 반대로 무아론을 주장한 것이 그것입니다.

이것을 조금 풀어서 보면, 어떤 사람이 와서 붓다에게 우리 인간에게는 영원히 존재하는 자아가 있다고 주장하면 붓다는 그런 자아는 없다고 응대합니다. 또 다른 경우에 어떤 사람이 우리에게는 어떤 자아도 없다고 주장하면 붓다는 우리에게는 자아가 있다고 주장합니다. 이런 일화에서 우리가 알 수 있는 것은 붓다는 어떤 쪽의 견해가 맞다 틀렸다라고 한 것이 아니고 한 의견에 집착하는 것을 경계한 것이라는 것입니다. 그러니까 상황에 따라 의견이 달라질 수 있는 것이지 모든 상황을 떠나 절대적으로 맞는 것은 없다는 것입니다.

객: 역시 붓다다운 융통성 있는 태도네요. 사실 그렇지 않아요? 어떤 때는 무아론이 맞을 수 있고 어떤 때는 유아론이 맞을 수 있는 거 아닙니까?

주: 그런데 문제는 불교도들이 이 무아론에만 매달린다는 데에 있지요. 내가 보기에 불교도, 특히 엘리트 불교도들은 마음으로는 진아론을 따라서 참된 나를 찾는 것을 목적으로 수행하다가 교리를 설명할 때에는 무아론만이

정통 불교교리라고 주장합니다. 이들은 머리로만 무아론을 주장하고 있습니다.

객: 상황이 이렇게 된 데에 어떤 사정이 있나요? 왜 이렇게 상반된 교리가 불교 안에 존재하게 되었느냐는 것이지요.

주: 그 사정을 보면 대체로 이렇습니다. 붓다가 열반한 후 100년 내지 200년간은 무아론과 유아론이 공존했습니다. 앞에서 본 것처럼 붓다 가르침 안에 두 교리가 다 들어 있었으니까요. 그런데 불교는 무아론 쪽으로 선회하게 되는데 그 이유는 힌두교와의 경쟁 때문이었습니다. 앞에서 누누이 본 것처럼 힌두교는 아트만의 실재를 주장하는 유아론(有我論)에 서 있었습니다. 그런 힌두교와 차이를 두려면 불교도들은 그들과는 다른 교리를 주장해야 했습니다. 불교가 힌두교와 같이 '우리에게는 참된 자아가 있다'고 주장하면 힌두교와 비교되는 변별성이 떨어집니다. 그것을 방지하고자 초기 불교도들은 무아론에 더 무게를 두게 된 것으로 생각됩니다.

객: 선생님 말씀을 따르면 이처럼 무아론만 주장하는 것은 붓다의 가르침에 위배되는 것이 됩니다. 붓다는 어느 한 견해만이 맞는다고 주장하는 것이나 어느 한 견해에 집착하는 입장을 모두 경계하셨으니 말입니다.

주: 그런데 내가 '불교는 참된 나를 찾는 가르침'이라고 말하면 소수의 엘리트 불교도들은 불교는 무아론이기 때문에 유아론을 말하면 안 된다고 입에 거품을 물고 항의합니다. 이 무아론은 불교 교리 가운데 거의 도그마 수준으로 와 있는 것 같습니다. 무아론을 부정하면 정통에서 벗어난 교리로 치부하

니 말입니다. 심지어 이 무아론을 모르면 불교를 제대로 이해하지 못한 것이라고 주장하는 사람도 있습니다. 교리가 매우 탄력적인 불교에도 이처럼 도그마성의 교리가 있습니다.

문제 많은 선불교 유일주의

객: 말씀을 들어보니 참선 하는 사람들이 선이 최고라고 주장하는 게 생각나네요. 좌선을 오래 한 승려 가운데에는 선불교만이 유일하게 깨달음에 갈 수 있는 길이라고 주장하는 사람들이 있더라고요. 그렇게 주장하는 사람들은 화두에 진리가 있다고 주장하는 경우도 있습니다. 아니 더 나아가서 화두 자체가 진리라고 주장하기도 합니다. 이것은 지나친 생각 같습니다. 화두란 깨달음에 도달(?)하기 위한 방편에 불과한 것이지 그게 진리는 아니지 않습니까? 게다가 선종 안에는 화두선만 있는 것은 아니지 않습니까? 제가 알기로는 선종에는 화두를 들지 않는 묵조선 계통도 있는 것 같은데 화두선 추종자들은 다른 선은 다 틀렸다고 말하는 것 같더군요.

주: 맞아요. 지금 한국에는 선불교 유일주의를 주장하는 불교도들이 꽤 있습니다. 한국 불교는 화두선 전통에 뿌리를 두고 있는 터라 그 이외의 접근 방식은 허용하지 않으려는 것입니다. 사실 이런 태도는 선불교의 원래 취지와 맞지 않습니다. 나 보고 전 세계 종교와 비교해볼 때 선불교만이 갖고 있는 가장 독창적인 특징을 꼽으라면 어떤 권위도 인정하지 않는 '우상파괴정신'을 들겠습니다. 선불교도들은 모든 경전을 무시했고 심지어는 붓다 혹은 스

승까지 무시하라고 가르쳤습니다. 모든 권위를 부정하라는 것이지요. 지금까지 인류가 만들어낸 종교 가운데 이 선불교보다 더 강렬하게 외적인 권위나 전통, 혹은 우상을 무시하라고 가르친 종교는 없을 겁니다.

객: 전적으로 동의합니다. 선불교가 주장한 슬로건 중 불립문자(不立文字)나 교외별전(敎外別傳) 같은 것이 그런 정황을 말해주는 것이겠죠. 이 두 슬로건은 불교에서 말하는 진리는 문자로 쓰여 있는 경전에는 없다는 뜻을 내포하고 있으니 대단한 것입니다. 이것은 자신들 이전에 있었던 모든 불교를 부정하는 것 아닙니까? 이전 불교 종파들은 모두 경전에 의거해 있는데 선불교의 주장은 이 경전들을 무시하고 있으니 이것은 이 종파들을 깡그리 무시하는 것이 되네요.

주: 그 뿐만이 아니죠. 선가에는 유명한 살불살조(殺佛殺祖)의 기풍이 있습니다. 붓다는 물론 스승도 죽이라는 것인데 이것은 그들을 진짜 죽이라는 것이 아니라 진리의 길은 철저하게 혼자 가는 길이라 어떠한 권위에도 의존하면 안 된다는 정신을 보여주고 있습니다. 어떠한 기성의 가치관도 인정하지 않는 철저한 독립정신입니다.

객: 그런데 이런 선불교의 정신이 거꾸로 자기중심주의로 발전하는 것 같던데요? 그러니까 자기들만이 맞고 다른 것은 다 틀린다는 그런 독선적인 데로 바뀌었다는 것입니다. 가끔 신문을 보면 선불교 승려들이 요가나 다른 명상하는 기법들을 폄하하는 글을 발견할 수 있습니다. 참선을 제외한 다른 기법들은 깨달음으로 인도하지 않는다는 것이지요. 그들의 눈에는 요가나 기수련, 단전호흡 등이 모두 하수(下手)로 보이는 모양입니다.

주: 나도 그런 꼴을 많이 보았습니다. 깨닫는 데에는 화두선이 최고이고 나머지는 거들떠 볼 것도 없다는 식의 태도 말입니다. 이것은 대단히 교조적인 태도이고 더 나아가서 선불교 자체의 정신도 계승하지 못한 것입니다. 선불교의 정신은 어떤 권위도 인정하지 않는 것이라고 했습니다. 그렇다면 선불교도들은 자신들의 권위도 무시해야 합니다. 그래야 논리적입니다. 다른 가르침들을 부정했던 그 논리를 자신들에게도 들이대야 합니다. 그런데 그들은 그 논리를 자신들 앞에서 멈추게 했습니다. 이것은 올바른 태도가 아닙니다. 그래서 교조적, 즉 도그마적이라고 하는 것입니다.

객: 다시 내적인 모순을 말씀하고 계시는군요. 선불교의 교리 자체가 틀렸다는 것이 아니라 그 안에 있는 요소들이 상충하고 있다는 그런 말씀이시지요? 선불교도들이 모든 권위를 무시했다면 자신들의 권위도 무시해야 되는데 그러지 않았다는 것이지요? 잘 알겠습니다.

그런데 이건 조금 다른 이야기인데 앞서 말한 것 가운데 선승들이 요가를 부정하는 것은 말이 안 되는 것 같아요. 요가는 인도 종교의 가장 근간이 되는 수련이자 사상인데 그것을 무시하는 것은 어불성설 같습니다. 어찌 보면 불교도 요가 전통의 하나로 볼 수 있는 건데 요가를 무시하는 것은 자신의 뿌리를 무시하는 것과 같은 것으로 생각됩니다.

주: 선불교도들의 우월의식 혹은 선민의식은 꽤 강합니다. 경전을 다 무시하고 오로지 참선을 통해서만 깨달을 수 있다고 하니 말입니다. 그런데 그들이 이렇게 주장하면 당장에 나오는 질문이 있습니다. 그 질문은 다름 아닌 '그렇게 말하는 당신들 중에 깨친 사람이 있느냐'는 것입니다. 참선이 그렇게 뛰어난 방법이라면 그것을 수행하는 선승 가운데에는 깨친 이가 많이 나와야 합

니다. 그러나 한국에는 그런 모습이 보이지 않습니다. 그보다는 선승들조차 아주 교조적인 모습이 많이 보입니다. 내가 과문한 탓인지 모르지만 종교의 가장 기본적인 목표인 '자기중심주의의 극복'이라는 덕목도 제대로 이룬 승려가 잘 보이지 않습니다.

제도는 악마가 만들었다?

객: 제 어줍은 생각에 종교가 이렇게 되는 것은 모두 제도화 되면서 조직이 생긴 탓이 아닌가 싶어요. 이런 말을 들은 적이 있습니다. 악마가 어떤 집단을 와해시키고 싶은 마음이 있다면 그 집단에 조직을 만들면 된다는 이야기 말입니다. 아무리 순수한 종교 집단도 일단 제도화 되면 그 다음부터는 모든 것이 그 조직의 영속을 위해 돌아가기 때문에 원래의 의도가 바래진다는 것이지요. 그러면 그 조직은 개개인을 위해 움직이는 게 아니라 조직의 안위만을 위해 움직이게 됩니다.

주: 나도 그 의견에 강렬하게 동의합니다. 그래서 다른 것은 몰라도 종교는 조직을 철저하게 배격해야 합니다. 종교가 제도화되면 인간은 그 조직을 위해 어리석은 일을 하게 되고 더 나아가서 나쁜 짓을 하게 됩니다. 그 나쁜 짓이라는 데에는 살인까지도 포함됩니다. 종교는 인간을 살리려고 있는 것인데 살인까지 하게 되니 종교의 본령을 망각해도 너무 망각했다는 생각입니다.

그런가 하면 종교가 지나치게 제도화 되면 화석처럼 되기 때문에 물이 고이면 썩듯이 종교도 심하게 부패합니다. 나는 종종 바티칸에 있는 거대한 조직을 보면서 과연 저런 곳에 진실한 종교성이 얼마나 남아 있을까 하고 생각해봅니다. 가톨릭교도들은 교황을 성자처럼 숭배하고 교회 조직에 순응하지만 그런 것들은 진정한 종교와 거리가 멉니다. 가톨릭만 그런 것이 아니라 다른 종교나 종파들도 정도의 차이가 있을 뿐 사정은 다 비슷합니다.

객: 종교는 권력과 거리가 멀어야 한다는 것을 들은 적이 있습니다. 이유는 간단합니다. 종교가 권력과 손을 잡는 순간 그 종교는 타락하기 때문이라는 것이죠. 우리는 그런 예를 역사 속에서 많이 보지 않았습니까?

가톨릭의 대 변신

인본적 종교와 전제적 종교의 차이는?

주: 지당한 이야기입니다. 종교와 권력 사이의 관계를 조금 더 확실하게 알려면 에리히 프롬의 도움이 필요합니다. 정신분석가이자 사회철학자인 프롬은 워낙 저명한 학자라 별다른 소개가 필요 없겠지요. 프롬은 종교를 인본(人本)주의적 종교와 전제(專制)주의적 종교로 나눈 것으로 알려져 있습니다. 이 둘 사이를 가르는 것 가운데 가장 큰 요소는 조직의 유무라고 할 수 있습니다. 인본주의 종교는 인간이 중심이 되고 사랑이나 용서 같은 덕목이 중시되며 자아실현이 가장 중요한 목적이 됩니다. 이것은 조직이 지니는 속성과 상치되는 덕목들입니다. 반면 전제주의 종교는 조직이 중심이 되고 높은 덕목보다는 조직에 대한 복종, 배신에 대한 징벌 공포의 조장 등을 강조합니다. 여기에는 개인에 대한 배려가 없습니다.

객: 그 의견에 따르면 지금 있는 종교들은 대부분 전제주의적인 종교라 할 수 있겠네요. 종교가 인간들을 위하고 해방시키는 것이 아니라 조직으로 옥죄고 자기들이 억지로 만든 교리를 가지고 사람들을 괴롭히고 있으니 말입니다. 특히 성직자들은 자기들과 신도 사이에 강한 위계질서를 만들어 그런 제도에서 취할 수 있는 권력을 가지고 신도들 위에 군림합니다. 그런 구도가 만들어지면 대부분의 신자들은 그 조직이나 성직자들을 비판하지 않고 맹종합니다.

주: 그 같은 모습이 특히 한국 종교계에 두드러진 것 같죠? 한국의 절이나 교회를 보면 성직자들이 신자들 위에서 무소불위(無所不爲)의 권력을 휘두르는 모습이 자주 목격되기 때문입니다. 나는 한국 종교계의 이러한 비상식적인 태도가 잘못된 유교의 가부장제에서 파생한 것이라고 늘 주장해왔습니다. 이 부정적인 문화가 극복되어야 한국 종교가 제자리를 찾을 수 있는데 아직 그런 기미가 보이지 않아 안타깝습니다. 한국 종교 이야기는 나중에 기회가 있으면 하기로 하고 다시 에리히 프롬의 주장으로 돌아가지요.

그는 이 두 유형의 종교를 대표할 수 있는 예를 몇 가지 들고 있어 그것을 소개해볼까 합니다. 먼저 기독교의 경우를 보면 로마에 의해 국교화 되기 전까지의 기독교는 인본형 종교라 할 수 있다고 했습니다. 그때에는 기독교가 정말로 인간적인 덕목을 많이 강조했습니다. 제도화되기 이전이었기 때문에 개개인에 대한 배려가 있었습니다. 그러나 그런 기독교는 로마의 국교가 되면서 급작스럽게 전제형 종교로 바뀝니다. 그 뒤에 기독교가 얼마나 교조적으로 변했는가는 역사를 통해서 잘 알 수 있기 때문에 더 이상 설명할 필요를 느끼지 못합니다.

객: 그럼 기독교의 원래 정신은 완전히 없어진 것인가요? 기독교 같은 대 종교가 그렇게 쉽게 스러질 것 같지는 않은데요.

주: 프롬이 보기에 기독교의 원 정신은 극소수의 기독교 신비주의자들에 의해 계승되었습니다. 이 신비주의자들은 권력과 거리가 멀었습니다. 정치권력과 결탁하지 않은 것은 물론이고 종단 내에서도 어떤 권력 구조도 만들지 않았습니다. 오로지 그 종교가 추구하는 목표만을 위해 격리된 장소에서 수행이나 기도로 일관하는 것이 신비주의자들의 모습이었지요. 이런 사람들이 없었다면 기독교의 숭고한 정신은 이어지지 않았을 겁니다. 그 외에 대부분의 기독교 전통은 전제적인 성격에서 벗어나지 못한 채로 20세기 중반까지 옵니다. 이렇게 오다가 기독교는 20세기 중반에 경천동지할 만한 사건을 겪게 됩니다. 프롬에 따르면 기독교가 1960년대에 이르러 인본형의 종교로 탈바꿈하게 된 사건이 바로 그것입니다.

가톨릭의 종교 혁명 — 제 2차 바티칸 공의회

객: 왜 하필 1960년대라고 했는지 궁금하네요. 우리가 모르는 사건이 있었나요? 그때 주목할 만한 일은 없었던 것 같은데요.

주: 프롬이 말하는 것은 1960년대에 가톨릭에 있었던 사건을 말합니다. 그것은 바티칸 제 2차 공의회라는 것인데 가톨릭에서는 중요한 것을 결정하기

위해 수십 년에 한 번씩 큰 회의를 엽니다. 이것이 공의회인데 이 회의에서는 교리를 재정비하기 위해 이단적 교리들을 결정하고 솎아내는 아주 중요한 일을 합니다. 잘 알려진 사실이지만 예수가 신이 된 것도 이 공의회에서 결정한 사항입니다.

객: 그러면 이 바티칸 공의회 이후에는 이런 큰 회의가 더 이상 없었나요? 그런데 지금 말씀을 들어보면 조금 의아감이 드는군요. 예수가 신이냐 인간이냐 하는 문제를 가지고 초기 기독교의 많은 파들이 논쟁을 했다는 것은 저도 알고 있습니다. 그러다 예수는 온전한 신인 동시에 인간이라는 정통 교리가 만들어졌다고 들었습니다. 그래서 예수는 신이 되었는데 어떻게 인간이 어떤 존재를 신으로 만들고 말고 할 수 있습니까? 그건 오만 아닐까요? 신이 인간을 어떻게 하는 것은 이해할 수 있지만 인간이 신을 만들고 말고 하는 것은 있을 수 없는 일로 생각됩니다.

주: 맞아요. 이런 식으로 유신론 종교에서는 인간들이 교리를 만들어내고 그것만이 정통이라고 하면서 부단히 다른 의견들을 무시해왔죠. 이런 일이 한두 번이 아니라 더 이상 이야기하지 않기로 하고 다시 우리의 주제로 돌아가지요. 그 이야기를 하면 끝이 없어서 그렇습니다. 이 제 2차 바티칸 공의회의 결정은 실로 놀라운 것이었습니다. 여러 가지가 있지만 가장 중요한 것은 가톨릭이 지난 2천 년 동안 견지해왔던 '(가톨릭)교회 밖에는 구원이 없다'는 교리를 비록 명시적이지는 않지만 포기하는 듯한 선언을 했다는 것입니다. 즉 가톨릭이 다른 종교들을 인정한 것이지요. 그 공의회 문서를 보면 타종교에도 기독교에서와 같은 높은 덕목이 예시되어 있으니 대화를 진행해야 한다고 나와 있습니다. 이것은 기독교 유일주의를 암묵적으로 포기한 것입니다. 당

시 가톨릭이 기독교 유일주의에서 벗어나 인류 보편애에 눈을 뜬 것입니다.

객: 대단한 것이네요. 가톨릭이 그렇게 바뀔 수 있다니 말입니다.

주: 이 개혁을 촉발시킨 것은 당시 교황이었던 요한 23세의 종교 체험이었습니다. 알려진 바에 따르면 그는 하늘에서 빛을 보았고 교회를 개혁해야 된다는 소명이 자신에게 주어졌다는 것을 깨달았다고 합니다. 그래서 곧 공의회를 100년 만에 소집하였고 개혁에 착수했는데 그는 3년 정도 뒤에 세상을 떠납니다. 그가 죽은 뒤에도 가톨릭의 개혁은 계속되어 공의회는 무사히 치러지게 됩니다. 그가 교황직에 있던 기간은 불과 4년밖에 안 됩니다. 그런데도 이런 엄청난 일을 하고 갔습니다.

그렇게 보면 이 분은 가톨릭을 2천년 만에 개혁하기 위해 온 분 같습니다. 개혁의 시동만 걸어놓고 자신은 세상을 떴으니 더 그런 생각이 듭니다. 개혁을 시작했으니 더 이상 이 세상에 있을 필요가 없다고 생각해 바로 타계한 것 아닌가 하는 추측을 해봅니다. 원래 그렇거든요. 사람들은 이번 생에 해야 할 일을 마치면 더 이상 지상에 있을 이유가 없기 때문에 몸을 벗는 경우가 많습니다. 붓다의 모친도 그 생의 카르마는 붓다를 낳는 것이었을 것입니다. 그래서 그는 붓다를 낳은 후 7일 만에 세상을 하직했던 것일 겁니다. 요한 23세도 그런 것 아닌가 하는 추측을 해봅니다.

나는 이 바티칸 공의회의 선언을 보면서 항상 가톨릭 같은 대 전통은 다르긴 다르구나 하는 생각을 했습니다. 절묘할 때 엄청난 개혁을 했기 때문입니다. 만일 가톨릭이 이때 개혁을 하지 않았더라면 사람들에게 더 외면 받아 세력이 많이 줄어들었을 겁니다. 특히 20세기에 들어 높아만 가는 인류의 영성 수준에 못 미쳐 가톨릭은 도태될 여지가 아주 많았는데 이 공의회의 성과로

극적인 반전을 꾀하게 됩니다.

객: 가톨릭의 최근사에 이런 어마어마한 뒷이야기가 있었네요. 이 공의회에서 나온 결과 중에 괄목한 것은 무엇입니까?

마르틴 루터의 종교 개혁을 능가하는 가톨릭의 개혁

주: 그 개혁의 구체적인 내용에는 엄청난 것들이 많지만 교회 내부의 개혁에 대해서는 언급하지 않겠습니다. 이것들은 너무 세세한 것들이라 신자가 아닌 사람들에게는 이해하기 힘든 면이 있어서 그렇습니다. 그 대신 바깥에서 외부자의 시각으로 볼 때 주목할 만한 것에 대해서만 언급할까 합니다. 우리에게는 가톨릭의 내부 개혁보다 이 점이 더 중요합니다.

당시의 개혁에서 보이는 가장 중요한 정신은 보편적 이성을 중시하는 것입니다. 이것은 가톨릭교회의 닫힌 세계관에서 탈출하는 것을 의미합니다. 그래서 예수유일주의를 과감하게 개혁하고 세상으로, 다른 종교를 향해 문을 활짝 연 것입니다. 20세기에 들어 세계가 한 마을이 되었는데 여전히 예수가 아니면 안 된다고 주장하는 것은 이성적인 믿음에 반한다는 것을 안 것이지요. 그 뒤에 가톨릭은 크게 변모합니다.

가톨릭은 중앙집권이 철저한 세계적인 조직이라 바티칸에서 한 번 결정하면 전 세계 교회가 일사불란하게 그 결정을 따릅니다. 여기에는 예외가 있을 수 없습니다. 이때 보편적인 이성의 정신에 따라 바람직하게 바뀐 또 하나의 작은 예를 들어볼까요? 당신은 가톨릭의 의례인 미사를 잘 알고 있을 겁니다. 그런데 이 미사가 지난 2천 년 동안 어떤 언어로 지내졌는지 아나요?

객: 글쎄요, 잘 모르겠는데요.

주: 이 바티칸 제2차 공의회가 있기 전까지 세계의 모든 곳에서 지내던 미사는 라틴어로 진행되었습니다. 그러니까 1960년대 이전까지는 한국에서도 모든 성당에서 일요일이면 라틴어로 미사를 지냈다는 것입니다. 그런데 생각해보십시오. 도대체 당시 한국에 라틴어를 아는 사람이 몇이나 있었겠습니까? 특히 한글도 못 깨친 할머니가 라틴어로 미사를 드린다고 생각해보십시오. 이 얼마나 어불성설입니까? 이런 현실이 보편적 이성에 반한다는 것을 그들도 깨닫고 이 오래된 전통을 혁신합니다. 가톨릭은 이 공의회 이후에 미사에서 라틴어로 의례를 진행하는 관례를 폐지하고 그 지역의 언어를 쓰는 것으로 전통을 바꿉니다. 그러니까 한국에서는 한국어로, 일본에서는 일본어로 하는 식으로 다 바꾼 것입니다.

객: 그렇군요. 저도 기독교의 이 라틴어 유일주의에 대해 귀동냥을 해서 조금은 알고 있습니다. 중세의 신학자들은 라틴어를 진리의 언어로 여겼다지요? 그래서 중세 가톨릭의 성직자들은 자신들의 경전(기독경)을 다른 언어로 번역하지 못하게 했습니다. 그 이유는 물론 라틴어를 성스러운 언어로 여긴 때문도 있겠지만 이 성직자들이 권력을 독차지하기 위해서라는 것도 중요한 이유가 됩니다. 일반 평민들이 모르는 라틴어로 기독경을 만들어 놓아야 이 성직자들이 지식을 독점하는 것 아닙니까? 이들은 그 지식을 가지고 평민들을 마음대로 조정한 것입니다. 그렇지 않습니까? 백성들을 무지하게 놓아두어야 통치하기가 편할 것 아니겠냐는 것입니다. 그래서 가톨릭은 기독경을

절대로 다른 언어로 번역하지 못하게 막은 것입니다. 만일 이것을 어기고 기독경을 영어나 독어 같은 세속어로 번역하면 그 사람은 죽음을 면치 못하게 됩니다.

주: 맞아요. 이것은 세종의 한글 창제를 극심하게 반대한 사대부들의 태도와 비슷하지요. 당시 사대부들은 백성들이 글을 알면 자신들의 권익이 줄어들 것으로 생각해 극력 반대한 것입니다. 법적 소송이 나도 백성들은 글을 모르니 사대부들에게 당할 수밖에 없습니다. 그런 것들을 노리고 백성들에게 글을 깨칠 수 있는 기회를 주지 않은 것입니다. 그런데 가톨릭은 이때 이 오래된 나쁜 전통을 일거에 없애버렸습니다. 편향주의에서 박애적 보편주의로 바뀐 것이지요. 그러니 대단하다는 것입니다. 천 수백 년 역사의 악습을 한 방에 날려 보냈습니다. 나는 기독교 역사 안에서 루터의 종교개혁보다 이 공의회가 더 의미가 있다고 생각합니다. 더 '임팩트'가 있다는 것이지요. 기독교가 세상으로 활짝 열렸으니 말입니다.

객: 그런데 이 엄청난 사건을 왜 정작 주인공인 가톨릭교회에서는 신자들에게 가르쳐주지 않죠? 제가 성당을 기웃거려보아도 이런 이야기는 들을 수 없었고 또 가톨릭 친구들을 만나도 이에 관해서 설명을 해주지 않았습니다. 그들 역시 이에 대한 이야기를 모르고 있는 것 같았습니다. 이러다가 가톨릭이 다시 교조적인 종교로 돌아가는 것 아닌지 모르겠습니다. 이런 것들에 대해서 더 많이 가르쳐서 그 정신을 이어가야 가톨릭에게 득이 될 터인데 왜 그런 작업을 하지 않는지 잘 모르겠습니다. 그런데 이렇게 기독교만 이야기하지 말고 다른 종교에 대해서도 이야기를 해보지요. 특히 불교에 대해서 프롬이 어떻게 말했는지 궁금합니다.

초기 불교는 인본형 종교의 전형(典型)

주: 프롬에 따르면 불교는 인본형 종교의 전형과 같은 것입니다. 특히 이성적 판단을 중시하는 초기 불교가 그렇습니다. 붓다의 재세 시나 그 뒤 얼마간 불교는 분명 인본형 종교의 특색을 잘 보여주었습니다. 붓다가 이성을 중시했다는 것은 너무나도 잘 알려져 있습니다. 그런 예가 하도 많아 다 들 수 없는데 이해를 돕기 위해 한두 가지의 예만 들어보겠습니다.

가장 먼저 들고 싶은 예는 제자들이 붓다의 가르침을 어떻게 대해야 하느냐에 관한 것입니다. 붓다는 제자들에게 자신이 세상을 떠난 다음에는 자신(붓다)에게 의지하지 말고 대신 자신의 가르침을 따르라고 말합니다. 이는 개인숭배를 철저하게 배격한 것이지요. 붓다는 여기서 끝나지 않았습니다. 자신의 가르침도 스승의 가르침이니 무조건 맹종해서는 안 된다고 경고했습니다. 아무리 스승이 설한 것이라도 자신들이 다시 한 번 생각해보고 따르고 싶으면 따르라고 말합니다. 이것은 그들의 주체성을 한껏 용인해준 겁니다.

객: 참으로 대단합니다. 자신이든 자신의 가르침이든 그것이 절대화되는 것을 붓다 자신이 막았네요. 이것이야말로 참된 스승의 모습이 아닌가 합니다. 이에 비해 기독교는 너무 '무조건 믿어라'고만 하는 것 같습니다. 의심하고 비판하는 것을 원천적으로 봉쇄합니다. 중세의 안셀름이라는 신학자가 있었는데 그는 '(기독교의 교리는) 불합리(absurd)하니까 믿는다'는 궤변 비슷한 이야기를 합니다. 아니 불합리하면 믿지 말아야지 왜 믿습니까? 또 예수의 제자인 도마가, 부활해 자신 앞에 나타난 예수를 보고 그 정체에 대해 의심을 품은 것에 대해 많은 기독교인들이 조롱합니다. 자기들 앞에 현현한 예수를 그 옆구리에 나타난 상처를 만져보고 믿은 도마를 못마땅하게 생각한 것이

지요. 왜 의심이 그렇게 많으냐는 것입니다.

주: 그래요. 기독교 안에는 그런 전통이 있지요. 무조건 믿는 자에게 복이 있다는 그런 풍조 말입니다. 그러나 예수 자신은 절대로 그런 식으로 하지 않았습니다. 예수 자신은 기존 전통에 대해 끊임없는 의문을 던졌고 자기를 절대화 하는 것을 결코 원치 않았습니다. 그런데 이런 예수의 정신이 그 뒤 기독교에는 그다지 이어지지 않았습니다. 기독교도들은 자신들의 가르침을 너무나 절대화 했습니다. 하나밖에 없는 유일한 가르침이라는 것이지요. 이에 비해 불교는 자신의 가르침을 상대화 했습니다.

객: 한 종교의 교주가 자신의 가르침을 상대화 했다는 것은 대단한 것입니다. 종교들은 대부분 자신들의 가르침이 유일무이하다고 하지 않습니까? 붓다가 자신의 가르침을 상대화 한 직접적인 가르침이 있나요?

주: 물론 있습니다. 그 가장 대표적인 것으로 붓다가 가르친 '옛성의 비유'라는 것을 들 수 있습니다. 붓다는 자신이 가르친 것은 결코 새로운 것이 아니라고 말했습니다. 이미 이전의 사람들이 다 가르친 것이라는 것이지요. 이것을 설명하면서 그는 이것을 옛성을 찾아 가는 것에 비유했습니다. 어떤 사람이 사람들의 뇌리에서 잊혀 있는 옛성을 찾아 길을 떠나보니 거기에는 이미 다른 사람들의 발자국이 있었다는 것이 그것입니다. 그보다 먼저 다른 사람들이 이 성을 찾으러 왔던 것입니다. 자신은 이 발자국을 따라 가니 성에 무사히 다다를 수 있었습니다.

객: 그렇게 자신의 가르침을 상대화시키는 것은 대단히 어려운 일일 터인데

붓다는 그 일을 하셨군요. 보통의 평범한 교주들은 자신만이 유일한 구세주이고 자신의 가르침만이 유일한 진리라고 떠드는데 붓다의 경우는 반대이네요.

주: 이런 모습은 최고의 스승들만이 보여줄 수 있는 모습입니다. 이런 스승들은 절대로 자신을 내세우지 않습니다. 일부러 겸손하게 보이려고 하는 것이 아니라 천성 자체가 그렇습니다. 이런 분들은 오로지 남들을 위해 사는데 그것은 도덕 교과서에 그렇게 하라고 해서 하는 것이 아니라 천성이 그럴 수밖에 없어 그렇게 사는 것입니다. 예를 들면 우리 보통 사람들은 대부분 이성(異性)을 보면 마음이 동하고 더 가까이 하고 싶어 합니다. 이것은 자연적인 충동입니다. 이런 일을 할 때에는 생각할 필요가 없습니다. 자연이 그렇게 만들었기 때문입니다. 이 스승들이 다른 사람을 위하는 마음도 그런 것입니다. 이 분들은 타인을 위한다는 마음이 없습니다. 왜냐하면 자타의 구별이 없어졌으니 타인의 개념이 있을 수 없고 또 사정이 그러하니 위한다는 생각도 없습니다. 그저 모든 것이 자연스러울 뿐입니다.

객: 이 스승들이 우리 중생들을 위해 사신다는 것은 대충 알겠는데 그것이 어떤 것인지 구체적으로 말씀해주시면 좋겠습니다. 이 스승들이 우리를 위해 귀중한 가르침을 주셨으니 그게 가장 감사해야 하는 이유가 아닐까요?

특이한 성자, 예수

우리가 스승들에게 감사해야 하는 이유

주: 물론 당연히 그것에 대해서 감사해야 하지만 그보다 더 큰 게 있습니다. 가장 감사해야 할 것은 그 분들이 이 세상에서 살았다는 것입니다. 가르침을 준 것도 그 분들이 이 세상에 살았으니까 가능한 것이지 이 세상에 살지 않았다면 우리네 평범한 사람들이 그 분들을 만나는 일이 원천적으로 불가능하지 않았겠습니까?

객: 무슨 말씀인지 잘 모르겠네요. 그 분들이 이 세상에 살았다는 것과 가르침을 준 것이 무엇이 다르다는 말씀인지 잘 모르겠어요.

주: 이 이야기는 조금 이해하기가 힘들 수도 있을 텐데 가능한 대로 쉽게 설

명해보지요. 이것은 인도에 고래로 전해오는 설을 따른 것입니다. 우선 붓다에 대해서 보지요. 붓다는 분명 2천 5백여 년 전에 깨달음을 얻었죠? 이 깨달음에 대해 인도에서는 우리 몸에 잠재되어 있다는 에너지인 쿤달리니가 대폭발을 일으켰다는 식으로 표현하는데 이와 관계된 이야기는 우리의 주제와 동떨어진 이야기라 그냥 통과하겠습니다. 어떻든 이렇게 깨달음을 얻은 분들은 대부분 더 이상 지상에 있지 않고 육신을 벗어버린다고 합니다. 쉽게 말해서 죽는다는 것이죠. 그쪽 이야기로 하면 에너지 폭발이 너무 강해 육신이 감당을 못한다는 거예요. 그래서 육신을 버릴 수밖에 없답니다.

객: 지금 말씀하시는 것은 정말 알아듣지 못하겠네요. 우리 몸에 있다는 쿤달리니라는 에너지나 또 그것이 폭발한다는 것이 무엇인지 다 모르는 이야기들입니다.

주: 이런 이야기들은 현대에 살았던 인도의 성자들의 삶에서도 보입니다. 그 대표적인 예가 '유지 크리슈나무르티'인데 이 분에 대한 것은 내가 단행본(『길은 없지만 가야 할 길』)에서 설명했으니 그것을 참고하면 됩니다. 이 분 외에도 지두 크리슈나무르티, 스리 오로빈도 같은 성자들에게서도 같은 현상이 보입니다. 어떻든 이 힘이 폭발하면 몸에 엄청난 변화가 생깁니다. 가장 큰 변화는 자아 개념이 사라지고 모든 것이 자동 시스템에 의해 움직인다는 것입니다. 조금 어려운 말로 하면 생각에서 벗어나는 것입니다. 우리는 이 생각 때문에 전체(궁극적 실재)에서 분리되어 있는데 이 생각이 사라지니 다시 전체와 하나가 되는 것입니다.

객: 말씀이 더 어려워집니다. 생각에서 벗어난다는 게 무슨 말인가요? 우리

가 생각이 끊기면 자아개념도 없어지고 아무것도 안 남는 거 아닙니까? 그냥 멍한 것 아닌가요?

주: 이 경지에 대한 것은 정말로 일상적인 사고로는 알 수 없습니다. 따라서 그냥 통과하기로 하고 어찌됐든 간에 이 경지까지 온 분들은 이 물질계에 온 목적을 이루었으니 더 이상 여기에 남아 있을 필요가 없습니다. 이것은 당연한 것 아니겠어요? 이 힘든 물질계에 무엇 하러 더 남아 있겠습니까? 게다가 이 작은 몸은 강한 쿤달리니 에너지를 감당할 수도 없다고 합니다. 그래서 이 상태(?)까지 온 대부분의 성자들은 바로 몸을 버린다고 합니다. 불교에서는 이것을 무여(無餘) 열반이라고 하는데 이것도 조금 어려운 표현이지요? 말 그대로 아무 것도 남기지 않고 열반에 드는 것을 말하는 것이겠죠.

객: 그러니까 붓다는 이 경지까지 왔는데 바로 몸을 벗지 않고 40년을 더 살다 간 것이라는 말씀입니까?

주: 정확해요. 붓다처럼 깨닫고도 육신을 유지하는 것을 유여(有餘) 열반에 들었다고 합니다. 그러니까 남은 것이 있는 열반, 다시 말해 열반은 했지만 육신은 남아 있는 그런 것을 말하는 것이지요. 인도에서는 이처럼 깨달음을 얻고도 이 세상에 남아 있게 되는 성자들은 이 세상 사람들에게 가르침을 베풀어야 할 소명을 갖고 태어난 사람이라고 하더군요. 그런데 붓다 같은 경우는 드물다고 합니다. 앞에서 말한 대로 대부분의 성자들은 깨달음을 얻은 후 바로 육신을 벗기 때문입니다. 이렇게 보면 깨달음을 얻은 분 중에는 우리가 모르는 분들이 많을 것이라는 추측이 가능합니다. 이 분들은 소리 없이 왔다가 깨달은 후에 흔적 없이 떠났으니 우리가 알 길이 없는 것입니다.

붓다의 카르마는 좋은 게 아니다?

객: 그러면 붓다 같은 분은 왜 세상에 머물기로 작정한 것일까요? 바로 몸을 벗으면 당신도 편하셨을 텐데 말입니다.

주: 그 자세한 사정은 모릅니다. 우리가 할 수 있는 말은 붓다의 카르마가 그렇다는 것뿐입니다. 그래서 나는 농담 반 진담 반으로 붓다의 카르마는 좋지 않다고 말합니다. 생각해보세요. 붓다는 깨달은 다음에 40 년 이상을 살면서 지상의 삶을 유지하기 위해 온갖 고뇌를 감수해야 했습니다. 음식을 하루에 한 번은 먹어야 하고 더위, 추위 때문에 힘들어 했습니다. 또 벌레나 해충들도 붓다의 몸을 보고만 있지 않았을 겁니다. 끊임없이 붓다의 몸을 노렸을 테지요. 그뿐만이 아니죠. 승단을 유지하려면 조직 관리에 신경을 많이 써야 하니 얼마나 힘들었겠습니까? 그 분은 그런 고생을 하지 않아도 되는데 공연히 이 세상에 남아 온갖 '개'고생을 했습니다.

객: 다른 것은 알겠는데 붓다가 조직 관리하느라 힘들었다는 건 처음 듣는 이야기이네요. 붓다 같은 성현이 웬 조직 관리입니까? 실례가 있어서 하시는 말씀입니까?

주: 있지요. 사람이 모여 살면 문제가 없을 수 없습니다. 붓다 재세 시 승단에는 여러 가지 문제가 발생합니다. 승려끼리 죽이는 일도 있었는데 조직과 관련해서 일어난 가장 큰 사건은 붓다의 사촌인지 이복동생인지 하는 데바닷다라는 이가 붓다에게 항명을 한 것 아닐까 합니다. 이 사건의 간략한 전모는 이렇습니다. 이 데바닷다가 승단 안에서 꽤 세력을 모았던 모양입니다. 그

래서 그는 자신이 승단을 이끌고 싶은 나머지 붓다에게 그 지도자의 자리를 자기에게 양도하라고 합니다. 흡사 조직폭력배 같은 이야기지요? 붓다는 물론 이 제의(?)를 거절합니다. 그러자 데바닷다는 앙심을 품고 붓다를 죽이려고 몇 번 시도를 합니다. 물론 성공하지 못하고 외려 자신이 죽음을 맞게 되지요.

객: 그런 일이 있었군요. 붓다 같은 성현이 계신 단체에는 그런 추한 사건이 없었을 것 같은데 말입니다.

주: 우스갯소리를 하나 할까요? 데바닷다는 한자로 조달(調達)이라고 쓰는데 한국어 속어로 바보를 '쪼다'라고 하잖아요? 이 쪼다가 조달에서 나왔다는 믿지 못할 이야기가 있습니다. 조달을 중국어로 발음하면 쪼다와 비슷하니까 그런 말이 나온 것 같은데 진위여부는 알 길이 없습니다. 붓다가 고생한 것은 이 뿐만이 아닙니다. 무엇보다도 40년 이상을 그 무거운 몸을 이끌고 각지에 있는 사람들을 교화하느라고 얼마나 고생이 많았겠습니까?

게다가 붓다는 임종할 때에 상한 음식을 먹고 배탈이 나서 열반합니다. 춘다라는 이가 공양을 바쳤는데 그 음식이 상해 있었던 거예요. 그런 상한 음식을 붓다는 왜 먹었을까요? 추측인데 불교 전통에는 공양한 것은 절대로 거절할 수 없다는 규율이 있어 섭취하신 것 아닌가 하는 생각이 듭니다. 또 다른 추측을 해보면, 붓다는 당신이 가실 때가 된 것을 알고 그 음식을 빌어서 가신 것 아닌가 하는 생각도 듭니다. 상한 음식인 줄 알고 드셨다는 것이지요.

객: 붓다가 그렇게 고생을 많이 하셨다니 영 믿기지 않습니다. 저는 경전에 나오는 것처럼 붓다는 점잖게 앉아서 설법만 하고 우아하게 계시다 가신 줄

알았는데 실상은 전혀 그게 아니군요. 속세에서 그야말로 개고생을 하셨네요. 그래서 선생님께서 앞에서 붓다의 카르마가 좋은 게 아니라고 하신 거군요.

정말로 특이한 성자, 예수

주: 그런데 예수에게로 오면 상황이 더 나빠집니다. 나는 이 분도 붓다와 같은 급이라고 생각합니다. 왜냐하면 하시는 말씀도 그렇고 보였던 초능력을 보아도 그런 것을 감지할 수 있습니다. 물론 그 급에 올라가보지 못한 우리로서는 단정할 수는 없고 그저 추측만 할 뿐입니다. 내가 지금 말하고자 하는 것은 그런 분이 이 인간세에 와서 고생하신 양상에 대한 것입니다. 성인인 그가 33년이라는 짧은 인생 동안 겪은 고생은 상상을 불허합니다.

객: 그렇죠. 붓다는 그래도 천수를 누리면서 자연사를 하셨지만 이 분은 가장 잔혹한 방법으로 사형을 당했으니 말입니다.

주: 개인적인 생각인지 몰라도 나는 예수를 역대 성현들 가운데에서 가장 독특한 분으로 파악하고 있습니다. 이 분은 붓다와는 달리 철저하게 세속인들과 같이 살았습니다. 반면 붓다는 세속 안으로 들어와 살지는 않았습니다. 제자들과 함께 도시나 마을 근처에서 살았지요. 수도를 하자니 그럴 수밖에 없었던 것 같습니다. 초기 승단은 거리 상 마을을 걸어서 갈 수 있는 정도만 떨어져 있었을 겁니다. 그래야 마을에 가서 밥을 빌어먹을 수 있었을 테니까요. 그런 것에 비해 예수는 저자 거리에서 일반인들과 같이 살았습니다. 그래서

그는 '창녀와 세리(세무 공무원)'의 친구라는 별명도 얻었습니다. 또 술주정뱅이(drunkard)라는 별명도 있었습니다. 걸핏하면 일반인들의 집에 가서 먹고 마셨으니 그런 별명이 나옴 직합니다.

객: 아니 예수님이 술주정뱅이라니 무슨 말씀입니까? 예수 같은 분이 무엇이 모자라 술을 퍼마셨다는 말씀입니까? 예수 같은 성현이 술을 마셨다는 것부터가 믿기지 않는데 아예 술주정뱅이라 하시니 황망하기 그지없습니다.

주: 물론 알코올 중독자라는 것은 아니고요, 자기를 따르는 사람들을 만나면 그 사람들과 같이 음식을 먹고 포도주를 마셨기 때문에 그런 별명이 붙었을 겁니다. 그것과 관련해 가장 상징적인 사건이 바로 삭개오가 예수를 만나는 사건입니다. 예수는 그때 여리고로 가는 중이었는데 나무 위에서 자신을 바라보는 세리인 삿개오를 발견합니다. 그리곤 주저하지 않고 그 삭개오에게 그의 집에 가서 먹고 마시면서 묵겠다고 말합니다. 당시 세리는 사람들로부터 죄인처럼 취급받아 사람들이 피하는 그런 존재였다고 합니다. 그러나 예수는 그런 것에 개의치 않았습니다. 예수는 통념을 훌쩍 뛰어넘은 사람이니 그럴 수 있었을 겁니다. 그런데 여기서 주의해야 할 것이 있습니다. 예수가 마시겠다고 한 것은 물이 아니라 포도주라는 사실입니다. 이스라엘은 물이 안 좋아 사람들이 물 대신 포도주를 많이 마셨다고 합니다.

객: 이런 사건 때문에 사람들이 예수님을 두고 세리의 친구라는 별명을 지어준 것이군요. 게다가 예수님이 이렇게 사람들을 만날 때 술을 마시니 그것을 보고 예수님을 술주정뱅이라고 한 것이고요.

숙세의 인연을 한 눈에 꿰뚫어 보는 성현들

주: 이 삭개오 사건을 볼 때 나는 많은 생각을 하게 됩니다. 이것은 우연히 일어난 사건이 아닙니다. 엄청난 인연이 있어야 이런 사건이 벌어집니다. 우선 삭개오의 사정부터 살펴보면, 이 사람은 비록 죄인 취급을 당하는 세리였지만 아마도 천성이 착했던 모양입니다. 그래서 항상 마음 한 구석에는 죄의식을 갖고 있었던 것 같아요. 자기가 어떻게 하다 사람들로부터 지탄받는 세무 공무원이 됐지만 마음 속 깊은 곳에서는 항상 사람들에게 미안한 감정을 갖고 있었던 것으로 보입니다.

그러다 마침 예수라는 이름을 가진 훌륭한 선생님이 오신다는 말을 듣고 참회를 할 수 있을까 하는 생각에 예수가 지나는 거리로 나섰습니다. 그는 키가 작았던 모양입니다. 예수가 지나갈 때 사람들에 가려 예수가 보이지 않자 그는 그곳에 있던 뽕나무 위로 올라갔습니다. 그저 선생님을 한 번 보겠다는 일념으로 말입니다. 그것을 예수가 본 것인데 예수는 순간적으로 삭개오가 수많은 생의 인연인 줄 바로 알았을 겁니다. 그래서 그 길로 그의 집에 가겠다고 하신 겁니다. 그러자 예수에게서 감동을 받은 삭개오는 자신이 가진 것의 절반을 가난한 사람에게 주겠다는 등의 맹세를 합니다. 예수는 그로써 그가 구원받았다는 것을 알려줍니다.

객: 그 사건이 별 것 아닌 것 같았는데 이렇게 심오한 배경이 있었는지 몰랐습니다. 그런데 예수님은 어떻게 삭개오를 보자마자 숙세의 인연인 줄 아셨을까요?

주: 그거야 성현들의 능력이니 우리는 모릅니다. 그러나 여러 가지 증거로

추정해보건대 그 분들은 이번 생에 자신과 인연이 될 사람들을 다 알고 있는 듯합니다. 예수가 베드로와 그의 동생을 제자로 삼을 때도 그랬습니다. 신약에는 이 사건이 아주 간략하게 묘사되어 있어 잘 알 수 없지만 예수가 그들을 발견하고 따라 오라 했을 때 그들은 두 말 않고 예수를 따라갔습니다. 이때에도 예수가 이 두 사람을 보고 그들이 이번 생에 자신의 제자가 될 카르마를 갖고 태어났다는 것을 바로 알아차렸을 겁니다.

비슷한 이야기는 불교에도 많이 나옵니다. 그 중의 한 예를 들어보지요. 붓다 재세 당시 사람을 100명을 죽이면 성불한다는 잘못된 정보를 가지고 99명을 죽인 살인자인 앙굴라마라라는 이가 있었습니다. 이런 정보를 접한 붓다는 신통력으로 그가 제자 중의 한 사람이 되리라는 것을 알고 그에게 다가가 제자로 만듭니다. 자세한 것은 많이 생략했지만 성현들은 이렇게 해서 제자들을 모았습니다.

객: 예수님은 저자 거리에 있었다는 것을 말하려다 조금 이야기가 옆으로 샜습니다. 예수님이 얼마나 일반인들과 가까웠는지는 이것으로 잘 알겠습니다. 앞에서 예수님이 성현으로서 이 세상에 나왔다가 온갖 개고생을 했다는 이야기를 하다 논지가 조금 옆으로 흘렀습니다. 다른 건 몰라도 예수님이 죽은 현장을 보면 그런 이야기가 더 동감이 됩니다.

십자가형은 가장 극악한 형벌 중의 하나

주: 맞아요. 일반적인 기독교 신자들은 예수가 받고 죽은 십자가형에 대해

잘 모르는 것 같아요. 그 형벌이 얼마나 혹독한 것인지 모른다는 것이지요. 왜 그렇게 생각하는지를 알고 싶으면 한 번 가톨릭의 경우를 보세요. 거기서는 예수가 십자가에 달려 있는 것을 교회의 징표로 쓰고 있잖아요. 그들의 십자가에는 항상 예수가 달려 있지 않습니까? 그런데 만일 거기에 매달려 있는 분이 얼마나 큰 고통을 겪었는지 안다면 그렇게 못할 것이라는 생각이 듭니다.

이 십자가형은 당시에 정치범처럼 악독하다고 생각되는 죄인에게만 부과하는 가장 엄한 중벌 중의 하나라고 합니다. 예수와 같이 십자가형을 받은 두 명의 죄수도 정치범이었을 겁니다. 예수가 처형당한 골고다 언덕은 십자가형을 단행하던 장소이었다고 하지요? 그런데 잘못 생각하면 그곳에서 예수를 위시해 3인만 처형된 것으로 여기기 쉽지만 실상은 그렇지 않습니다. 그곳에는 다른 십자가도 많았다고 합니다.

객: 그런가요? 십자가형이 얼마나 잔인한가 하는 것은 잠깐만 생각해도 알 것 같습니다. 다른 것 다 떠나서 손과 발에다가 못을 박을 때 얼마나 아프겠습니까? 생 뼈와 생 살에 못을 박는 것이니 당연히 엄청난 고통이 수반되겠지요. 생각만 해도 소스라쳐집니다.

주: 그런데 이 사건과 관련해서 잘못된 정보가 있어 하나 알려줄까 합니다. 사람들은 이 형을 실행할 때 보통 죄수의 손바닥에 못을 박았다고 생각합니다. 그래서 십자가에 매달린 예수를 그린 기독교 성화들을 보면 다 그렇게 그려 놓았습니다. 이것은 완전히 잘못된 생각입니다. 손바닥에 못을 박으면 몸무게를 지탱할 수가 없습니다. 그럼 어디다 못을 박았을까요? 손바닥이 아니라 손목에 못을 박았다고 합니다. 손목에 있는 뼈 사이에 못을 박아야 몸무게

를 지탱할 수 있었을 테니 말입니다. 그러나 어디다 박았던지 간에 생손에다가 못을 박았으니 이게 얼마나 아팠겠습니까? 이 손 부분은 신경이 예민하기 때문에 움직일 때 마다 엄청난 고통을 느낀다고 하더군요. 물론 발도 조금만 움직이면 못때문에 당사자는 손에서와 같이 극심한 아픔을 느꼈겠죠.

객: 생각만 해도 끔찍한데 예수님은 이 십자가형을 받기 전에 이미 채찍으로 수십 대를 맞지 않았습니까? 그때에도 고통이 엄청났을 텐데요.

십자가형의 고통은 상상을 절하는 것!

주: 맞아요. 그때 썼던 채찍으로 사람의 몸을 갈기면 살점이 떨어져 나가 극심한 고통을 느낀다고 합니다. 그래서 십자가형을 받기 전에 이 채찍으로 맞다가 죽는 사람도 있었다고 하더군요. 그런데 또 잘못 알려진 것이 있습니다. 십자가형을 행할 때 죄수를 십자가에 매달면 그가 곧 죽는다고 생각하는 것 말입니다. 실제는 전혀 그렇지 않고 해당자는 오랫동안 엄청난 고통을 느끼다 천천히 죽는다고 합니다. 이 형벌이 가장 엄한 형벌이라고 했는데 그렇게 쉽게 죽게 나두었겠어요? 예수가 6시간인가 만에 죽었기 때문에 그렇게 생각하는 것 같은데 보통은 3일 이상을 그런 상태로 있게 된다고 합니다. 그동안 처절한 고통을 진하게 겪는 것이지요. 그 끔찍한 고통을 서서히 느끼게 하는 것인데 그러다 혼절하면 잠시 정신을 잃었다가 또 깨어나서 고통을 겪는 일이 반복됩니다.

객: 아, 그래요? 또 생각해보면 그 낮과 밤을 어떻게 견딜 수 있었을지 여간 궁금한 게 아닙니다. 피는 계속 흘릴 터이고 낮에는 뜨거운 햇빛, 그리고 밤에는 싸늘한 추위를 어떻게 견뎠을까요? 또 새들도 마구 습격을 했을 것 같은데 어땠는지 모르겠습니다.

주: 그 고통은 상상할 수 없는 것입니다. 과다 출혈로 인해 몸의 기능이 급속도로 나빠지고 못 때문에 입은 상처와 채찍으로 맞은 부분은 곧 염증을 일으키면서 몸이 썩는 현상이 생깁니다. 피를 많이 흘리니 탈수 현상도 생기고 자꾸 질식을 하게 됩니다. 또 아주 심한 갈증을 느낍니다. 어떤 학자는 예수가 이렇게 있다가 심장마비로 죽었다고 주장하기도 합니다. 단순히 과다 출혈로는 이렇게 빨리 죽을 수 없기 때문에 그런 주장을 한 것 같습니다. 이런 주장과 더불어 예수는 이미 채찍으로 맞은 상처가 있어 그것과 십자가에서 입은 상처가 합해져 그 부상 정도가 심해 일찍 죽었다는 주장도 있습니다.

객: 좌우간 사정이 어찌됐든 간에 예수님은 엄청난 고통을 겪고 돌아가신 것이네요. 앞에서 선생님이 '개고생'이라고 하신 게 이제 이해가 됩니다. 이건 그냥 고생이 아니라 인간을 극한대로 몰고 가는 최고의 고통입니다.

주: 아마 예수 자신도 마지막에 십자가 위에서 죽는 것은 피하고 싶었을 겁니다. 신약의 기록을 보면 그런 예수의 심정이 읽히는 부분이 있습니다. 십자가 위에서 예수가 '왜 나를 버리셨습니까'라고 하지 않았습니까? 이것은 그가 너무도 힘든 나머지 내뱉은 말이 아닌가 합니다. 그러면 예수는 왜 이렇게 힘든 길을 간 것일까요? 그것은 사람들이 자신이 전한 고귀한 가르침을 끝까지 외면하자 마지막 방책으로 스스로를 내어준 것일 겁니다. 그러면서 우리

들에게 '당신들은 서로 사랑하고 용서하면서 살라'는 가르침을 준 것입니다. 내가 당신들에게 나를 이렇게 바쳤으니 당신들도 서로를 섬기고 살라는 것이라는 것이죠. 참으로 처절한 가르침이 아닐 수 없습니다.

성현들은 이처럼 오지 않아도 될 길을 와서 온갖 고생을 하면서 우리를 깨우쳐주니 그 은혜가 얼마나 큰 것입니까? 이게 바로 조건 없는 사랑입니다. 성현들이 우리에게 바랄 게 무엇이 있겠습니까? 그 분들이 바라는 것은 그저 당신처럼 우리가 서로를 사랑하고 지혜를 닦는 것뿐입니다. 우리들로 하여금 그렇게 살게 하기 위해서 당신들은 자신을 바친 것입니다.

성인은 도대체 어떤 사람인가?

객: 그 말씀 들어보다가 갑자기 의문이 생깁니다. 성현, 성인, 성자, 뭐 이름은 어때도 괜찮은데 이런 분들은 과연 어떤 사람인가요? 우리가 흔히 꼽는 성인으로 붓다, 예수, 무함마드, 공자 등과 같은 분들이 있는데 이 분들의 특징이 무엇인가요? 이 분들은 우리와 어떻게 다른 것인가요? 또 이 분들에게도 등급이 있나요? 이런 질문들이 갑자기 쏟아집니다.

주: 우리 같은 범인(凡人)들이 성인들을 판단하는 것은 쉽지 않은 일입니다. 우리들이 그 분들의 경지를 어떻게 알겠습니까? 그런데 사람들은 성인이라고 하면 지금 당신이 말한 성인들을 모두 같은 급의 성인으로 알고 있습니다. 그러나 나는 그렇게 생각하지 않습니다. 나의 주관적인 생각인지 몰라도 보편적인 성인이라면 반드시 갖추어야 할 조건이 있습니다. 이 조건이 갖추어

지지 않으면 '보편적인' 성인이라 할 수 없습니다.

객: 성인이 되려면 조건이 있다고요? 그 말씀은 조금 이상하게 들리네요. 말씀하시는 게 꼭 조건부 성인이라고 하시는 것 같습니다. 성인이면 다 똑같은 것 아닙니까?

주: 그동안 우리 주위에 얼마나 많은 가짜 메시아들이 있었습니까? 그런 인간들은 지금도 여전히 많습니다. 우리는 그런 하치의 인간들에게 휘둘리지 않기 위해 확실한 잣대를 가지고 있어야 합니다. 그런 인간들을 가려낼 수 있는 잣대를 갖고 있어야 한다는 것입니다. 어떤 잣대를 말하는 것일까요? 나는 그 첫 번째 잣대로 성인들은 보편적 덕목을 주장한다는 것을 들고 싶습니다. 무슨 말인가 하면, 성인들은 그가 어떤 시대에 태어나든 어떤 곳에 태어나든 인간의 가장 보편적인 덕목을 주장한다는 것입니다. 가장 보편적인 덕목 중에 대표적인 것은 인간을 어떠한 이유로도 차별하는 것을 거부하는 것이라 할 수 있습니다. 지난 수천 년 동안 인류는 어떤 생활 태도를 갖고 살았습니까? 두 가지의 명확한 차별을 하면서 살았죠?

그동안 인류가 행한 두 가지 차별, 신분 차별과 남녀 차별

객: 제가 생각하건대 그 두 가지 차별은 '신분 차별'과 '남녀 차별' 아닌가 싶네요. 저의 상식으로는 이번 인류는 청동기 시대쯤 느슨한 수준에서 국가가

생기면서 신분이 나뉘고 그에 따른 차별이 생겨났을 뿐만 아니라 그와 더불어서 남녀 차별이 생기기 시작한 것 같습니다.

주: 그래요. 그렇게 시작한 신분제도는 귀족과 평민, 그리고 노비를 강하게 차별하는 제도로 정착됩니다. 신분은 태생적으로 결정되기 때문에 거기서 빠져나갈 사람은 아무도 없었습니다. 다른 데를 볼 것도 없이 조선 시대를 보십시오. 어떤 사람은 양반집에 태어났다는 것 하나만 가지고 귀족이 되어 평생을 평민과 노비 위에서 군림하며 아무 일 안 하고 잘 살았습니다. 또 어떤 사람은 가지고 있는 재능이 출중함에도 불구하고 노비라는 이유로 극히 비인간적인 대우를 평생 받으면서 살아야 했습니다. 이런 신분 제도는 동서고금을 막론하고 전 세계 모든 나라에서 자행되고 있었습니다.

객: 그렇게 보면 남녀 차별도 마찬가지이네요. 지난 전체 인류 역사에서 전 남성들은 마치 담합이나 한 듯 여성들을 혹독하게 억압했습니다. 어떻게 전 세계 모든 지역에서 여성들을 잔혹하게 차별할 수 있었을까를 생각해보면 단순하게 이상하다는 수준을 넘어서서 기이하기까지 합니다. 예외가 없었지요. 여성은 항상 남성보다 열등한 존재였고 재수 없고 죄 많은 존재였습니다. 남자들은 여자를 그렇게 좋아하고 여자 없으면 못살 것 같은데도 그 남자들이 여성을 참으로 철저하게 억압했지요.

주: 맞아요. 당장 기독교를 보십시오. 비록 구약이지만 그 책에서 여성은 인류를 죄악의 구렁텅이로 빠트린 정말로 나쁜 존재로 묘사되어 있습니다. 뱀의 유혹에 넘어갔을 뿐만 아니라 자기의 짝인 아담을 꾀어 신을 거역하게 만든 존재가 이브라는 여성 아닙니까? 본인만 유혹됐으면 그래도 조금은 나으

련만 공연히 가만히 있는 아담을 꾀어 같이 타락했으니 이브가 얼마나 나쁜 존재입니까? 이것을 통해 우리는 당시 유대 사회가 여성을 얼마나 사악한 존재로 보고 있는지 알 수 있습니다. 또 중세 때 유럽인들이 행한 마녀사냥을 보십시오. 사랑과 용서를 말하는 기독교가 수십만 내지 수백만의 순진무구한 여성들을 마녀로 몰아 죽이지 않았습니까? 이 광란에 앞장 선 사람들이 남성 기독교도들입니다.

여성들이 받은 잔혹한 억압을 알려면 멀리 갈 것도 없습니다. 우리 조선조의 여성들을 보면 됩니다. 조선의 남성들이 여성들을 얼마나 모질게 대했습니까? 칠거지악이니 출가외인이니 하면서 여성들을 잘근잘근 밟으면서 사정없이 억압했습니다. 이 점은 한국인인 우리들이 잘 알고 있으니 더 설명할 필요가 없습니다. 중국에서 행해진 여성 억압은 전족(纏足) 하나만 보면 충분합니다. 여성의 발을 10cm 이상 자라지 못하게 해 발가락이 모두 발바닥 안으로 말려 들어가게 했습니다. 불구로 만드는 것이지요. 또 아프리카나 아랍 세계에서 행해졌던, 지금도 행하고 있는 여성 할례는 어떻고요? 이처럼 전 세계에서 행해진 여성 억압의 모습은 하도 종류가 많아 더 이상 거론할 필요를 느끼지 못합니다.

객: 더 말씀 안 하셔도 알만 합니다. 지난 역사 동안 인류는 이상하리만큼 이 차별에서 벗어나지 못했습니다. 어느 시대건 어떤 지역이든 이 현상은 똑같았습니다.

신분 차별과 여성 차별을 깨버린 붓다

주: 그런데 바로 이 두 종류의 차별을 깨버린 것이 붓다와 예수였습니다. 앞에서 말했듯이 성인은 어느 시대에 태어나든 어떤 지역에 태어나든 보편 덕목을 말합니다. 모든 인간은 신분이나 성별, 피부색에 관계없이 평등하다는 것이 보편적 덕목입니다. 인간은 인간이기 때문에 모든 인간은 고귀하다는 것이 바로 그 믿음입니다. 이 두 분은 바로 이것을 설했습니다.

객: 그 의견에 대체적으로 동의하지만 구체적으로 어떤 식으로 설했나요?

주: 붓다를 보십시오. 그는 지금도 인도의 적폐인 카스트 제도를 2천 5백 여 년 전에 거부했습니다. 인도는 법적으로는 카스트 제도를 없앴습니다마는 사회적으로는 아직도 이 제도가 살아 있습니다. 붓다는 어떤 식으로 이 제도를 폐지했을까요? 예를 들면 이런 겁니다. 어떤 사람이 출가하면 출가 연수로 그 사람의 지위가 주어지지 그 사람의 카스트는 전혀 고려 대상이 되지 않았습니다. 그는 자신의 하인도 출가시켜 승려가 되게 했고 승려가 된 다른 브라만 계급 출신들과 동등하게 대우했습니다. 여성은 어떻고요? 불교 교단은 인도 교단 중 자이나교와 더불어 여성이 승려가 될 수 있는 유일한 교단입니다. 붓다는 자신을 키워준 이모를 비롯해 자신의 아내 등 수많은 여성들을 출가시켰죠. 오늘날에도 여성이 성직자 혹은 수도자가 될 수 있는 종교 교단은 거의 없습니다. 개신교의 일부 종파에서만 여성 성직자가 용인되고 있습니다마는 그것도 극소수에 불과합니다.

객: 그런 면에서 불교는 굉장히 선진적인 종교였네요. 그런 전통은 오늘날

한국의 불교에도 전해지고 있습니다. 제가 알기로 한국 불교계는 비구와 비구니의 숫자가 비슷하다고 합니다. 그러나 그렇다고 해서 한국의 불교 교단에서 비구니의 세가 큰 것은 아닙니다. 유교적인 가부장 문화 때문에 여성들의 발언권이 약한 것 같아요.

주: 비구니 전통이 있는 것은 대승불교 국가인 중국, 한국, 일본, 대만 정도밖에 없습니다. 반면 남방 불교를 받아들인 동남아시아에는 아예 비구니 전통이 없습니다. 원래는 있었는데 여러 가지 문제로 소멸되고 맙니다.

객: 그래도 불교가 상대적인 관점에서 볼 때 가장 남녀평등이 잘 되어 있는 종교 같네요. 물론 이것은 상대적인 관점에서 그렇다는 것입니다. 그러니까 다른 종교와 비교해볼 때 그렇다는 것이지 불교 내에서 남녀의 인권이 동등하다는 것은 아닙니다.

성인에도 등급이?

성인 가운데 가장 페미니즘에 가까운 예수

주: 불교나 붓다는 그렇다치고 화제를 예수로 바꿔볼까요? 예수가 신분 차별이나 여성 차별을 인정하지 않은 것은 너무나도 자명해 설명할 필요도 없겠습니다. 우선 신분 차별에 대해서 보면, 예수는 항상 가난한 사람들의 편에 섰으니 신분 차별이라는 개념 자체가 없었을 겁니다. 또 그가 세리와 창녀의 친구로 불린 것에서도 알 수 있듯이 그는 항상 사회적 약자 편에 서 있었으니 신분 차별이 있을 수 없었겠지요. 신약을 보면 그의 주위에 있던 사람 중에는 다리 불편한 사람, 시각장애자, 나병환자, 정신병환자, 중풍환자 등 소외된 사람이 많았습니다. 이런 사람들과 같이 있는 분이 신분 차별 할 리가 없지요.

객: 그런 면에서 예수님은 역대 성인 가운데 가장 서민적이었다고 할 수 있을 것 같습니다. 성인 가운데 이렇게 사회적 약자와 가까운 분은 없지 않았나요?

주: 그렇죠. 붓다를 보면 그는 제자들과 같이 지내는 시간이 많았지 시정에 와서 소외된 사람들과 같이 지냈다는 이야기는, 전혀 없는 것은 아니지만, 잘 들어보지 못했습니다. 예수의 여성관은 어땠을까요? 이 주제와 관련해 우선 말할 수 있는 것은 예수 주위에는 항상 여성들이 있었다는 것입니다. 그런 예가 신약에 많이 나옵니다.

그 가운데 가장 극적인 경우를 들어보면, 예수가 사마리아 땅에 가서 여인을 만나 물을 달라는 일화가 있습니다. 이 이야기는 두 가지 정도의 함의가 있다고 하겠습니다. 우선 사마리아에 관한 것인데 당시 예수 시절에 유대 사람들은 사마리아 사람을 아주 경멸했다고 합니다. 그래서 그 지역으로는 왕래조차 하지 않았다고 합니다. 그런데 예수는 그런 잘못된 관습을 깨버리고 사마리아 땅에 갑니다. 우리가 보려고 하는 것은 그 다음입니다. 당시에는 남자가 낯선 여자에게 말을 거는 것은 금기였다고 합니다. 그런데 예수는 그런 것에 아랑곳하지 않고 금기의 땅에 가서 전혀 모르는 여자에게 말을 겁니다. 파격에 파격이지요. 이것은 예수가 그 당시 어떤 관습에도 좌지우지 당하지 않고 인본적인 입장에서 행동한 것을 의미합니다.

객: 당시 유대 사회가 그랬겠죠. 한참 후대인 조선 시대에도 남녀를 엄격하게 가렸는데 2천 년 전에는 남녀 구별 혹은 차별이 더 심하면 심했지 덜하지는 않았을 겁니다.

주: 당시 유대 사회를 보면 여성들은 하나의 인격체로 존중받는 것이 아니라 흡사 소유물(property)처럼 취급되었습니다. 예수는 그런 악습을 완전히 부순 겁니다. 인간을 차별하는 것을 원천적으로 없애버린 것입니다. 그런 예수였기 때문에 그 주위에는 항상 여성이 있었던 겁니다. 보십시오. 예수가 십자가형을 받고 골고다 언덕에 끌려갈 때에도 남자 제자들은 뿔뿔이 흩어졌는데 여성들은 함께 갔습니다. 베드로가 예수를 3번 부인했다는 것은 잘 알려진 사실입니다. 그러나 여성들은 예수와 마지막을 같이 했습니다.

그 가운데 예수의 모친인 마리아는 대표적인 여성입니다. 그녀는 예수가 십자가형을 받은 골고다 언덕까지 갔습니다. 어머니의 심정으로 아들의 최후를 보고 싶었던 것이겠죠. 그뿐만이 아닙니다. 예수의 부활을 최초로 목격한 사람도 여성(막달라 마리아)이었습니다. 그녀는 예수의 무덤에 가서 부활한 예수를 만나지요. 부활 문제도 다루어야 하지만 이것은 논쟁거리가 많아 나중에 다루기로 하겠습니다.

객: 그렇게 보면 예수님은 역대 성인 가운데 가장 여성과 가까운 페미니스트라고 할 수 있겠습니다.

성인에도 등급이?

주: 그렇게 말할 수 있지요. 이처럼 진정한 성인들은 시대와 지역을 초월해 인간의 보편적인 덕목을 지지했고 몸으로도 그렇게 살았습니다. 그런데 통상적으로 성인으로 분류되는 분들 중에는 이런 모습이 보이지 않는 경우도

있습니다. 우리는 보통 인류의 성인을 꼽을 때 지금 본 붓다와 예수 외에도 공자, 무함마드 등을 포함시킵니다. 내 개인적인 생각에 이것은 성인을 너무 일반화 시킨 것이 아닌가 합니다.

이 분들은 각 문화권을 대표하는 분들입니다. 잘 알 수 있는 것처럼 붓다는 인도문명권을 대표하고, 예수는 서양문명권을 (소크라테스나 플라톤과 나누어서) 대표하고 있고, 공자는 중화문명권을 대표하며 무함마드는 이슬람문명권을 대표합니다. 그런데 이처럼 이 분들이 각 문명권을 대표한다고 해서 모두가 같은 수준에 있는 성인으로 생각하는 것은 조금 문제가 있습니다. 왜냐하면 지금까지 본 잣대로 뒤에 있는 두 분, 즉 공자와 무함마드를 보면 고개가 갸우뚱해지는 것을 피할 수 없기 때문입니다.

객: 아 그래요? 이런 분들에게도 등급이 있나요? 성인이면 다 성인이지 어떤 등급이 있을 수 있다는 건가요? 아까는 성인에게는 일정한 조건이 있다고 하시더니 이번에는 등급이 있다고 하시네요.

주: 글쎄요, 등급이라고 하기에는 조금 주저되는 면이 있지만 이 성인들 사이에는 분명히 차이가 있습니다. 그 중에 우리에게 가까운 공자에 대해서 볼까요? 이 분이 우리에게 끼친 영향은 워낙 막대해 이 분에 대해서는 잘 알아두어야 할 필요가 있습니다. 그래야 우리가 이 분을 넘어설 수 있습니다. 먼저 신분 문제에 대해 볼까요? 공자가 신분 차별을 어떻게 보았는지에 대해서 보자는 것입니다.

우선 명시하고 싶은 것은 공자는 인간 평등에 대해 별로 말하지 않았다는 것입니다. 그는 인간은 평등하다고 적시하지 않았음은 물론이고 더 나아가서 신분의 차별을 인정하는 듯한 인상까지 풍깁니다. 그의 가르침을 수록한 논어에는 '인간은 태어나면서부터 평등하다'와 같은 구절은 나와 있지 않습니다. 그는 분명 사람[人]에 대해 말하고 있지만 그가 말하는 사람은 인간 전체를 의미하는 것 같지 않습니다.

상대적으로 협소한 공자의 인간관

객: 우리가 어릴 때부터 많이 듣던 말씀에 '인간은 어질다'와 같은 것이 있습니다. 이것은 말할 것도 없이 유교의 명언이겠지요. 그런데 이때 말하는 인간이 보편적인 인간이 아니라는 말씀인가요?

주: 그 질문에 답하기 위해 공자의 인간관에 대해 먼저 보지요. 공자가 생각하는 인간에서 일단 여성은 배제됩니다. 공자는 여성에게는 별로 관심이 없었던 것 같아요. 그것은 『논어』를 보면 알 수 있습니다. 이 책에는 여성에 대해 언급한 구절이 딱 한 군데만 나옵니다. 그런데 그 한 군데 나온 것이 부정적인 표현입니다. 그 내용은 '여자와 소인은 다루기 힘들다. 가까이 하면 기어오르고 멀리 하면 원망한다'는 것입니다. 논어 전체에 여성에 대한 언급이 거의 없는데 그나마 하나 있는 게 부정적인 것이니 공자의 여성관이 얼마나 부정적인가를 알 수 있습니다.

그리고 보십시오. 공자의 제자나 그의 학당에는 여자가 제자가 되어서 배웠다는 기록이 없습니다. 그의 10대 제자들도 모두 남자입니다. 논어를 보면 공자가 여자를 만난 기록은 어떤 위정자의 부인[남자, 南子]을 만난 것밖에 없습니다. 그뿐만이 아닙니다. 유교 역사 2천5백 년을 보십시오. 그 오랜 기간 동안 여성 유교학자나 여성 리더들은 단 한 명도 나오지 않았습니다. 천재들은 아무리 사회가 억압해도 튀어나오는 법인데 어찌 된 일인지 유교에서는 어떤 여성도 남성과 동등한 지위에서 조명을 받지 못했습니다.

이 상황을 다른 종교와 비교해서 설명해볼까요? 여성 억압적인 종교를 들라면 기독교를 드는 데에 주저할 이유가 없습니다(물론 이것은 과거의 기독교에 해당한다). 그 이유는 앞에서 말했지요. 기독교에서는 여성을 인류를 타락으로 이끈 장본인이고 남자보다 훨씬 열등한 존재로 묘사하고 있지 않습니까? 그런데 그런 기독교에서도 뛰어난 여성들이 나옵니다. 대표적인 여성으로는 예수의 모친인 마리아를 들 수 있겠고 16세기 스페인 태생의 아빌라의 데레사 수녀 같은 분을 들 수 있습니다. 이 분은 가톨릭 전 역사에서 가장 뛰어난 신비주의자 중 한 사람으로 평가받고 있습니다. 그런데 유교에는 이런 여성이 한 사람도 없습니다.

객: 공자에게 여성 제자가 없다는 것은 저도 알고 있습니다마는 그것은 붓다나 예수님도 마찬가지 아닌가요? 그 분들도 10대 제자 혹은 12 사도 중에 여성은 한 명도 없잖아요?

주: 그렇긴 하지요. 이 두 분의 성인에게도 핵심 제자에는 여성이 없습니다. 그러나 붓다의 경우 종단 안에는 여성 승려가 꽤 많았습니다. 예수도 비슷합니다. 12 사도에는 여성이 한 명도 없지만 앞에서도 말한 것처럼 그의 주위에는 여성들이 득실거렸습니다. 그에 비해 공자 주위에서는 여성을 발견하는 일이 쉽지 않습니다. 적어도 논어에서 여성 제자가 묻고 공자가 답하는 그런 문답을 찾아 볼 수 없습니다. 이렇게 보면 공자가 생각하는 사람의 범위에서 여성은 완전히 배제되었다고 할 수 밖에 없습니다.

객: 그러니까 선생님 말씀은 공자가 생각하는 사람은 남자뿐이었다는 것이군요. 그렇게 되면 확실히 공자가 생각하는 사람의 범위가 줄어들었습니다. 남자로 한정되었으니까요.

주: 그러나 남자 중에도 전 남성이 들어가는 것이 아닙니다. 논어를 보면 신분적으로 미천한 남자, 이를 테면 남자 하인이 등장하는 일이 거의 없습니다. 그리고 그런 사람에 대한 언급도 없습니다. 다시 말해 공자는 소외된 계층에 대한 배려는 그다지 생각하지 않은 것 같다는 것입니다. 이것은 앞에서 본 것처럼 예수가 수많은 사회적 약자들을 상대했던 것과는 큰 대비를 이룹니다. 이렇게 보면 공자는 사람이라는 범주를 남자로 한정했고 그 남자 중에도 평민 이상의 온전한 남자에만 집중한 것으로 이해됩니다. 따라서 그의 이 같은 태도를 통해 우리는 그에게는 신분 차별이나 여성 차별을 극복해보겠다는 의지가 없었다고 유추할 수 있습니다. 공자의 생각에는 분명히 개혁적인 면이 있지만 그가 말하는 개혁은 주어진 사회의 틀 안에서의 개혁이지 사회의 틀 자체를 바꾸려는 그런 시도는 아닌 것 같습니다.

객: 이것을 아까 선생님이 말씀하신 것에 대입해보면, 성인이란 무릇 어떤 시대나 어느 지역에 태어나더라도 그 시대가 부과하는 한계를 넘어서서 보편적인 덕목을 주장해야 하는데 공자는 그렇지 못한 게 되네요. 공자의 가르침은 분명 보편적인 요소가 있지만 시대적 한계성도 있다는 것입니다.

주: 맞아요. 그래서 유교는 세계 종교가 되지 못하고 중국이나 한국에만 국한되는 가르침이 됐는지 모릅니다. 불교나 기독교, 이슬람교 역시 일정한 한계가 있기는 하지만 보편적인 요소가 강해 세계적인 종교가 된 것과는 비교

가 됩니다.

객: 다른 분은 사정이 어떠나요? 무함마드 같은 분들이요.

그럼 다른 성인들은? — 무함마드와 소크라테스의 경우

주: 솔직히 말해 무함마드의 신분관이나 여성관은 내가 이슬람을 전공한 것이 아니라 잘 모릅니다. 단편적인 것만 알 뿐이지요. 예를 들어 여성관만 보면 무함마드의 첫 번째 부인이 그보다 15살 연상이었다는 것과 그 외에도 10명이 넘는 아내를 두었다는 정도밖에는 모릅니다. 그 중에 3번째 부인은 그녀가 9살 때 무하마드와 결혼한 것으로 알려져 있는데 신부 나이가 너무 어려서 어떻게 결혼을 한 것인지 잘 모르겠습니다. 당시 풍습을 잘 모르니 판단하기가 망설여집니다.

객: 이슬람교는 상대적으로 우리에게 제대로 알려져 있지 않아 말하기가 힘드신 모양이군요. 그런데 이슬람교의 여성관과 관련해서 가장 논란이 되는 것은 여성들 복장 아닌가 싶어요. 여성들이 외출할 때에 히잡이라는 스카프 같은 것을 쓰게 한다든지 전신을 가리는 옷을 입게 하는 것 말입니다. 앞에서 잠시 보았지만 이런 관습을 이슬람교의 전통으로 존중해야 할지 아니면 여성들을 억압하는 것으로 보아야할지는 가늠이 잘 안 섭니다. 그러나 우리는 여기에서 교주들의 여성관을 보자고 한 것이니 여성의 옷과 관련된 후대의

변모 상에 대해서는 거론하지 않는 것이 낫겠습니다. 이슬람교는 이렇게 건너뛰고 혹시 소크라테스에 대해서 말씀해주실 게 있나요?

주: 소크라테스 쪽도 전공이 아니니 아주 조심스럽게 말할 수밖에 없습니다. 플라톤의 『대화』를 보면 그가 여성의 본성은 남성의 그것과 같다는 말을 한 것 같은데 그렇다고 그리스 사회가 여성을 남성과 동등하게 본 것은 아닌 것 같습니다. 그리고 소크라테스도 그런 사회 풍조를 반박하거나 고치려고 시도한 것 같지 않고요. 또 그가 사회적 약자들에 대해 관심을 갖고 있었던 것도 아닌 것 같아요. 이 주제와 관계해서 제일 이해하기 힘든 것은 당시 그리스 사회의 성풍속도입니다.

당시 소크라테스 주변에 있던 사람들은 남자들끼리 사랑하는 게 이성(理性)적이고 아름다운 것인 반면 여성과 사랑하는 것은 본능적인 것으로 수준이 떨어지는 것으로 보았던 모양입니다. 특히 어린 미소년들이 노인들과 나누는 이성적인 사랑을 가장 상위의 사랑으로 생각했습니다. 당시 그리스 사람들이 이렇게 생각하게 된 데에는 많은 뒷이야기가 있는데 그런 것들은 모두 생략하겠습니다. 간단하게 말해 소크라테스가 지녔던 남녀관 혹은 사랑관은 보편적인 것과 거리가 멉니다. 이것은 인류 대부분이 지난 역사 동안 지녀왔던 남녀 사랑관과 많은 차이를 보입니다. 동성애, 그것도 남자 노인과 미소년과의 사랑은 보편적이지 않습니다. 그런데 소크라테스는 이런 사랑을 지지했습니다.

객: 그러니까 선생님이 말씀하시고 싶은 것은 소크라테스 역시 그리스의 사회 문화를 뛰어넘지 못했다고 하는 것 아닌가요? 그리스 사회가 매우 독특한 사랑관을 갖고 있었다고 해도 소크라테스가 성인이라면 보편적인 사랑을 주

장했어야 했는데 당시 사회의 풍조를 별 비판 없이 따라갔다, 따라서 보편적인 덕목을 주장한 것이 아니다. 그런 말씀이시지요?

주: 그래서 나는 소크라테스는 서양 철학을 연 위대한 철학자이지 진정한 종교 교주, 다시 말해 성인으로 보지는 않습니다. 이에 대해서는 그만 언급하고 조금 다른 각도에서 성인을 구분하는 법을 볼까 합니다. 이것은 조금 논쟁이 될 만한 주제인데 개인적인 능력에 관한 것입니다. 쉽게 말해서 초능력을 말합니다.

진짜 성인만이 초능력을 가졌다?

객: 네? 초능력이라고요? 좀 생뚱맞네요. 무언가 비학문적인 냄새가 나는데요? 종교 경전에 나오는 교주들의 초능력을 믿을 수 있나요?

주: 불교와 기독교 경전을 보면 초능력에 관한 일화가 많이 나옵니다. 가장 대표적인 것은 말할 것도 없이 붓다가 지녔다고 하는 6가지 신통력입니다. 이것은 번거로워 다 설명하기는 그런데 예를 들면 이런 것입니다. 자기가 보고 싶은 것은 그것이 아무리 멀리 떨어져 있어도 즉각적으로 볼 수 있는 '천안통(天眼通)'이나 자기가 듣고 싶은 소리를 마음대로 들을 수 있는 '천이통(天耳通)', 어떤 사람의 전생을 단번에 알 수 있는 '숙명통(宿命通)', 허공이든 물속이든 자기가 가고 싶은 곳을 마음대로 갈 수 있는 '신족통(神足通)' 등이 그런 것입니다.

이런 능력들은 붓다만 가진 것이 아니라 일정한 단계에 올라가면 자연히 갖게 된다고 합니다. 그래서 붓다의 제자 가운데에서도 이런 신통력을 갖춘 제자들이 많았다고 합니다. 그런데 여기서 말하는 일정한 단계란 그저 그런 단계가 아니라 엄청나게 높은 단계를 말합니다. 불교에 따르면 붓다는 이 초능력을 깨닫기 전날 밤에 갖게 되었다고 합니다.

객: 초능력이라고 하면 예수에게서도 비슷한 예가 많이 발견되지 않나요? 예수는 이 초능력으로 병이나 장애를 고친 적이 많습니다. 또 사람의 몸에서 악귀를 추출하거나, 물을 술로 바꾼 경우도 있지요. 그의 초능력은 거기서 그치지 않았습니다. 신약에 보면 그가 물 위를 걸었다거나 죽은 이를 살렸다는 이야기도 있지 않습니까? 예수의 초능력은 살아 있을 때만 발휘된 것이 아닙니다. 죽은 다음에 그는 육신(?)으로 부활하지 않았습니까? 예수의 초능력 가운데에는 이 부활이 가장 강력한 것으로 생각됩니다.

그런데 이것들을 어디서 어디까지 믿어야 할지 모르겠습니다. 치병이나 장애를 고친 것, 또 퇴마 같은 것은 얼마든지 가능하다고 생각되는데 죽은 이를 되살린다든가 물 위를 걷는 것은 아무리 초능력이라고 해도 믿기지 않습니다. 부활 문제로 오면 더 꼬입니다. 기독교에서는 이 부활이 굉장히 중요한 사건이자 교리인데 이것이 제일 믿기지 않습니다. 아니 어떻게 죽은 사람이 다시 살아난답니까? 지금까지 인류 역사에서 예수처럼 죽었다 살아나왔다는 사람은 일찍이 보지 못했습니다.

주: 당신은 예수의 초능력에 대해 잘 알고 있군요. 마지막에 거론한 부활 문제는 매우 중요한 사건이라 조금 뒤에 다시 논의하지요. 우리 같은 범상한 사람들이 이러한 초능력을 이해하는 일은 매우 어려운 일입니다. 이것을 알기

위해서 우선 우리는 인간 의식의 발달 단계를 알아야 합니다. 이것에 대해 나는 다른 책(『종교를 넘어선 종교』)에서 이미 밝혔으니 여기서는 아주 간단하게만 보겠습니다.

인간 의식의 발달 단계: 전의식-의식-초의식의 단계

객: 이거 너무 어려워지는 거 아닙니까? 의식 발달단계라고 하니 그렇습니다. 우리 의식은 의식일 뿐이지 발달하고 말 게 무엇이 있습니까?

주: 우리의 의식은 그렇게 간단하지 않습니다. 우리 의식은 많은 단계를 거쳐 발달하는데 번거로운 것은 다 생략하고 여기서는 아주 간단하게만 보겠습니다. 거칠게 말해서 인간에게는 3단계의 의식 발달 단계가 있다고 하겠습니다. 이것은 '자아의식', 즉 내가 존재한다는 것을 아는 의식을 가지고 설명할 수 있습니다. 가장 먼저 보아야 할 단계는 전(前)의식 단계입니다. 이것은 아직 자아의식이 없는 상태입니다. 자기와 남을 구별하지 못하는 상태이지요. 그러다 인간은 2살 전후에 의식 단계로 발전합니다. 이제부터 자아 개념이 생기게 됩니다. 인간은 이 자아 개념이 있어 자신이 존재한다는 것을 알게 됩니다.

그런데 인간의 모든 문제는 바로 이 자아, 즉 나라는 개념 때문에 생깁니다. 이 자아개념에서 욕심, 죄 등 온갖 부정적인 것들이 생겨 넘쳐나게 됩니다. 우리들 대부분은 이 상태에서 생을 마칩니다. 일생동안 욕망과 죄, 고통 속에서 허우적대다 속절없이 죽음을 맞이합니다. 이 문제 많은 상태는 극히 일상적인 상태라 이 단계가 있는 한 우리는 어떠한 초능력도 발휘할 수 없습니다. 글쎄요, 무당처럼 다른 초인적인 존재의 힘을 빌리면 모를까 자신의 힘으로는 결코 초능력을 발휘할 수 없습니다.

객: 말씀을 들어보면 그럴 것 같네요. 이렇게 정신이 산만하고 흐리멍덩한데 무슨 초능력이 나오겠습니까? 그러면 마지막 3단계는 무엇입니까?

주: 마지막 단계는 초(trans)인격적 단계입니다. 말 그대로 자기를 초월하는 것입니다. 자아를 초월한다는 것은 자아의식의 '소멸'을 뜻합니다. 이것을 전통 종교에서는 신과 하나 되었다느니 도(道)와 하나 되었다느니 하는 말로 표현했습니다. 자아의식의 소멸이라고 해서 죽는 것을 뜻하는 것이 아니라 자아의식의 현현을 마음대로 할 수 있다는 것입니다. 전 단계에서는 자아에만 매달려, 아니면 자아에 휘둘려 그 욕심에 '끄달렸지만' 이 단계에서는 자아가 없기 때문에 욕심에 좌지우지 당하지 않습니다. 전 단계에는 욕망밖에 없는데 이것은 모두 자아에서 발생하는 것입니다. 그런데 사람들은 이 초월적 단계에 대해 아는 바가 거의 없기 때문에 이해하기가 아주 어려울 겁니다. 초능력이 가능하다면 바로 이 상태에서만이 가능합니다.

객: 그 상태가 어떤 상태이기에 초능력이 가능하다는 것입니까? 도무지 알 수가 없습니다.

초능력은 제 3단계에 들어간 사람만 가능!

主: 나도 이 상태 혹은 경지를 겪어본 것이 아니라 이 단계를 경험한 사람들의 전언을 가지고 추정해볼 수밖에 없습니다. 그들에 따르면 이 상태에서는 자기의식이 없지만 자아의식을 불렀다 없앴다 하는 일이 가능해진다고 합니다. 초월의 세계와 현실의 세계를 동시에 경험하고 있는 것입니다(우리 범인들은 초월의 세계를 전혀 모른다). 이 상태가 되면 본인이 자기 마음대로 자기의식 상태를 조작하는 것도 가능해진다고 합니다. 사실 이 상태까지 가지 않아도 명상을 통해 집중을 강하게 하면 어느 정도의 초능력을 발휘할 수 있습니다.

예를 들어 티베트의 승려들은 집중 상태에 들어가면 추운 데에서도 옷을 얇게 입고도 견딜 수 있다고 합니다. 이런 일이 어떻게 가능한 것일까요? 그 방법은 어찌 보면 간단합니다. 정(定)의 상태에 들어가서 마음속에서 불을 상상하면 됩니다. 그렇게 하면 몸이 따뜻해진다고 하지요. 이것은 일종의 이미지 요법입니다. 그러나 이 방법은 스승의 엄중한 지도하에 수련한 다음에나 가능한 것이지 혼자 하다가는 큰일을 당한다고 합니다.

客: 티베트의 승려들이 추운 겨울에도 야외에서 얇은 옷을 입고 견딘다고 하더니 그런 방법으로 하는 것이군요.

主: 불교의 중요 교리 가운데에는 일체유심조, 즉 모든 것은 오로지 마음이 만들어낸 것이라는 교리가 있지 않습니까? 따라서 이 이론에 따르면, 마음의 상태를 바꾸면 외계를 바꾸는 일이 가능하게 됩니다. 티베트 승려가 하는 것은 대단히 기초적인 것입니다. 진짜 초능력은 초의식 상태에 들어갔을 때 가능해지는 것 같습니다. 이 상태에서는 내가 없기 때문에 우주와 하나가 됩니다. 우주와 하나가 되면 시간과 공간 개념에 더 이상 휘둘리지 않습니다. 내 의식이 전체의식이 되었으니 시간이나 공간에 제약을 받지 않는 것입니다. 그리고 외계에 대해서도 자신의 의식 상태를 바꿈으로써 그 외계의 조건을 바꿀 수 있게 됩니다.

예를 들어 물 위를 걷는 것도 그렇습니다. 일체유심조 교리에 따르면 우리가 물 위를 걷지 못하는 것은 우리의 의식이 그렇게 생각하고 있기 때문입니다. 우리의 평상 시 의식은 우리 인간은 물 위를 걷지 못한다고 프로그램되어 있습니다. 만일 우리의 의식 프로그램을 바꾸어 물 위를 걸을 수 있다고 믿으면 물 위를 걷는 것도 가능하게 될 수 있습니다. 우리의 의식이 모든 것을 만들어낸다고 하니 이렇게 생각할 수 있는 것입니다.

객: 상식과 너무 동떨어진 말씀을 하셔서 어리둥절합니다. 우리의 의식을 바꾸면 외계가 바뀐다는 것은 도저히 납득이 안 되네요.

주: 지금 내가 말한 것은 이론적으로 그렇다는 것입니다. 실제의 세계에서 저렇게 하는 것은 상당한 경지에 올라간 사람만이 가능한 일이고 그것도 많은 노력이 필요할 것입니다. 내가 이야기하고 있는 것은 이런 일은 초의식 상태에 있는 사람들에게서만 가능한 것이지 우리 범인들은 상상도 할 수 없는 일이라는 것입니다. 그런데 이런 초의식 상태에 있는 사람들은 극소수밖에 없습니다. 우리가 일상생활을 하면서 이런 분들을 만날 수 있는 확률은 아주 낮습니다. 그런데 예수나 붓다를 보면 분명 이런 상태에 있는 분들로 보입니다.

내가 이렇게나마 말할 수 있는 것은 현대의 성인이었던 유지 크리슈나무르티를 공부했기 때문입니다. 그리고 그것을 단행본(『길은 없지만 가야 할 길』)으로도 출간했습니다. 그는 분명 이 마지막 경지까지 간 분입니다. 이 분은 자신의 변화 상황을 아주 소상하게 알려주었기 때문에 우리가 이 초의식의 상태가 어떤 것인지 잘 알 수 있습니다.

객: 이 초의식 상태라는 것이 어떤 것인지는 정말로 모르겠습니다. 이런 상태가 되면 병도 고치고 장애도 고칠 수 있다는 그런 말씀이지요? 그렇지만 예수의 경우, 그가 죽은 이(나사로)를 살려냈다거나 자신이 부활한 것은 정말로 이해가 안 됩니다.

주: 신약에 보면 예수가 죽은 지 4일이나 되는 '나사로'라는 사람을 되살리는 이야기가 있죠? 일단 이것은 믿기 어려운 예입니다. 그러나 만약 이것이 사실이라면 이것은 전형적인 근사체험(near-death experience)의 예라고 할 수 있습니다. 그러니까 나사로는 의학적으로는 죽었지만 아직 그의 생명줄이 끊어지지 않았던 것입니다. 생명줄이란 육체와 영체를 연결하는 줄로 보통 은줄(silver thread)이라고 하는데 이것이 끊어져야 인간은 영계로 가게 됩니다. 이 사건이 사실이라면 예수는 아마도 나사로의 은줄이 끊어지지 않은 것을 보고 되살려냈을 겁니다. 그러나 만일 이 줄이 끊어져 있으면 어느 누구도 그 사람을 살려낼 수 없습니다.

객: 그래요? 저도 죽었다 살아난 사람의 이야기는 가끔씩 듣긴 했는데 가장 기억에 남는 것은 몇 년 전(2013년) 이란에서 있었던 일입니다. 마약 소지 혐의로 교수형에 처해진 사람이 하루 만에 다시 살아났다는 사건입니다. 그런데 사형이 재집행됐다고 해서 안타깝기는 했지만 임상적으로 죽은 것으로

판명된 사람들이 이렇게 되살아나는 것이 불가능한 일이 아닌가봅니다.

바오로는 근사체험을 했다!

주: 죽었다 살아나온 사람들 이야기는 이제는 너무 흔해 별 이야기 거리가 되지 못합니다. 그 말이 나와서 말인데 신약에도 근사체험자의 경험담이 나온답니다. 그런데 이것을 기독교 안에서는 제대로 해석하지 못하는 것 같아요. 이 이야기는 목사들한테 물어봐도 잘 모릅니다.

객: 네? 아니 그 이야기가 신약에도 나온다는 말입니까? 믿기지 않네요. 주위의 기독교 믿는 친구들에게서는 그런 이야기를 들어보지 못했는데요.

주: 이것은 바오로의 체험인데 고린도 후서 12장에 나오지요. 그는 여기서 죽었다 살아나온 사람의 이야기를 하는데 이 주인공이 천국(3층천)에 다녀왔다는 말로 설명을 시작합니다. 그 설명에 따르면 그 천국은 인간의 말로는 표현할 수 없을 만큼 아름답다고 하는데 아마 이 체험은 다름 아닌 바오로 자신의 체험이었을 겁니다. 그래야 그의 개종이 설명됩니다. 그는 처음에는 기독교인을 극심하게 박해하는 사람이었습니다. 그러나 자기만의 종교 체험을 하면서 신실한 기독교인이 됩니다. 물론 그가 다마스쿠스를 가다가 체험했다고 하는 예수와의 조우 사건도 그의 회심(conversion)에 결정적인 요인이 되었겠지만 이 근사체험도 그에게 큰 종교체험이 되었을 겁니다. 근사체험을 제대로 한 사람들은 그 체험 이후에 아주 종교적인 인간이 되는 경우가 적

지 않은데 이것은 바오로의 체험과 일치합니다.

객: 잘 알겠습니다. 바오로가 그런 심오한 체험을 한 종교인인 줄 몰랐습니다. 죽음과 관계된 것은 잘 알겠고요, 제가 정말로 납득할 수 없는 것은 예수의 부활 체험입니다. 근사체험처럼 임상적으로 죽었던 사람이 살아나는 것은 그래도 이해할 수 있는 여지가 있습니다. 육체가 남아 있기 때문입니다. 육체가 있으니 다시 살아나오는 것이 가능했을 겁니다. 그런데 예수님의 부활은 예수님이 완전히 죽은 뒤에, 즉 육체의 생기(生氣)가 완전히 없어진 상태에서 부활한 것 아닌가요? 육체의 생기가 없는데 어떻게 다시 살아난다고 하는지 도통 이해가 안 됩니다. 그래서 믿기 힘들다고 하는 겁니다. 그런데 예수님이 부활한 뒤에 그의 무덤이 비어 있었다고 하는 기록이 기독경에 있는 것을 보면 예수의 제자들은 예수의 육신이 다시 살아난 것으로 보는 것 같습니다.

이해 난감한 예수의 부활사건

정말로 이해할 수 없는 예수의 부활 사건

주: 예수의 부활에 대해서는 기존의 기독교에서도 논란이 많았습니다. 기독교에서는 예수의 부활을 사실로 보니까 특히 예수가 부활했을 때 나타난 몸이 과연 어떤 몸이냐 하는 것에 대해 논란이 있었던 것이죠. 그들은 부활한 몸이 영체(영혼)인가 아니면 육체인가에 대해서 논쟁을 벌였습니다. 그 중에서 바오로는 부활한 예수의 몸을 영체로 보았던 것 같습니다. 그래야 설명이 되는 게 많기 때문입니다. 신약에 보면 예수가 제자들에게 나타날 때 갑자기 나타났습니다. 그래서 처음에는 제자들이 예수를 몰라보는 경우도 있었습니다. 이렇게 갑자기 나타나는 것은 영체의 상태에서만 가능한 것인데 이 점에 관해서는 조금 뒤에 이야기를 하지요.

경전에 따르면 예수는 그렇게 제자들과 함께 지내다가 40일이 지나 하늘로 올라갔다고 합니다. 이때 40이라는 것은 유대교의 관습 상 완전을 상징하는 숫자일 뿐 실제의 수를 나타내는 것은 아닙니다. 어쨌든 이때 이런 일이 일어났다고 가정한다면, 하늘로 올라간 예수는 영체로서의 예수이지 육신으로서의 예수가 될 수 없습니다. 그래서 부활한 예수는 영체라고 보는 것이 합당한데 영체라고 할 때 설명이 잘 안 되는 것은 예수가 제자들과 함께 식사를 했다는 점입니다. 부활 사건을 적은 것을 보면 예수는 제자들과 식사를 한 것으로 묘사되어 있습니다. 그것이 사실이라면 그 사건은 육체가 부활한 것이 아니면 설명이 안 됩니다. 영체에 무슨 소화기관이 있어 음식을 먹고 소화시키겠습니까?

객: 과학적인 세계관으로 교육받은 우리들은 이 부활 사건을 도무지 이해할 길이 없습니다. 죽은 사람이 느닷없이 나타나 육신을 가진 사람들과 같이 지내다 돌아갔다는 것은 가능하지 않다고 생각합니다. 이런 예가 인류 역사에 이 예수의 부활 사건 말고는 없지 않습니까?

주: 이 사건은 정말로 이해하기 힘들죠. 그러나 이 예수의 부활은 기독교의 중요한 교리라서 어떤 식으로든 이해해야 합니다. 적지 않은 기독교인들은 자신들이 이번 생에 죽으면 영혼 상태로 천당에 갔다가 예수가 재림했을 때 무덤에서 살아나와 자신이 부활한다고 믿습니다. 그 뒤에는 영생을 얻어 천년왕국(millenium)에서 영원토록 산다고 믿지요. 이것은 이들이 육신의 부활을 인정하고 있다는 것을 의미합니다. 지금도 기독교의 정통 교리는 이 육신의 부활을 믿는 것입니다. 바오로가 생각했던 것과는 다른 견해이지요.

그런데 만일 이 교리를 믿는다면 이것은 정말로 납득할 수 없는 일입니다. 아니 무덤에 있는 죄다 썩은 시체가 어찌 부활을 한다는 말입니까? 그리고 실제로는 무덤에 아무 것도 안 남아 있을 텐데 부활이고 말고 할 게 어디 있습니까? 게다가 영혼은 천국에서 영생한다면서요? 그러다 갑자기 웬 육체가 부활한다고 합니까? 그럼 세상의 끝날에 이렇게 부활한 육체가 천국에 있는 영혼과 합해져 한 인격체로 거듭난다는 것인가요? 이 교리와 관련해서 기독교에서 말하고 있는 것은 도대체 처음부터 끝까지 요해가 안 됩니다.

객: 맞아요. 이 부분은 저도 이해가 잘 안 되는데 기독교인들은 이 주제에 대해서 얼버무리는 것 같습니다. 그들의 태도를 보면, 말씀하신 것처럼 어떤 때는 천당에서의 영생을 말하다가 어떤 때는 최후의 심판 뒤에 육신을 갖고 영원히 산다고 하는 등 종을 잡을 수가 없습니다.

육신으로 부활해서 영생한다고?

주: 예수 사후 기독교인들이 이런 무리를 무릅쓰면서까지 육신의 부활을 믿은 것은 당시 유대 사회에서 다수를 이루고 있는 바리새파들의 신념을 받아들인 것 같아요. 이 파는 신약에도 많이 등장하는데 이들은 죽은 육신이 썩은 다음에도 다시 본래의 육신으로 되살아날 수 있다고 믿었다고 합니다. 앞에서 본 나사로의 부활 사건도 이 맥락에서 보면 이해할 수 있습니다. 나사로는 죽은 지 수일이 지나 시신이 부패되어 역한 냄새가 났는데도 예수가 그를 부활시키지 않았습니까? 이것은 바리새파의 믿음과 일치하는 면이 있습니다. 그러나 사정이 어찌 됐든 육신으로 영생한다는 것은 있을 수 없는 일입니다.

객: 육신으로 영생하는 것을 말씀하시니 갑자기 중국의 신선도가 생각납니다. 이 신선이라는 존재도 육신을 갖고 영생하기를 꿈꾸는 사람들 아니었나요? 그래서 불로초를 찾고 불사약을 만든 것 아닌가요?

주: 중국인들은 아마 이 육신의 불멸을 꿈꾸고 믿은 몇 안 되는 민족이었을 겁니다. 실로 야무진 꿈이었죠. 이들은 정말로 수련을 하고 약을 먹으면 육신을 갖고 영원히 살 수 있다고 생각했습니다. 그래도 이들의 생각은 바리새파들이 가진 영생관보다는 일관성이 있어 좋습니다. 바리새파에 속한 유대인들은 죽은 다음에 시체가 썩어도 육신이 부활할 수 있다는, 결코 수긍할 수 없는 믿음을 가진 반면 중국인들은 그래도 살아 있을 때 갖고 있는 몸을 그대로 영생시킬 수 있다고 믿었으니 말입니다. 그러나 어떤 영생관을 갖던지 이런 영생관은 잘못된 것입니다.

객: 아니 영원히 산다는데 뭐가 잘못된 것이라는 겁니까? 기독교인들은 영생을 말할 때 '우리가 다시 육신으로 부활하면 영원히 사는 것이다'라고 하는데 그런 믿음이 무엇이 문제라는 것입니까? 좀 더 구체적으로 말씀해주시면 좋겠습니다.

영생은 시간을 연장하는 것이 아니라 초월하는 것!

주: 중국인들의 신선도이든 기독교의 부활이든 이런 것들은 모두 영생을 시간 안에서 생각했기 때문에 문제라는 것입니다. 이 문제에 대해서는 다른 책

에서도 말했고 앞에서도 논의했기 때문에 길게 말할 필요 없습니다. 영생이라는 것은 시간을 초월하는 것이지 시간을 무한히 연장하는 것이 아닙니다. 쉽게 말하면 영생은 시간이 없어지는 것입니다. 시간은 무한하게 연장할 수 없습니다. 시간이라는 것은 유한과 동의어이기 때문입니다. 시간이란 언제나 시작과 끝이 있는 법입니다. 그래서 시간이라고 하는 것이지요. 이 시작과 끝은 항상 붙어 있습니다. 어떤 것이 끝이 나면 곧 다른 것 혹은 다른 상태가 시작됩니다.

예를 들어 우리가 죽음이라고 할 때 이것은 육신의 상태가 끝나는 것입니다. 그런 다음 영체로서 다시 시작하는 것입니다. 이것은 기독교인들이 말하는 세상의 끝날, 즉 종말도 마찬가지입니다. 세상의 끝날은 있을 수 있습니다. 그러나 그 끝 바로 다음에는 즉시 새로운 시간이 시작됩니다. 그렇지 않습니까? 그래서 기독교에서도 세상이 끝난 다음에 바로 천년왕국이라는 새로운 시간이 시작된다고 하지 않습니까? 이처럼 시작과 끝은 맞물려 있습니다. 따라서 진정한 의미의 영생은 될 수 없습니다.

객: 그런 철학적인 이야기가 나오면 따라가기가 조금 힘듭니다. 워낙 다른 차원의 이야기라서 그렇습니다. 종교, 특히 불교가 어렵다는 것은 그런 것 때문이 아닌가 싶어요.

주: 그렇죠? 영생 이야기가 나오면 어쩔 수 없이 철학적으로 됩니다. 그런데 이렇게 안 따지면 스스로의 기만에 빠지는 걸 어떻게 합니까? '스스로의 기만'이란 본인은 시간 속에 살면서 영생한다고 착각하는 것입니다. 그 대표적인 예로 나는 기독교인들이 자신들은 육신으로 죽은 뒤 천국에서 영혼으로 다시 태어나 영생한다고 믿는 것을 꼽습니다. 이것은 결코 영생이 아닙니다.

왜냐하면 천국에서의 생활이 시작됐다는 것은 그곳 생활이 언젠가는 끝이 난다는 것을 의미하기 때문입니다. 시작에는 이미 끝이 내포되어 있어 그렇게 말할 수 있습니다. 따라서 끝이 있으니 영생이라고 할 수 없습니다. 진정한 영생에는 시작과 끝이 있어서는 안 됩니다.

객: 어려운 이야기 하지 말자고 했는데 다시 어려운 이야기로 돌아갔네요. 그런 이야기들은 일반인들은 도저히 이해하지 못할 것 같습니다. 그냥 오래 살면 영생이지 그걸 굳이 따져서 그런 건 영생이 아니라고 할 필요 있겠습니까? 다시 말해 일반 신자들은 천국을 가든 극락을 가든 좋은 데로 가서 영원히, 그리고 잘 산다고 믿으면 되는 거 아니겠어요?

주: 당신의 말에 어느 정도는 동의합니다. 종교를 불문하고 그게 지금의 보통 신자들이 갖고 있는 믿음의 수준이지요. 이 영생에 대해서는 할 말이 아주 많습니다. 그러나 그 주제를 제대로 다루려면 지면이나 시간이 많이 필요하니 내 다른 책을 참고해주시기 바라고 우리는 예수의 부활 문제로 돌아가지요. 이 문제를 조금이라도 해결할 수 있는 방도가 있어 말해볼까 합니다. 예수처럼 부활한 것이 가능할 수 있다는 것을 우리는 근사체험자들의 체험에서 유추할 수 있습니다. 이것 역시 내가 다른 책에서 언급한 것이니 여기서는 간단하게 보겠습니다.

근사체험을 통해 보는 예수의 부활 사건

객: 네? 근사체험자들의 체험에서 부활의 가능성을 보신다고요? 그들은 죽었다 살아나온 사람들이니 그것을 부활로 보시는 건가요?

주: 아닙니다. 그들의 재생(再生) 체험은 육체로의 귀환일 뿐입니다. 혼이 잠시 몸 밖으로 나갔다가 다시 돌아온 것 뿐이라는 것입니다. 내가 지금부터 말하려 하는 것은 온전한 영체가 나타난 예입니다. 영혼이 이 물질계에 나타난 것이지요. 이 이야기는 퀴블러 로스가 강연한 것을 모은 강연집(『사후생』, 최준식 역)에 나옵니다. 퀴블러 로스는 잘 알려진 것처럼 세계적인 죽음학의 대가입니다. 게다가 그는 저명한 정신과 의사였습니다. 그런 그가 있지도 않은 이야기를 지어냈을 리가 없습니다.

객: 영혼이 직접 나타난 예를 말씀하시려는 것이지요? 저도 그런 예가 적지 않게 있다는 것을 알고 있습니다. 특히 임종 때 자기가 떠난다는 것을 알리기 위해 가장 친한 사람 앞에 반투명의 이미지 형태로 나타나는 예는 꽤 흔한 것으로 알고 있습니다. 그 예는 보통 이렇게 진행됩니다. 어떤 사람의 앞에 갑자기 평소에 친하게 지냈던 친척이 반투명한 모습으로 빛을 발하면서 나타났다 사라집니다. 조금 뒤에 알아보니 바로 그 시각에 그가 세상을 떠났다는 소식을 듣게 됩니다. 그래서 그 친척이 이 물질계를 하직하면서 내게 작별 인사를 하러 온 것이라고 믿게 됩니다.

주: 나도 그런 이야기는 많이 들어 알고 있습니다. 이렇게 현현하는 경우도 있고 꿈속에 나타나서 작별 인사를 하는 경우도 있습니다. 그러나 퀴블러 로

스가 전하는 예는 그 정도가 아니고 예수의 예와 흡사해 놀랍습니다. 이 예를 간단하게 소개하면, 호스피스 병동 생활에 지친 퀴블러 로스 박사는 병원을 떠날 생각을 합니다. 그러다 병원에서 한 여성을 만났는데 그는 수개월 전에 죽은 부인이었습니다. 대낮에 그 부인이 영혼(영체)으로 나타난 것입니다. 그런데 그 영체는 투명하기는 한데 반투명이라 그 영혼의 뒤는 보이지 않았다고 합니다. 박사는 놀라서 그녀의 피부도 만져보았는데 살아 있는 사람의 그것과 그리 다르지 않았던 모양입니다.

그 부인은 자신이 영계에서 왔다는 것을 암시하고 박사에게 병원을 떠나지 말고 자기 같은 임종 환자들을 계속해서 돌봐달라고 간청합니다. 자신이 임종 직전 박사에게 받은 돌봄은 최상의 것이라 다른 환자들도 그것이 필요하다고 주장하면서 말입니다. 박사는 꿈인가 생시인가 하면서 이 부인의 방문을 증거로 남기고자 부인에게 연필을 주면서 짧은 글을 써달라고 부탁합니다. 그러자 부인은 영체 상태에서 물질인 연필을 잡고 글을 썼습니다. 이렇게 잠깐 이야기를 나눈 다음 부인은 순간적으로 사라집니다. 영체였기 때문에 순간적으로 사라지는 일이 가능했을 것입니다. 자, 이 정도면 예수의 부활 모습과 비슷하지 않습니까?

객: 그러네요. 이 사건이 사실이라면 시사하는 바가 많을 것 같습니다. 그러면서도 이해할 수 없는 부분도 눈에 띕니다. 가장 이해할 수 없는 것은 영혼이 어떻게 자신을 물질계에서 가시화 할 수 있느냐는 것입니다. 영이란 에너지와 같은 것이라 눈에 보이지 않을 터인데 이 부인은 어떻게 자신의 영을 물질계에 현현할 수 있느냐는 것입니다. 다른 질문도 있습니다. 만일 이렇게 자신의 영을 물질계에 나타나게 하는 일이 가능하다면 왜 대다수의 사람들은 그렇게 하지 않느냐는 것입니다. 사람들이 사후생을 믿지 못하는 큰 이유 중

의 하나는 죽은 사람들이 영의 형태로 이 세상에 돌아와 자신들의 영적인 생존을 알리지 않았기 때문이라고 알려져 있습니다. 그런데 보십시오. 지금까지 죽은 사람 가운데 돌아온 사람이 하나도 없지 않습니까. 따라서 이것은 죽은 뒤의 삶이 없다는 것을 방증하는 현상이라는 것이지요.

영은 어떻게 해서 이 물질계에 나타날 수 있을까?

주: 좋은 질문입니다. 이 점은 나도 확실히 알지 못하니 추정하는 수밖에 없습니다. 추측컨대 이런 일을 할 수 있는 사람은 영적으로 대단히 높은 사람일 겁니다. 에너지로만 되어 있는 영혼이 자신을 물질화 시킨다는 것은 아무나 할 수 있는 일이 아니기 때문입니다. 퀴블러 로스 앞에 나타난 그 부인도 영적으로 매우 높은 사람이었을 겁니다. 사실 그 부인은 생전에 근사체험을 했고 박사는 이 부인의 체험 때문에 사후생에 대해 깊은 관심을 갖게 됩니다. 그런 면에서 그 부인은 영적으로 뛰어난 사람이었음이 틀림없습니다.

객: 그 부인이 영체로 나타났다는 것을 알 수 있는 것은 그녀가 어느 정도 투명하게 보인 것 아닌가요? 투명하기는 한데 그 부인의 뒤는 보이지 않았다는 것 아닙니까? 그러니까 반투명일 것 같네요.

주: 맞아요. 이 같은 방식으로 나타난 실례들을 보면 영들이 모두 반투명 형태로 나타납니다. 그러면서 환한 빛을 발합니다. 그리고 사라질 때 갑자기 사라졌다는 것도 나타난 실체가 영체라는 것을 말해줍니다. 그런데 문제는 여

전히 남아 있습니다. 영체가 어떻게 물질계에 가시화 할 수 있느냐는 것이죠. 이 점은 확실히 모릅니다마는 한 번 그 원리를 추정해보지요.

내 생각에 부인의 영체는 그녀의 강력한 집중력 때문에 나타나게 된 것일 겁니다. 이 부인은 뛰어난 집중력을 갖고 있었던 것 같고 그 때문에 그녀는 에너지를 물질로 보이게 만들 수 있었을 것입니다. 이런 집중력을 가진 사람은 많지 않습니다. 앞에서 말한 것처럼 영적으로 뛰어난 사람이 아니면 안 됩니다. 어떻든 그렇게 고도의 집중 상태에 있다가 그 집중을 풀어버리면 그 영체는 사라집니다. 그런 입장에서 보면 예수가 육신으로 부활하여 하늘로 올라갔다는 이야기는 믿기 어렵습니다. 육신으로 승천한다는 것은 신화적인 이야기에 불과합니다. 그러나 영체라면 하늘로 올라가는 일이 가능하겠지요. 그렇지만 그런 경우라도 그 영체는 소멸되어야 합니다. 한시적인 것이기 때문입니다.

객: 무슨 말씀인지 알 것 같기도 하고 모르는 것 같기도 하고 저는 잘 모르겠습니다. 그러나 어찌됐든 영의 세계와 물질의 세계를 왕래할 수 있는 사람은 분명 뛰어난 영임에 틀림없을 겁니다. 문제는 아직 남았습니다. 만일 그 부인이 영체로 나타났다면 어떻게 연필을 잡고 글을 쓸 수 있었을까요? 순수 에너지체인 영이 어떻게 물질을 잡을 수 있느냐는 것이지요. 또 박사는 그 부인의 피부도 만져보았다고 실토하고 있습니다. 영체가 어떻게 육체 같은 질감을 가질 수 있나요? 도대체 이런 일이 어떻게 가능한 것일까요?

주: 그것은 나도 잘 모르겠습니다. 단 영체의 밀도를 더 단단하게 하면 그런 일이 가능할지도 모르겠다는 생각이 듭니다. 예수의 제자들도 예수를 만져보고 같이 식사도 했다고 하니 이런 일이 가능할지도 모르겠다는 생각이 들

지만 이것은 여전히 의문으로 남습니다. 글쎄요, 에너지 상태인 기가 응축되면 물질화 되는 것이 가능하니까 예수도 그렇게 한 것 아닌가 하는 추측을 해봅니다. 그런데 여기서 나는 지금 우리가 거론하고 있는 주제와 다른 의문을 제기하고 싶습니다.

질문은 아주 간단합니다. 왜 예수가 부활을 했느냐는 것입니다. 그의 부활 사건 때문에 당시에 많은 사람들이 혼란에 빠졌고 지금도 많은 사람들이 이 사건을 이해하지 못하고 있습니다. 부활한 예수의 몸이 영체냐 육체냐 하는 의문부터 시작해서 우리도 예수처럼 부활할 수 있느냐 하는 질문까지 여러 가지 의문이 생겨나 사람들은 혼란에 빠져 있습니다.

그 혼란 중에 대표적인 것은 이 사건 때문에 우리 주위에서 벌어지는 황당한 일입니다. 우리는 기독교를 맹신한 어떤 사람이 죽은 가족을 방에 수개월을 모셔놓고 그 시신이 부활한다고 철썩 같이 믿는 경우를 종종 보지 않았습니까? 그래서 시체는 다 썩어문드러지고 악취는 이웃에 퍼져 매우 혐오스러운 일이 발생합니다. 이런 일이 생겨난 것은 예수가 부활한 것과 깊은 연관이 있다고 하겠습니다.

많은 오해를 불러일으키는 예수의 부활 사건

객: 맞아요. 그렇게 믿는 광신도들이 시신을 몇 개월 동안 방안에 방치했다가 그 썩는 냄새 때문에 이웃이 신고해서 발각되는 경우가 종종 신문에 보도되곤 했지요. 이들이 이런 짓을 한 것은 나사로와 예수가 육신으로 부활했다고 믿은 것이 결정적인 영향을 미치지 않았나 생각해봅니다.

주: 나도 그런 보도를 볼 때마다 실소를 금치 못한 적이 한두 번이 아닙니다. 어떻게 그런 미신 혹은 괴신(怪信)을 맹신할 수 있는지 도무지 이해가 안 되었죠. 이런 사건이 생길 수 있는 빌미를 제공한 것이 예수 혹은 당시 사람들이 생각하는 예수의 이미지입니다. 성인들은 상식에 어긋나는 일은 하지 않습니다. 그런데 부활은 상식에 어긋나는 일은 아니지만 자연을 거스르는 일입니다. 게다가 내 개인적인 생각인지 모르지만 예수는 부활하지 않아도 문제가 될 게 없었습니다. 그는 자신의 가르침만으로도 그가 전하고 싶은 메시지를 남겼기 때문입니다.

예수가 전한 귀중한 가르침은 부활과 관계없다고 해도 무리가 아닙니다. 그의 가르침의 핵심이 무엇입니까? 신을 알고 소외 받는 이웃을 돌보고 사회의 불의에 항거하고 모든 것을 용서하고 사랑하라는 것 아닙니까? 이것이면 충분합니다. 여기에는 부활이 들어갈 자리가 없습니다. 부활이라는 개념이 없어도 이 가르침은 충분히 유효합니다. 여기에 빠진 게 있다면 영생의 개념인데 영생은 천당 가서 누리는 것으로 하면 됩니다. 육신을 가지고 다시 이 물질계에 나타나는 것은 영생이 아닙니다.

객: 맞습니다. 아까 말씀하신 대로 기독교에서 말하는 영생은 결코 육체로 다시 부활하는 게 아닙니다. 그런데도 예수님은 부활하시는 것을 택한 데에는 어떤 이유가 있지 않을까요?

주: 글쎄요, 성인들의 의중은 우리 같은 범인은 알 수 없습니다. 그냥 내가 선무당처럼 추정해보았는데 이건 거의 농담 수준이니 한 귀로 듣고 한 귀로 흘려버리기 바랍니다. 예수가 부활한 이유는 아마도 제자들을 결집하려는 의도가 아니었는가 하는 생각입니다. 잘 알려진 것처럼 예수가 십자가에

서 타계한 뒤 제자들은 뿔뿔이 흩어집니다. 예수라는 구심점을 잃었으니 당연한 것이겠지요. 그래서 그것을 지켜보던 예수의 영혼이 '안 되겠다' 싶어서 지상에 영체로 내려와 제자들을 단합한 것 아닌가 하는 생각이 듭니다. 객쩍은 생각일 터인데 이렇게라도 설명을 하지 않으면 예수의 부활을 설명할 길이 없네요.

객: 선생님과 말씀을 나누다 보니까 성인들은 초능력이 있지만 그 능력을 잘 안 보여주는데 예수는 좀 예외라는 느낌입니다.

주: 맞습니다. 일례로 붓다는 자신의 초능력을 과시하지 않았습니다. 초능력을 쓰고 싶으면 혼자 내면에서 조용히 쓰지 그것을 남 앞에서 과시하지 않았다는 것입니다. 앞에서 말한 유지 크리슈나무르티도 천안통이나 숙명통 같은 초능력을 갖고 있었는데 그것을 사람들 앞에서 뻐기면서 과시한 적이 거의 없었습니다. 그런 게 성인의 태도이죠. 자기가 능력이 조금 있다고 남들 앞에서 뻐기는 것은 소인들이나 하는 짓 아니겠어요?

객: 우리가 초능력의 소유 여부가 성인과 성인이 아닌 사람을 가르는 잣대가 될 수 있다는 것을 살피다가 여기까지 왔네요. 그러면 그런 관점에서 보면 다른 성인들은 어떻습니까?

잘 알 수 없는 공자와 무함마드의 경지

공자는 초능력을 몰랐다?
— 사후생에 무지한 공자

주: 우선 우리와 가장 가까운 공자의 경우를 볼까요? 이 관점에서 보면 공자는 말할 것도 없이 철저하게 평범한 사람이었습니다. 그러니까 그는 앞에서 말한 제3의 영역인 초의식적 영역에 전혀 도달하지 못한 사람이었다는 것입니다. 그러나 아주 훌륭하고 뛰어난 윤리교사였지요. 그가 자신은 '괴력난신(怪力亂神)', 즉 괴이하거나 귀신 등에 관련된 이야기는 말하지도 않고 믿지도 않는다고 한 것은 잘 알려져 있는 사실입니다. 이런 소신은 지금 보면 별 것 아닌 것처럼 보일 수 있습니다. 지금 사람들은 당시와 같은 신화적인 분위기에 살고 있지 않기 때문에 공자의 이런 발언이 당연하다고 생각할 수 있습니다.

그러나 당시가 어떤 사회입니까? 당시는 그야말로 요괴나 신령, 잡귀들에 대한 믿음이 강하던 때가 아닙니까? 자연 곳곳에 신들이 살고 있었고 원한 맺힌 귀신들이 떼거지로 출몰했습니다. 예를 들어 BC 1세기에 만들어진 『산해경』을 보면 중국 전 지역에 이상한 동물이나 인수(人獸) 복합체 같은 존재가 있는 것으로 나와 있습니다. 당시 중국인들은 이런 것들을 모두 사실로 믿었을 것입니다.

객: 하기야 지금도 사람들이 그런 세계관을 다 벗어버리지 못했는데 당시는 어떻겠어요? 지금도 있지도 않은 산신령한테 제사를 지내는가 하면 무당들은 수많은 신령을 앞세우고 굿을 하고 있지 않습니까? 사람들은 또 이것을 믿고 있고요. 지금도 그러한데 당시는 어떠했겠습니까?

주: 맞아요. 그래서 공자가 대단하다는 것입니다. 그런 시대에, 그리고 그런 사회에서 감연히 이성중심주의를 설했으니까요. 그런 점에서 공자는 높이 평가되어 마땅합니다. 그 점은 인정하지만 공자는 이성의 영역에만 머물렀던 사람입니다. 그는 초이성적인 영역, 즉 제3영역인 초인격적인 단계에 대해서는 전혀 인지하지 못하고 있었습니다. 그러니 그 영역에는 진입하지 못했었겠지요. 무슨 증거로 그렇게 말하느냐고요? 여기에는 나름대로 증거를 댈 수 있습니다. 그 가운데 대표적인 것을 들어 보면, 그는 이 세간을 넘는 초세간과 관계된 것들, 예를 들어 죽음 뒤의 삶 같은 것에 대해서 무지했던 것으로 보입니다. 사후생과 관련해 아주 유명한 문답이 논어에 전해져 오지요.

객: 제 기억이 맞는다면 공자의 제자인 계로가 공자에게 '죽음이란 무엇입니까'라고 묻자 공자는 '아직 삶도 모르는데 어찌 죽음을 알겠는가'라고 대답한

것으로 알고 있습니다.

주: 맞아요. 원래 이 문답 앞에는 다른 질문이 있습니다. 계로가 귀신을 어떻게 섬겨야 하느냐고 묻자 공자는 사람을 섬기는 법도 잘 모르면서 무슨 귀신 섬기는 법에 대해 묻느냐는 힐문성의 대답을 합니다. 이 다음에 나온 것이 죽음에 관한 질문입니다. 앞에서 본 것처럼 계로가 죽음에 대해서 물었을 때 그것은 사후생의 유무에 관한 질문이었을 겁니다. 사정이 어찌 됐든 공자는 질문을 피해가면서 즉답을 하지 않았습니다. 그런데 문제는 이 문답이 그 이후의 유학자들에게 공자가 사후생을 부정하는 것으로 각인되었다는 것입니다. 그 뒤로 유교는 '인간은 이번 한 생만 산다'는 것으로 근본 교리를 확정합니다.

객: 맞습니다. 그런 유교의 성향 덕분에 유교의 절대적인 영향 속에 있는 한국인들은 죽으면 다 끝이라는 생각을 많이 갖고 있습니다. 그 때문에 사회적으로 많은 부작용을 낳고 있고요.

주: 이번 생만 존재한다는 유교 교리 때문에 한국인들은 지나치게 생에 집착해 불치의 병에 걸렸을 때 생명을 무의미하게 연장시키는 연명술에 의존하고 있는 등 사회적인 문제가 많은데 그것은 우리의 주제가 아니니 그냥 지나가기로 합니다. 여기서 내가 문제 삼고 싶은 것은 공자는 제자의 질문을 제대로 대답할 수 있는 능력이 없었다는 것입니다. 다시 말해 공자는 사후생에 대해 무지했다는 것입니다. 이 사건과 관련해 내가 평소에 우스갯소리처럼 하는 게 있습니다. 이것은 우스갯소리이니 한 귀로 듣고 한 귀로 흘려버리면 좋겠습니다.

내 개인적인 생각에, 공자는 제자가 자신이 모르는 주제에 대해 물으니 속으로 당황했던 것 같습니다. 그러나 자신이 그래도 스승이니 제자에게 대놓고 모르겠다는 말을 하기는 싫었던 모양입니다. 공격이 들어왔을 때 최상의 방어는 공격하는 것입니다. 그래서 공자는 답 대신에 '너는 삶도 모르면서 죽음을 알려고 하느냐'고 공격함으로써 그 위기를 넘긴 것 아닌가 하는 생각을 해봅니다(그러나 죽음을 알아야 삶을 제대로 이해할 수 있다!).

최상의 방어는 공격!
— 예수의 경우

객: 재미있는 말씀이군요. 그 말씀 들으니까 예수님 생각이 나네요. 예수님도 비슷한 상황에 처했을 때 대답 대신 역공격을 가함으로써 위기의 상황을 빠져나왔으니 말입니다. 선생님도 아시겠지만 예수님을 음해하려는 세력(바리새파 등)들이 예수님을 함정에 빠트리고자 교묘한 질문을 던집니다. 이럴 수도 없고 저럴 수도 없는 질문 말입니다. 간음한 여인을 데려왔을 때 그랬지요. 그들은 예수에게 이 여인을 돌로 쳐서 죽이겠느냐고 날카로운 질문을 합니다.

주: 아, 그 사건이요? 그때 상황이 대충 이랬습니다. 당시 유대 율법에 따르면 간음한 여인은 돌로 쳐서 죽여야 하는데 그것은 로마의 법률에 어긋나는 것입니다. 사형을 집행하려면 로마 총독의 허가가 있어야 하니 유대인들이 마음대로 할 수 있는 것이 아니었지요. 그러니 이럴 수도 없고 저럴 수도 없

는 곤란한 상황이 된 겁니다. 율법을 따르자니 로마법을 어기는 것이 되고 로마법을 따르자니 율법에 충실하지 않게 되니 말입니다.

그 뿐만이 아닙니다. 간음한 사람을 죽이는 것은 예수의 가르침과도 충돌하지요. 예수는 늘 누가 무슨 죄를 짓든 용서하라고 주장하지 않았습니까? 그러니까 무조건적인 사랑과 용서를 주장하는 예수가 이 여자를 때려죽이자는 데에 찬성한다면 스스로 모순에 빠지게 되는 것 아니겠습니까? 그런 질문을 받고 예수는 즉답을 피합니다. 대신 그때 예수는 어떻게 했습니까?

객: 허리를 숙여 땅에다 무엇인가를 쓰기 시작했지요.

주: 맞아요. 또 우스갯소리를 해볼까요? 내 어줍은 생각에 예수는 아마 예기치 못한 날카로운 질문을 받고 당황하지 않았나 싶어요. 그래서 시간을 좀 벌어야겠다는 생각을 한 것 같습니다. 즉답을 하지 않고 허리를 굽혀 땅 위에 무엇인가 쓴 것은 정확한 답을 구하기 위해 시간을 번 것 같다는 것이지요. 그런데 예수의 머리는 그야말로 슈퍼컴퓨터 아닙니까? 예수는 곧 답을 구했습니다. 그리곤 천천히 일어나서 군중들을 노려보면서 이렇게 말합니다. '당신들 중에 죄 없는 사람이 있으면 이 여인에게 돌을 던지라'고 말입니다. 그랬더니 그 예수의 발언에 다들 겁먹고 자리를 피합니다. 그 다음에 예수는 여인에게 앞으로 죄를 짓지 말라고 하면서 위로해줍니다. 예수도 날카로운 질문에 역공격을 함으로써 위기를 피한 것입니다.

그런데 여기에 또 사람들이 놓치는 것이 있습니다. 개인적인 생각입니다마는 예수가 역질문을 할 때 쏟아낸 안광이 대단했을 것이라는 것입니다. 그런 분들은 워낙 기가 강해 눈으로 노려보면 어떤 이도 대적할 수 없게 되지요. 그 분들은 보통의 우리들의 수준으로는 알 수 없는 엄청난 카리스마가 있습니다. 이것은 또 다른 주제라 설명이 많이 필요합니다. 따라서 이번에는 그냥 지나치는 게 낫겠습니다.

객: 제가 공연히 예수 이야기를 하느라 주제가 많이 빗나갔습니다. 다시 공자 이야기로 돌아가지요.

공자는 자아의 영역에만 있던 출중한 교사

주: 그러지요. 공자는 철저하게 제2의 영역, 즉 자아의 영역에 머물러 있던 분이었습니다. 그러나 아주 덕이 높고 지혜가 출중한 분이었지요. 그렇지만 거기까지입니다. 그것을 넘어서는 영역에 대해서는 전혀 알지 못했습니다. 그에 비해 예수나 붓다는 초인격적이거나 초자연적인 영역에 대해 언급을 많이 합니다. 예수는 분명 이 세상 너머에 있는 영들의 세계에 대해 알고 있었고 그에 대해 설명을 많이 했습니다. 선하게 살고 소외된 사람들을 도운 사람들은 천국에 갈 것이라고 말한 것 등이 그것입니다.

또 어떤 때에는 다음과 같이 구체적으로 말하기도 합니다. '아버지의 집에는 거처할 곳(mansion)이 많다.... 당신들이 있을 곳을 마련하러 간다(요한. 14:2)'는 식으로 말입니다. 이 문구에는 여러 해석이 있지만 천국이 있고 거기에는 착한 사람들이 거주할 수 있는 많은 거처가 있다고 해석할 수도 있습니다. 그러니까 이것은 천상의 영혼 세계에 대한 묘사라고 할 수 있는 것이죠. 또 많은 병자들을 초능력으로 고쳤고 퇴마 의례도 했는데 이런 것들은 공자에게는 전혀 보이지 않습니다. 공자는 철저하게 지상의 인간이라 지상 이

외의 세계에 대해서는 전혀 아는 바가 없었던 것으로 보입니다.

객: 맞습니다. 공자는 전부 인간, 그것도 남자의 일에 대해서만 언급했지 다른 존재에 대해서는 거의 언급하지 않습니다. 귀신이나 신령은 말할 것도 없고 동물이나 식물에 대해서도 언급이 없습니다. 그의 세계관은 확실히 지상에 사는 인간 중심이 틀림없습니다.

주: 붓다가 초자연적인 영역에 대해 말한 것은 워낙 자명한 것이라 언급할 거리도 못 됩니다. 윤회나 카르마에 대해 말하는 것부터가 그렇고 평상시의 의식 상태를 넘어서는 선정(禪定)의 상태에 대해 말한 것도 그렇습니다. 또 육도 윤회를 말할 때에는 천상의 존재들이 사는 천상(天上)이나 죄인들이 죽어서 가는 지옥의 존재를 명확히 해 인간 세상 말고도 많은 세상이 있다는 것을 알렸습니다. 그 뿐만 아니라 평상시의 자아의식을 넘어선 세상(이를테면 색계나 무색계)에 대해서도 언급하고 있어 불교는 인간 세계보다 상위의 세계를 더 강조하는 인상을 받습니다. 하기야 불교의 목적은 이 문제 많은 제2영역을 넘어서 제3영역으로 가는 것이니 공자의 목적과 다른 것을 알 수 있습니다.

객: 공자의 수준이 붓다나 예수와 많이 다르다는 것을 알았습니다마는 무함마드는 어떻습니까? 무함마드에 대해서는 그다지 알려진 것이 없어서 잘 모르겠습니다.

확실히 알 수 없는 무함마드의 경지

주: 맞아요. 이슬람교는 한국인들이 여전히 생소해 하는 종교라 그 교조인 무함마드에 대해서도 잘 모릅니다. 또 나도 이슬람교 쪽은 전공이 아니라 상식적인 것밖에는 모릅니다. 그래서 무함마드에 대해 말하는 것이 주저됩니다. 위의 주제와 연결해 말해보면, 무함마드가 예수나 붓다가 간 경지인 제3영역, 즉 초인격적인 단계에 들어갔는지 어떤지는 잘 모르겠습니다. 그러나 그가 행한 종교 생활을 보면 초인격적인 단계와 관계가 깊은 것을 알 수 있습니다. 왜냐하면 그는 젊었을 때 동굴 등지에서 기도와 명상을 오랫동안 한 것으로 알려져 있기 때문입니다.

그 결과로 생각되는데 그는 가브리엘 천사로부터 '알라의 사도'라는 계시를 받습니다. 이 계시 때문에 역사적으로 이슬람교가 창립되고 전파가 시작된 것이니 이 계시가 얼마나 중요한 것인지 알 수 있습니다. 이 계시가 진짜냐 아니냐 하는 것은 별 의미가 없습니다. 그 후의 소위 '임팩트'가 중요한 것이지요. 만일 이 계시가 무함마드가 꾸며낸 것이라면 이슬람이라는 거창한 종교 운동이 이렇게 오래 지속될 수 없을 겁니다. 그런 의미에서 이 계시는 진정성을 갖고 있는 것이고 그런 체험을 한 무함마드는 상당한 경지에 있었다고 보아야 할 것입니다. 그리고 알라의 계시는 그것으로 끝난 것이 아니고 수십 년 동안 지속되었으니 그는 상당히 충일한 종교적인 삶을 산 것이 됩니다.

객: 그런데 그 후의 무함마드의 삶을 보면 꼭 금욕적인 종교인으로 산 것 같지는 않던데요. 경우에 따라서는 비종교인의 모습 같은 것도 보이는데 이것은 어떻게 이해해야 하나요?

주: 무함마드는 분명 붓다나 예수 같은 성인들과는 다릅니다. 예를 들어 붓다나 예수는 각각의 종교에서 한껏 신성시 되지만 무함마드는 그런 게 없습니다. 이유는 간단합니다. 이슬람교도들은 무함마드를 하나의 예언자로만 볼 뿐, 다시 말해 인간으로만 생각하지 그 이상의 존재로 보지 않기 때문입니다. 기독교에서 예수가 신이 된 것과는 달라도 아주 다릅니다. 그렇다고 무슬림들이 무함마드를 보통 인간으로 생각하는 것은 아닙니다. 이슬람교에서 무함마드는 엄청난 위치에 있는데 그것을 알려면 이슬람교도들의 믿음을 살펴보아야 합니다.

잘 알려진 것처럼 무슬림들은 유대교와 기독교를 인정합니다. 그래서 유대경(구약)과 기독경(신약)에 나온 예언자들을 다 인정합니다. 그들은 이 두 종교도 알라의 말씀에 따라 만들어졌다고 주장합니다. 그러나 그들에 따르면 이 종교는 알라의 계시를 완전하게 드러내지 못했습니다. 이에 알라는 자신의 가르침을 완성하고자 무함마드로 하여금 이슬람교를 창시하게 했다는 것이 무슬림들의 주장입니다. 이제 더 이상의 알라의 가르침은 없습니다. 이슬람교에서 정점을 찍었으니 다른 종교가 필요하지 않은 것입니다. 이런 의미에서 보면 무함마드는 알라의 가르침을 완성시키는 마지막 예언자가 되는 것이니 그가 이슬람교에서 차지하는 위치가 얼마나 막중한지 알 수 있을 것입니다.

객: 그래서 그런지, 다시 말해 무함마드를 인간으로 이해해서 그런지 그에게는 인간적인 모습이 많이 보입니다. 가령 전쟁을 한다든가 또 부인이 10명 이상이 되었다든가 하는 것 말입니다.

주: 나도 이런 면 때문에 무함마드를 이해하는 데에 곤혹을 겪습니다. 무함

마드는 이슬람 세력의 확장을 위해 수십 차례의 전쟁을 합니다. 그런데 이런 일은 종교인이 할 수 있는 것이 아닙니다. 종교인이 자신이나 자기 집단을 위해 무력을 사용하여 남과 싸운다는 것은 상상할 수 없는 일입니다. 종교의 궁극적인 목표가 자아를 없애거나 자아를 초월하는 것인데 그 문제 많은 자아를 위해 남과 싸운다는 것은 있을 수 없는 일이기 때문입니다.

이슬람은 과연 호전적인 종교인가?

객: 그러나 바로 이 때문에 이슬람교에는 지하드, 즉 성전(聖戰)의 교리까지 있는 것 아닙니까? 즉 이슬람교를 지키기 위해서는 전쟁을 할 수 있다는 교리 말입니다. 이런 교리 때문에 이슬람교는 원하든 원치 않든 호전적인 종교라는 이미지가 꽤 강하게 있습니다. 또 실제로 지금 자행되는 테러를 보면 이슬람과 관계된 것이 많습니다.

주: 그러나 역사적으로 볼 때 이슬람과 기독교 두 종교 가운데 어떤 종교가 더 폭력적이었나를 보면 아무래도 후자가 더 그렇지 않았나 하는 느낌을 많이 받습니다. 또 관용적인 면도 이슬람 쪽이 기독교보다 더 많지 않았나 하는 인상을 지울 길이 없습니다. 물론 상대적으로 그렇다는 것입니다. 예를 들어 중세 때 유럽의 어떤 기독교 국가가 종교가 다른 지역을 점령하면 그 지역의 사람을 모두 기독교로 개종시켰습니다. 여기에는 예외가 없었습니다. 만일 거부하는 자가 있으면 다 죽여 버렸다고 하지요. 반면에 이슬람 국가가 어떤 지역을 점령했을 때에는 그 지역에 사는 비이슬람교도들이 세금(인두세)만 내

면 그들의 종교를 인정해주었다고 합니다. 이런 것이 이슬람의 관용성을 보여준다고 하겠습니다.

객: 그것은 저도 익히 들어 잘 알고 있는데 종교의 교리 안에 전쟁을 용인하는 듯한 교리가 있는 것은 여전히 납득이 안 됩니다. 그런가 하면 앞에서도 잠깐 보았지만 무함마드에게 처가 많았다는 것도 이해가 잘 안 되는 점입니다. 세계의 대부분의 종교들은 진정한 종교인이 되기 위해서는 금욕을 해야 한다고 가르치고 있습니다. 특히 불교나 기독교에서는 수도승이 되려는 사람에게 남녀의 성적 관계를 일절 금하고 있습니다. 그런데 무함마드에게서는 그런 모습이 보이지 않습니다.

종교에서 바라 보는 성욕의 문제

인간은 성욕을 극복할 수 있을까?

객: 제가 알기로는 인간에게는 두 가지 수준의 본능이 있다고 합니다. 1차적 본능과 2차적 본능이 그것이겠죠. 1차적 본능은 인간의 생존을 위해서 절대로 피할 수 없는 것을 말하는데 음식과 수면이 그것이겠습니다. 우리 인간은 성인이든 범인이든 그런 것에 관계없이 먹지 않고는 살 수 없고 자지 않고서는 연명할 수 없습니다. 이 욕구가 해결되지 않으면 아무리 고상한 도덕이나 이상이 있어도 다 소용 없습니다. 인간은 우선 먹고 자야합니다.

그러나 2차적 본능은 조금 다릅니다. 이 본능은 성욕을 말하는데 이 본능은 1차적 본능이 해결한 다음에 충족시켜주어야 하는 것입니다. 그런 의미에서 2차적 본능이라고 하는 것이지요. 이 본능 역시 아주 강력하기는 하지만 반드시 해결하지 않아도 인간의 생존이 위협받는 것은 아닙니다. 그렇지 않습니까? 우리가 이성과 성관계를 하지 못한다고 죽는 경우는 없습니다. 이성과 성관계를 할 수 없는 감옥에 20년, 30년을 있어도 그 같은 제약 때문에 죽었다는 사람은 없지 않습니까? 또 승려나 신부들이 이성과 성관계를 하지 않았다고 죽었다는 이야기는 들어본 적이 없습니다.

주: 그런데 성욕은 그 추동력이 대단하지요. 내가 여자가 아니라 여성은 잘 모르지만 남성의 경우는 성욕의 강도가 엄청납니다. 남자들은 일생을 여자만 바라보고 산다는 이야기가 있을 정도로 여성에 대한 성적 욕구가 강합니다. 그래서 과연 남자들이 성관계 혹은 그에 버금가는 성적인 행위 없이 사는 것이 바람직할까 하는 생각이 듭니다. '바람직할까'라고 한 것은 남자가 성관계 없이 사는 것은 앞에서 본 것처럼 분명히 가능하기는 하지만 과연 그게 바람직하겠느냐는 의미에서 그렇게 말한 것입니다. 내가 보기에 수도승들이 여성과 성적 관계를 하지 않는 것은 그들이 의도적으로 피하고 그 욕망을 억압하는 것이지 자연스럽게 성욕을 다스린 결과는 아닙니다. 내면에는 여전히 성욕이 '드글'거리고 있는데 그 위를 시멘트 같은 것으로 덮어서 내면에 있는 성욕의 존재를 무시 내지는 외면하는 것처럼 보입니다.

성욕은 극복될 수 있다. 하지만...

객: 그럼 이 성욕은 극복할 수 없다는 것인가요? 붓다 같은 분들은 분명 성욕과는 관계없는 분 같던데요. 이런 분들이 여자를 보고 음욕을 느낀다는 것은 상상할 수도 없는 일 같습니다. 그렇지 않아요? 여자들 보고 욕정이 일어나

는 것은 남자 성자들에게는 어울리지 않을 것 같아요.

주: 그렇죠? 나는 분명히 성욕은 조절될 수 있다고 믿습니다. 그런데 그 조절은 자신이 도덕적으로 살려고 하는 것 같은 인위적인 노력으로 될 수 있는 일이 아닙니다. 그런 노력은 아무리 기울여보아야 성욕은 순화되지 않습니다. 조금 뜬금없이 들리겠지만 성욕의 진정한 극복은 사람의 몸이 자웅동체(雌雄同體) 혹은 양성구유(兩性具有)의 상태가 됐을 때에만 가능한 것 아닌가 하는 생각을 해봅니다. 이것은 한 사람의 몸에 남성과 여성이 동시에 존재하는 것을 말합니다.

객: 네? 그게 무슨 말씀인가요? 곤충 중에는 자웅동체가 있다는 소리를 들었지만 인간이 그렇다는 이야기는 금시초문입니다.

주: 이것은 증거 없이 그냥 하는 소리가 아니고 실제로 그런 예가 있습니다. 앞에서도 잠시 언급한 유지 크리슈나무르티가 그 예입니다. 이 분은 쿤달리니의 엄청난 각성 체험이 있은 다음에 몸의 반이 여성적으로 변하는 체험을 합니다. 몸이 남녀로 나뉜 것이지요. 좀 더 구체적으로 보면, 몸의 왼쪽은 여성적으로 변해 여성에게 반응하고 오른쪽은 그대로 남성적인 면을 유지해 남성에게 반응했다고 합니다. 그런데 몸의 한 쪽이 특정한 성에 반응했다는 것이 무엇을 뜻하는지에 대해서는 더 이상의 설명이 없어 나도 잘 모릅니다.

인도에서는 사람만 양성구유가 되는 것이 아닌 모양입니다. 여성과 남성이 합해져 하나가 된 신도 있습니다. 반은 여성이고 반은 남성인 것이죠. 몸이 이렇게 되어 있으면 이성을 구할 필요나 이유가 없을 겁니다. 다 자신 안에서 해결되니 말입니다. 그러니까 더 이상 성욕을 느낄 필요가 없겠죠. 남자와 여자가 자기 안에 있으니 성욕이 일어나지 않을 것이라는 것이지요. 다른 성을 필요로 하는 것은 번식을 하기 위한 것인데 이것은 자신이 부족하기 때문에 하는 행위입니다. 만일 자신이 온전하고 모든 것을 갖추고 있다면 굳이 자신의 분신(자식)을 만들어 자신을 연속시킬 필요가 없습니다. 성인들이 결혼을 하거나 자식을 낳는 일을 하지 않는 것은 이 때문이 아닌가 합니다.

객: 그 말씀이 맞는다면 그런 경지에 올라가지 못한 우리들은 성욕을 억압할 필요가 없는 것이네요. 아니 억압할 수도 없는 것 아닙니까?

주: 그런 셈이지요. 따라서 가톨릭이나 불교에서 출가한 사람들로 하여금 결혼을 금지하는 것은 재고의 여지가 있습니다. 그렇다고 해서 성직자들을 꼭 결혼시키라는 것은 아닙니다. 어떤 사람은 신에게 너무 빠진 나머지, 또 어떤 사람은 화두에 너무 빠진 나머지 결혼 같은 데에 전혀 관심을 갖지 않을 수 있습니다. 이런 사람들은 자연스럽게 이성에 대한 관심이 없기 때문에 성욕을 억압하고 말고 할 게 없을 것입니다. 그러나 이런 경우는 별로 없습니다. 이것은 아주 극소수의 수행자들에게만 해당되는 것입니다. 우리가 이 주제에 대해 논의를 하고 있는 것은 무함마드가 여성을 좋아했다는 것을 설명하다가 이렇게 된 것인데 이런 시각에서 보면 무함마드가 여성을 좋아했다는 것이 이상한 일이 아닙니다.

수도자도 결혼을 해야 한다고?

객: 한국 불교 안에도 승려들이 결혼해야 한다고 주장한 분들이 있던 것으로 알고 있습니다. 대표적인 예가 만해 한용운인데 그는 『조선불교유신론』에서 승려들도 결혼해야 한다고 주장하고 있습니다. 이런 문제를 직시하고 그 해결책을 내놓은 것이지요.

주: 같은 주장은 원불교를 세운 소태산의 가르침에서도 보입니다. 소태산 역시 만해처럼 불교를 개혁하는 글을 썼는데 그는 그것을 "조선불교혁신론"이라는 제목으로 책을 내기도 했습니다. 소태산은 독신으로 성직자의 길을 가는 것은 현실성이 없다고 생각해 원불교의 성직자(교무)들에게 결혼할 것을 권했습니다. 그런데 지금 원불교의 현실을 보면 남자 교무들은 대부분 결혼하는데 여자 교무들은 결혼하지 못하는 것으로 되어 있습니다. 원불교 초기에는 여자 교무들도 결혼할 수 있었는데 지금은 결혼을 허락하지 않습니다.

객: 저의 객쩍은 생각에 성직자나 수도자들의 결혼을 금함으로써 그들을 성스럽게 만들려고 하는 전통은 쉽게 없어지지 않을 것 같습니다. 사람들은 굳건하게 성직자들은 우리와 달라야 한다는 생각을 하고 있는 것 같아요.

주: 그래요. 대부분의 일반 신도들은 자신들이 의지하는 성직자들은 목 아래나 허리 아래가 없는 존재처럼 생각하는 경향이 있습니다. 목 아래나 허리 아래가 없다는 것은 그들을 인간적인 욕망이나 성냄, 원망 등이 없는 존재로 생각한다는 것입니다. 그래서 항상 자애로운 얼굴로 자신들을 대해주기를 바라는 것입니다. 또 허리 아래쪽에서 느끼는 성적인 욕망도 없을 것이라고 생

각하는 것입니다.

예를 들어 불교의 경우를 보지요. 많은 경우에 불교 신도들은 머리를 다 밀어버리고 회색빛 장삼(長衫)을 입은 우리 스님이 성욕을 느끼고 여자들과 성적인 행위를 하는 것은 있을 수 없는 일이라고 생각할 겁니다. 이것은 가톨릭도 다르지 않을 겁니다. 가톨릭 신자들도 우리의 거룩한 신부님이 여자들에게 이끌린다는 것은 상상도 할 수 없다고 생각할 것입니다. 종교를 막론하고 신자들은 자신들이 섬기는 성직자(남자)가 우리처럼 밤에 어두운 방에서 옷을 다 벗고 이불 속에서 여자와 성적인 행위를 하는 것은 있을 수 없는 일이라고 생각하고 있는 듯합니다.

객: 저도 선생님 의견에 한 표를 던집니다. 일반 신자들은 생각하기를 자신은 욕망에 찌든 존재이지만 우리 스님이나 목사님, 신부님은 욕망을 초탈한 사람처럼 여기는 것 같습니다.

주: 맞아요. 그러나 내가 보기에 성직자라는 사람들도 일반인들과 다를 게 없습니다. 그들도 우리와 똑같은 욕망과 약점, 그리고 권력에 대한 열망 등 다양한 속물근성을 갖고 있습니다. 외려 이들이 이런 인간적인 욕망을 우리보다 더 많이 갖고 있다고 할 수 있습니다. 그들은 이런 욕망을 채우고자 성직자가 되는 경우가 적지 않기 때문입니다. 특히 권력 의지가 많은 사람이 성직의 길을 갈망하는 경우가 많습니다. 성직자가 되면 신자들 위에서 군림할 수 있기 때문에 그렇다는 것입니다. 그럴 때 느끼는 권력의 맛이 대단할 겁니다.

우리 평범한 사람들이 이런 적나라한 욕망을 초월하는 일은 거의 불가능합니다. 앞에서 말한 것처럼 존재의 맨 밑바닥까지 가본 사람만이 이런 데에서 자유로울 수 있는 것인데 그런 사람은 거의 없다고 해도 과히 틀리지 않을 것입니다. 그런 사람이 없으니 우리는 성직자에 대한 환상을 빨리 깨야 합니다. 그리고 앞으로의 신앙은 성직자에게 의존하는 것이 아니라 스스로 해나간다는 다짐을 해야 합니다. 이 점은 아무리 강조해도 지나치지 않습니다.

자신의 영성을 발전시키는 데에 성직자에게 의지하는 시대는 지났습니다. 다시 말해 제도권 종교를 탈피해야 한다는 것이죠. 이 점은 맨 뒤에서 더 상세하게 보게 되니 그때 다시 언급하기로 하지요. 그런데 이야기가 많이 빗나간 것 같지요? 그러나 크게 보면 꼭 그런 것만도 아닙니다. 우리가 진정한 종교나 진정한 성인이 어떤 것인가에 대해 이야기를 나누던 차에 이런 이야기를 했으니 모두 연관되는 주제라고 할 수 있습니다.

객: 우리가 무슨 이야기를 하던 그것들은 모두 진정한 종교에 대한 이야기이니 어떤 이야기를 한 들 관계 없습니다. 외려 이야기가 더 풍성해져 좋은 느낌입니다. 진정한 종교나 성인에 대해 이야기하는 과정에서 그동안 오해했던 것들이 하나하나 풀려 나가는 것 같아 재미있습니다.

기도의 본질은?

이제는 초등적인 믿음에서 벗어나자!

주: 지금 우리 주위에서 발견되는 종교들은 너무나 본령에서 벗어나 있어요. 또 어리석은 것이나 억지가 너무 많아요. 아까 이야기하다 빠트린 것인데 억지이자 사람들이 크게 오해하고 있는 것 가운데 하나는 대부분의 기독교인이 갖고 있는 초등적인 믿음입니다. 그들은 자신들이 예수를 굳건하게 믿으면 그 대가로 천당에 가는 줄로 알고 있습니다. 이 믿음을 가장 단순화 한 게 '예수 천국, 불신 지옥'이라는 표어이지요. 그래서 열심히 교회에 나가고 헌금도 냅니다. 또 담배나 술을 안 하는 것도 천당 가기 위한 조건인 줄로 알고 있습니다. 그런데 이것은 대단히 잘못된 신앙입니다.

객: 그런 신앙은 지금 기독교에 팽배되어 있는데 그것이 틀렸다니 이상하군

요. 예수를 믿어야 기독교 천국이라도 가지 그냥 아무 것도 안 하고 있으면 천국에 가는 일이 가능하겠습니까?

주: 내가 무엇을 했으니까 그에 상응하는 대가를 받게 된다는 것은 세속에서는 당연한 생각이지만 종교계로 오면 사정이 달라집니다. 이 동네에는 통하지 않는 이야기입니다. 아니 통하지 않는 정도가 아니라 그것은 매우 오만한 생각입니다. 왜 오만하다고 할까요? 그것은 신과 흥정을 하는 것이기 때문입니다. 내가 이렇게 했으니까 당신도 내게 이렇게 해달라는 것이니 이게 흥정이 아니면 무엇이겠습니까? 신과 주고받겠다는 것입니다. 그런데 어떻게 감히 신과 흥정을 합니까?

유신론교에서는 신에게 절대 복종해야 합니다. 신과 교통할 때에 우리 인간은 어떤 조건도 달아서는 안 되고 어떤 흥정도 있어서는 안 됩니다. 구원을 하고 말고는 전적으로 신의 소관입니다. 우리 인간이 어떻게 할 수 있는 것이 아닙니다. 그러니까 기독교 신자들은 신의 일에 간섭 말고 그저 예수가 남겨준 지침대로 살면 됩니다. 그 다음에 내가 천국에 갈 수 있을지 어떨지는 신이 결정하는 겁니다.

유아적인 기도에서 벗어나야

객: 선생님 말씀이 이해는 됩니다마는 그렇게 할 수 있는 사람이 몇이나 되겠습니까? 보통의 신자들이 하는 신행(信行) 형태는 유치하기 짝이 없습니다. 구원 문제는 어려운 문제일 수 있으니 차치하고 그들이 신앙생활하면서 가

장 많이 하는 기도를 보지요. 그들은 기도할 때 그저 '뭣 좀 해 달라'는 간청밖에는 하지 않습니다. 엄마를 향해 무엇이든 달라고 보채는 아이처럼 그들은 신을 향해 '..해주시옵고' 하는 문구를 반복합니다. '건강 지켜주시옵고', '항상 함께 해주시옵고', '발걸음 마다 같이 임해주시옵고' 등등이 그 실례입니다.

주: 그런 기도 자체가 틀렸다고 볼 필요는 없습니다. 어릴 때에 이런 기도를 하는 것은 전혀 문제없습니다. 아니 외려 당연한 것입니다. 그런데 유신론교신자들은 성인이 된 다음에도 계속해서 이런 기도를 하니 문제라는 것입니다. 성인이 되어서 하는 기도는 이렇게 해서는 안 됩니다. 좀 더 성숙한 모습을 보여야 합니다. 내 개인적인 생각에 진정한 기도는 무엇이든 신에게 맡기는 훈련이라 할 수 있습니다. 다시 말해 자기 자신을 비우려고 노력하는 것이 기도라는 것입니다.

객: 또 알 듯 모를 듯한 말씀을 하시네요. 그러지 말고 이해하기 쉽게 예를 들어서 설명해주시지요.

주: 알겠습니다. 구체적인 예를 들어보지요. 기도할 때 가장 먼저 해야 할 일은 지금 자신이 처한 상황을 신께 알리는 것입니다. 예를 들어 어떤 중한 병에 걸려 치유를 위해 신께 기도한다고 합시다. 이때 가장 하지 말아야 할 일은 그 병을 고쳐달라고 신을 조르는 일입니다. 그런 기도는 아이들이나 하는 것입니다. 아니 자기가 잘못해서 병에 걸려놓고 왜 신에게 고쳐달라고 합니까? 병에 걸리는 것은 많은 경우 자신이 오랫동안 나쁜 생활습관을 갖고 살았기 때문입니다. 자기가 잘못해서 상태가 나빠진 것을 다른 존재에게 고쳐

달라는 것은 억지입니다. 그런 경우 그 병을 고칠 수 있는 사람은 자기이지 신이 아닙니다.

객: 선생님 말씀은 조금 매정하게 들리지만 부정할 수 없네요. 일리가 있는 말씀입니다. 그러면 그런 경우 어떻게 하는 것이 성숙한 기도라고 생각하십니까?

주: 조금 더 이성적인 기도가 필요합니다. 꼭 이렇게 기도해야 한다는 것은 아니니까 참고로 들어보기 바랍니다. 이런 경우 드릴 수 있는 기도의 한 예를 들어보겠습니다. 우선 우리는 신에게 '나는 지금 이런 병에 걸렸다'고 고하고 '왜 내가 이 병에 걸렸는지, 이 병의 의미가 무엇인지, 그리고 나으려면 어떻게 해야 하는지'에 대해 겸손하게 물어야 합니다. 그런 다음에는 저 내면에서 신의 소리가 들릴 때까지 기다려야 합니다. 신은 인간 의식의 가장 깊은 내면에서만 만날 수 있기 때문에 아무 생각하지 말고 기다려야 합니다.

객: 그래요? 이런 기도는 쉽지 않겠습니다. 우선 이런 기도는 굉장히 조용한 가운데에서 이루어져야 하겠네요. 그래야 내면의 소리를 들을 수 있지 않겠습니까? 그렇게 말씀하시니 정 반대의 현상이 벌어지고 있는 개신교의 부흥회가 생각나네요. 거기서는 그저 크게 기도하는 것, 더 나아가서 몸을 마구 흔들면서 울부짖는 것이 좋은 기도라고 하지 않습니까? 그래야 방언이 터지고 그것을 은혜 받았다고 생각하고 서로를 치켜세우며 좋아들 합니다. 선생님 말씀 들어보니까 이런 부흥사들의 행태나 여기에 참석한 신자들의 모습은 엄마에게 생떼를 쓰는 아이들의 모습과 다르지 않네요.

주: 그런 건 아예 순 강짜이지요. 그렇게 소리를 질러대고 울고 몸을 흔들어 대면 신이 답을 주고 싶어도 그 답이 어떻게 그의 뇌리에 들어가겠습니까? 뇌리를 비워놓아야 신이 소통하지 그렇게 꽉 찬 상태로는 전지전능하다는 신도 어떻게 할 수 없습니다. 우리는 자꾸 비우고, 비우고 또 비워야 합니다. 비울 게 없을 때까지 자꾸 비워야 합니다(완전히 비우는 게 가능할지 어떨지는 또 다른 문제이다). 그걸 노자는 손지우손(損之又損), 즉 '덜어내고 또 덜어낸다'라고 표현하기도 했지요. 무슨 말인가 하면 세속인들은 자꾸 무엇을 취하고 또 취하려고 하지만, 즉 익지우익(益之又益)하려 하지만, 자신의 도는 덜어내는 게 목적이라는 것이지요.

객: 그러고 보면 모든 종교들이 다 통하는 점이 있네요. 저는 불가에 잘 알려진 어떤 대학교수 이야기를 알고 있습니다. 어떤 교수가 선사에게 와서 선을 가르쳐 달라고 했더랍니다. 그랬더니 선사는 선에 대해 설명하는 대신 찻잔에 물이 넘치도록 계속 물을 부었습니다. 그걸 본 교수가 안달이 나서 물을 그만 부으라고 하니 선사가 '당신 머릿속이 이렇게 꽉 차 있는데 어떻게 새로운 이야기를 해줄 수 있겠느냐'고 반문했다는 이야기입니다. 선의 궁극적인 목적은 사람의 뇌리에 들어 있는 기존의 여러 개념들을 디프로그램잉(deprogramming)하는 것인데 교수의 머릿속에는 선입견들이 가득 차 있으니 선을 가르쳐 줄 수 없다는 것이 그 선사의 의도였지요.

주: 나도 그 이야기를 알고 있습니다마는 공연히 동업자인 대학 교수가 조롱(?)의 대상이 되어 조금 마음이 걸립니다. 나 자신도 내가 대학 교수라는 것을 벗어나지 못한 모양입니다. 그러나 그 선사의 말에 전적으로 동의합니다. 그런데 이 이야기에는 문제가 있습니다. 그 문제는 선사의 말에서 발견됩니다.

그 선사는 교수에게 머릿속을 비우고 와야 선에 대해 가르쳐준다고 했는데 만일 머릿속을 다 비웠다면 그것은 이미 도를 안 것이 됩니다. 생각을 지웠다는 것은 도의 경지에 들어간 것을 뜻하기 때문입니다. 경지가 거기까지 가면 그 사람은 선에 대해서도 다 안 것이 됩니다. 그렇게 되면 승려 같은 타인에게 선이나 도에 대해 물을 필요가 없습니다. 그러나 비유는 그저 비유로 받아들이면 그리 문제될 것은 없겠습니다.

조금 다른 맥락으로 보일 수도 있겠지만 종교의 궁극적인 목표는 자아중심적인 사고의 극복이라고 할 수 있습니다. 인간의 모든 문제는 이 자아에서 나옵니다. 욕심, 어리석음, 투기, 성냄 등등 부정적인 성향들이 모두 이 자아에서 발생해 우리에게 한없는 고통을 줍니다. 그래서 세계의 고등종교는 사랑, 그것도 무조건적인 사랑처럼 인간으로서는 실행하기가 거의 불가능할 것 같은 사랑을 가르치고 있는 것이지요. 그렇게 하지 않고서는 그 자아를 넘어설 수 없기 때문입니다. 자아를 넘어서려면 생각을 쉬어야 합니다. 자아라는 개념은 모두 우리가 하는 생각에서 나오기 때문입니다. 따라서 기도는 가능한 한 조용히 해야 합니다. 아니 침묵하고 있는 것이 가장 좋은 기도라고 할 수 있지요. 그렇게 해서라도 자아 개념이 발동하는 것을 막아보자는 것입니다.

예배는 우리의 내면을 비우는 것이 되어야

객: 그런 시각에서 본다면 교회에서 하는 대부분의 예배도 잘못된 것 아닌지 모르겠습니다. 부흥회는 말할 것도 없고요. 보통의 예배를 보면 자아를 더 강화시켜 신자들을 이롭게 만들려고 하고 있지 않습니까? 그런데 만일 개신교

목사들이 이런 식으로 예배를 보면 사람들이 교회에 오지 않을 것입니다. 다시 말해 만일 목사가 설교에서 신자들에게 자아를 버리려고 노력하고 기도할 때에도 무엇인가 달라고 하지 말고 조용히 묵상하면서 내면에서 우러나오는 신의 소리를 들으라고 하면 그런 교회에는 신자들이 오지 않을 것이라는 것입니다. 신자들은 대부분 큰 존재에 의지하고 그 존재에게서 무엇이든 받아내려고 교회에 나오고 기도를 하는 것인데 그런 것을 하지 말고 조용히 묵상이나 하라고 하면 누가 교회에 오겠습니까? 조용히 있으려면 집에서 가만히 있지 왜 교회에 나와야 하느냐고 하겠지요.

주: 맞아요. 그런 시각에서 생각해보면 종교를 믿는다고 할 때 사실상 우리가 할 일은 없다고 할 수 있습니다. 가만히 신의 소리를 기다리다가 그 소리가 들려오면 그에 따라 행동하면 되기 때문입니다. 그런 면에서 개신교의 일파인 퀘이커(Quaker)의 예배는 주목할 만합니다. 이 교파에는 목사 같은 성직자를 두지 않습니다. 그리고 이렇다 할 예배 순서도 없습니다. 그냥 둘러앉아서 그날 읽을 구절을 바이블에서 선정해 읽습니다. 그런 다음 아무것도 하지 않고 가만히 몇 십분 동안 있습니다. 묵상을 하면서 '내면의 빛'을 만날 때까지 말입니다. 이 내면의 빛이란 내면의 소리를 의미합니다. 묵상을 통해 자신의 가장 깊은 곳에서 들려오는 소리를 듣는 것입니다. 그 소리가 들려오면 그 예배의 참석자들은 자신의 체험을 돌아가면서 말하고 그것으로 예배는 끝이 납니다.

객: 아니 개신교에 그런 종파가 있다는 말입니까? 같은 개신교인데 한국의 개신교와 어쩌면 이렇게 다를 수 있을까요? 이 퀘이커의 예배는 불교에서 좌선하는 것을 연상하게 하네요. 아무것도 하지 않고 조용히 있는 게 비슷해서

그렇게 생각해보았습니다.

한국 개신교는 지나치게 미국 개신교에 편중되어 있다!

주: 그런데 전 세계에 산재되어 있는 개신교 교회의 상황을 알려고 할 때 한국의 개신교를 보면 안 됩니다. 한국 개신교는 전 세계 개신교를 대표할 수 없습니다. 개신교는 우리가 생각하는 것보다 훨씬 더 다양합니다. 개신교는 전 세계적으로 약 2만 개의 종파가 있다고 합니다. 여기서 말하는 종파는 작은 게 아니라 장로교, 감리교, 침례교 같은 종파를 말합니다. 이런 것이 약 2만 개에 달한다고 하니 그 다양성을 알 수 있습니다.

한국의 개신교는 장로교나 감리교 등이 대세이고 다른 종파들은 별로 없습니다. 게다가 한국 교회는 매우 보수적이지요. (개신교) 교회를 다녀야만 천당에 갈 수 있다고 믿는 사람이 전체 신자의 90% 이상이라고 하니까요. 거기다 너무나 미국에 치우쳐 있습니다. 유럽에도 쟁쟁한 개신교파가 많이 있는데 그것들은 한국에 들어오면 영 맥을 못 춥니다. 예를 들어 영국을 대표하는 성공회 같은 종파 보십시오. 한국에는 성공회 교회에 나가는 신자들이 얼마 없습니다.

이 종파는 19세기 말에 들어왔으니까 상당히 오랫동안 선교활동을 한 것을 알 수 있습니다. 그래서 서울 중구 정동에 있는 것으로 문화재 수준에 해당하는 성공회 성당이나 강화도에 있는 강화 성당 같은 유구한 유적을 한국에 남겼습니다. 강화 성당은 한옥으로 성당을 지은 것인데 그 희귀성이나 상징성, 예술성이 크게 인정받고 있습니다. 사정이 이런데도 다른 개신교 종파에 비해 이 종파는 세가 미미합니다.

객: 정동에 있는 성당은 영국대사관 앞에 있는 성당을 가리키는 것이지요? 기회가 있어 저는 그 성당도 몇 번 갔었고 바로 옆에 있는 수녀회도 가보았습니다. 그곳에서 나는 참으로 깨끗하고 전통과 역사가 있는 기품 있는 건물을 볼 수 있었습니다. 그런데 저는 기독교인 가운데 성공회 교회에 다니는 사람은 만나 본 적이 없습니다. 교인이 얼마 없어서 그런 것이겠죠?

주: 성공회는 신도가 많지 않으니 만나는 일이 쉽지 않을 겁니다. 이런 예는 더 들 수 있습니다. 독일 개신교의 대표 선수라 할 수 있는 루터교회도 그런 경우이지요. 이 교단은 독일에만 3천만 명이 넘는 신자가 있는 세계적인 개신교 교단입니다. 그런데 한국에서는 영 기를 피지 못합니다. 신자 수가 성공회보다도 훨씬 적습니다. 성공회에는 그나마 한화 김승연 회장 같은 유명인들이 있는데 루터 교회는 그런 저명도 있는 신자가 없습니다. 그런데 미국의 개신교 교단들로 오면 사정이 달라집니다. 장로교나 감리교 같은 미국의 주요 개신교 교단들은 한국에 이미 뿌리를 깊이 내렸습니다.

그뿐만이 아니라 한국에는 개신교에서 이단으로 지정한 교단들도 들어와 활발하게 활동하고 있습니다. 안식교(정식 명칭은 제칠일 안식일 예수재림교회)나 모르몬교(정식 명칭은 예수 그리스도 후기 성도교회), 여호와의 증인 같은 교단이 그것인데 이들은 모두 한국 내에서 상당한 세를 누리고 있습니다. 이 가운데 안식교는 초등학교부터 대학교까지 갖고 있고 병원(삼육의료원, 일명 위생병원)도 갖고 있으며 SDA삼육외국어학원을 운영하고 있는 등 그 활동 범위가 매우 넓습니다. 그런가 하면 여호와의 증인은 병역 거부로 가끔씩 매스컴의 주목을 받지요.

객: 기독교의 교단 이야기를 들으니 헛갈립니다. 너무 복잡한 것 같은데 선생님의 설명을 듣다보니까 이런 의문이 생깁니다. 세계의 기독교에는 도대체 어떤 것이 있는 것인가, 전 세계 기독교를 어떻게 이해하면 좋을까, 이 다양한 기독교를 큰 묶음으로 정리해 간단하게 이해할 수 있는 방법은 없을까 같은 의문들 말입니다.

전 세계의 기독교를 가장 간단하게 정리하면..

주: 지금 전 세계에는 지극히 다양한 기독교가 있습니다. 따라서 비전문가들은 기독교를 이해하는 데에 많은 어려움을 느낍니다. 그러나 이 다양한 기독교를 간편하게 읽어낼 수 있는 방법이 있어 소개해봅니다. 전 세계의 기독교는 크게 나누면 셋으로 나눌 수 있습니다. 이런 것은 알아두어야 세계화 시대에 뒤떨어지지 않을 것입니다. 특히 서양은 주 신앙이 기독교이니 서양을 알려면 기독교에 대해 기본적인 상식을 갖고 있어야 합니다.

이 셋은 아주 간단합니다. '로마가톨릭'과 '동방정교회'와 '개신교'가 그것입니다. 가톨릭은 1054년 대분열을 하는데 이때 서쪽의 로마가톨릭과 동쪽의 동방정교회로 나뉩니다. 가톨릭은 서유럽 국가들이 많이 믿는 반면 동방정교회는 그리스나 러시아, 체코 같은 동유럽 국가들이 많이 믿고 있지요. 가톨릭은 현재 전 세계적으로 가장 신도수가 많은 종교입니다. 이슬람이나 불교보다 신도수가 더 많습니다. 이 가톨릭은 우리와 친숙하지만 동방정교회는 그리 가깝다는 느낌을 받지 못합니다. 그것은 이 종교를 믿는 국가들이 우리와 그리 가까운 나라가 아니기 때문일 것입니다. 우리가 잘 아는 동방정교회 국가는 그리스나 러시아인데 러시아에 이 교회의 신도수가 가장 많습니다.

객: 사실 그동안 한국인들은 동방 정교회에 대해 잘 모르고 있었죠? 이 종교를 믿는 국가들이 많은 경우 공산주의 국가라 한국은 그동안 이 나라들을 많이 기피했습니다. 그러니 그 종교의 상황을 잘 알 수 없었겠죠. 그런데 동방 정교회나 개신교가 가톨릭에서 갈라져 나왔다는 의미에서 가톨릭은 모태 같은 종교네요.

주: 그래서 한국의 일부 개신교인들이 가톨릭을 이단이라고 하는 게 어불성설이라는 겁니다. 아니 자기 뿌리를 보고 이단이라고 하면 그게 말이 되겠습니까? 그런데 이 개신교가 재미있습니다. 많은 종파로 나뉘었기 때문입니다. 가톨릭이나 동방정교회는 종파가 없습니다. 이 교회 밑에는 많은 조직이 있지만 종파로 분화된 것은 아닙니다. 그러나 개신교에는 많은 종파가 있고 이 종파들은 우리에게도 아주 익숙합니다. 예를 들어 장로교, 감리교, 침례교, 성결교, 성공회 등이 그것인데 이 가운데 한국에는 장로교회가 제일 많습니다. 신도수가 제일 많다는 것이지요(참고로 미국에서는 개신교 가운데 남침례교가 가장 많은 신도 수를 자랑하고 있다). 이 장로교도 예수교 장로교회와 기독교 장로교회로 나뉘어 있지만 그 자세한 것은 생략하겠습니다. 그런데 재미있는 것은 성공회입니다.

객: 영국의 국교였던 성공회 말입니까? 우리들끼리 장난으로 저 교회는 성공한 사람만 들어간다고 했었죠. 이 교단도 가톨릭과 연관이 있지요?

주: 연관이 있는 정도가 아니라 이것도 모체는 가톨릭입니다. 이 교회가 생겨난 배경은 잘 알려져 있지요? 그런데 그 배경이 종교적인 것이 아니고 정치적인 것이라 놀랍습니다. 영국 튜더 왕조의 왕 헨리 8세가 이혼하고 딴 여자와 결혼하기 위해 만든 종파이기 때문입니다. 당시 영국은 가톨릭 국가였는데 헨리 8세는 왕비와 이혼하고 그 시녀였던 사람과 비밀리에 결혼합니다. 그런데 교황청에서 이것을 인정하지 않았습니다. 이유야 간단하지요. 가톨릭은 이혼을 인정하지 않기 때문입니다. 그러자 헨리 8세는 교황청을 무시하고 자신이 수장이 되는 새 종교[Anglican Church]를 만듭니다.

이것이 성공회의 시작입니다. 간단하게 말해서 이 종교는 헨리 8세가 자신의 결혼을 인정받기 위해 만든 것이지요. 이 종교는 가톨릭을 모체로 만들었기 때문에 성직자를 가톨릭처럼 신부라 부르고 또 수녀 제도도 갖고 있습니다. 체제가 가톨릭과 아주 비슷합니다. 단 이 종파의 신부는 결혼할 수 있습니다. 그런데 교리는 당시 일어났던 종교혁명에 영향을 받아 개신교에 많이 가깝습니다. 이런 개신교와의 밀접성 때문에 이 성공회는 체제는 가톨릭처럼 보여도 개신교라고 하는 것이지요.

객: 성공회 이야기가 재미있네요. 시작이 영 종교적이지 않은 것도 문제이지만 이혼 문제 가지고 새로운 종교를 창시했다는 게 믿기지 않습니다.

주: 성공회의 시작은 분명히 문제가 많았죠. 나라의 종교가 갑자기 바뀌었으니 얼마나 많은 혼란이 있었겠어요. 헨리 8세는 성공회로 개종하지 않는 가톨릭교도들을 무자비하게 죽였습니다. 자기가 새 장가 들려고 종교를 세워놓고서 자신이 만든 종교를 따라오지 않는다고 사람을 죽이는 등 참으로 비종교적인 일을 많이 했습니다. 그러나 종교는 시작보다 그 다음이 중요합니

다. 초기의 그런 혼란을 딛고 성공회는 계속 발전해서 지금은 아주 건실한 기독교 교단으로 인정받고 있습니다.

진정한 기도는 아멘 혹은 'Let it be'

객: 진정한 종교의 상을 이야기하다 기도에 대해서 보기 시작했고 그러다 여기까지 왔네요. 다시 기도에 대해 이야기하고 싶습니다. 이야기가 아직 미진하기 때문입니다. 선생님이 아까 진정한 기도는 신께 모든 것을 맡기는 것이라고 하셨는데 그러니까 갑자기 비틀즈의 'Let it be'라는 노래가 생각나네요. 이 제목은 '그대로 나둬라'는 것 아닙니까? 가사도 그래요. 자기가 어떤 문제에 봉착해 고심하고 있었는데 성모 마리아가 나타나 '그냥 나둬라'고 했다는 것 아닙니까?

주: 사실은 기독교인들이 가장 많이 쓰는 단어인 '아멘'이 바로 이런 의미예요. 아멘은 '그냥 그대로' 혹은 '신의 뜻대로'라는 뜻인데 엄밀히 생각하면 기독교인의 기도는 이것밖에는 없습니다. 모든 것을 신에게 맡기고 완전히 신에게 복종하는 것이 바로 기독교인의 기도라는 것이지요. 그리고 한 걸음 더 나아가 어떤 일을 당하든지 무조건 감사하게 생각하는 것이 기도의 본질일 겁니다. 이것이 바로 기독교 신앙의 본질이라고 할 수 있습니다.

사람들은 기독교 신앙이 쉬운 것이라고 오해하기 쉽습니다. 왜냐하면 예수만 믿고 교회에서 하라는 대로 봉사활동하고 헌금 잘 내면 구원 받는다고 생각하기 때문입니다. 그렇게 살다 죽으면 천당 가서 영생할 수 있으니 구원이 얼마나 쉽게 보이겠습니까? 그러나 이것은 매우 이기적인 신앙입니다. 아니 조금 다른 표현으로 하면 수준 낮은 신앙입니다. 이런 것은 기독교 신앙의 핵심이 될 수 없습니다.

객: 그럼 어떤 것이 기독교 신앙의 본질입니까? 너무 어려워지는 것 아닌지 모르겠습니다.

주: 기독교는 인도식으로 하면 '박티'의 종교입니다. 박티란 헌신을 말합니다. 헌신도 그냥 헌신이 아니라 신에 대한 완전한 헌신 혹은 복종을 말합니다. 종교의 목적에 대해 내가 앞에서 무엇이라고 했습니까? 종교의 목적에는 여러 가지가 있지만 '자아중심적 사고의 극복'이라는 개념이 매우 중요한 자리를 차지합니다. 신께 완전히 복종하는 것은 바로 이 자아중심적 사고를 극복하기 위한 것입니다. 내 자아가 다시 쳐들고 올라오지 않게 하기 위해 신에게 철저하게 항복하는 것입니다. 그래서 기독교인은 자신에게 어떤 일이 생겨도, 아무리 나쁜 일이 생겨도 무조건 감사해야 합니다.

객: 글쎄요 교회에서는 범사에 감사하라고 많이들 주장하는데 선생님이 말씀하시는 것은 그 정도가 아닌 것 같네요. 범사뿐만 아니라 악사(惡事)에도 감사해야 한다고 하시니 말입니다.

기도는 따지는 것이 아니라 신의 뜻을 조용히 기다리는 것

주: 구체적인 예를 들어서 이야기해보지요. 어떤 여성이 강간을 당했다고 했을 때, 혹은 어떤 사람이 다른 사람에 의해 큰 상해를 입고 불구가 됐을 때 해당자들은 이 사건에 대해 신께 감사하다고 할 수 있을까요? 이것은 정말 힘든 일입니다. 우리는 이렇게 하기보다는 '왜 나한테 이런 일이?' 혹은 '내가 무엇을 잘못 했다고 이런 일이?'라고 하면서 억울함을 호소할 것입니다. 그와 더불어 나에게 위해를 가한 상대방에게 엄청난 분노와 증오를 뿜어댈 겁니다.

그런데 기독교 같은 유신론적인 종교에 따르면 이런 일들은 모두 신의 의지에 따라 생긴 것입니다. 이 세상에 일어나는 일 중에 신과 관계없는 일은 있을 수 없기 때문입니다. 이것은 당연한 것 아니겠습니까? 따라서 기독교나 이슬람교 같은 유신론교를 수용하지 않는 사람은 '왜 내가 이런 불공정한 일을 당해야 하느냐'고 불평을 털어놓을 수 있지만 유신론을 믿는 교인들은 그렇게 해서는 안 됩니다. 신이 하는 일에 불평해서는 안 된다는 것입니다. 그것은 자기 신앙을 스스로 부정하는 것입니다. 다시 말해 이것은 자기가 믿는 신을 모독하는 것과 같습니다.

객: 선생님 말씀은 머리로는 전부 이해가 됩니다. 그러나 그런 일이 닥쳤을 때 과연 제가 그렇게 할 수 있을지는 의문입니다. 이 시각에서 보면 '우리가 어떻게 기도를 해야 하는가'에 대한 답이 금세 나오는 군요.

주: 그래요. 아주 안 좋은 일이 생겼을 때 하는 진정한 기도는 이렇게 해야 합니다. 이 문제에 대해서는 앞에서 조금 다루었지요? 이 기도와 관계된 문

제는 중요한 것이라 우리의 대화에 자주 등장하는군요. 중요한 주제이니 복습하는 의미에서 다시 한 번 보는 것도 괜찮을 것입니다. 사실 어떤 일을 할 때 그 일을 자꾸 복습하지 않으면 자기 것으로 만드는 일이 쉽지 않습니다.

각설하고, 아주 나쁜 일이 나에게 생겼다고 합시다. 이때에 일단 하지 말아야 할 질문은 '왜 나에게 이런 일이?'와 같은 부정적인 질문입니다. 그럼 어떻게 해야 한다고 했습니까? 우리는 이런 일이 생기게 한 신의 뜻은 모르지만 그의 섭리에 따라 이런 일이 일어났다고 생각하고 그 다음에 어찌 할지를 물어야 한다고 했죠? 다시 말해 왜 나한테 이런 일이 생겼냐고 신에게 따져 묻는 것이 아니라 지금 이 일을 해결하려면 과연 나는 무엇을 어떻게 해야 하느냐고 물어야 한다는 것입니다. 그래야 참다운 기도라 할 수 있습니다. 그런데 말은 이렇게 쉽게 하지만 이 일은 엄청나게 어려운 일입니다. 이렇게 하는 것이 얼마나 어려운지는 예수의 경우를 보아도 알 수 있습니다.

객: 네? 예수님도 신에게 따지듯이 물었다는 말씀입니까? 예수님이 우리 같은 범인처럼 신에게 불만을 표시했다는 것은 믿기지 않습니다.

주: 예수가 그런 식으로 신을 원망했다는 것은 아니고 신의 뜻을 따르는 게 얼마나 힘든가를 보여주는 장면이 있어 소개할까 합니다. 물론 이 장면은 잘 알려진 것이지요. 예수가 십자가에 매달려 극심한 고통을 느낄 때 혼잣말로 '(신이여) 왜 나를 버리느냐'고 부르짖은 것이 신약에 기록되어 있습니다. 이 말이 사실이라면 이것은 예수 같은 분들조차 신의 뜻을 따르는 일이 어렵다는 것을 보여주는 예일 겁니다. 그만큼 진정한 기독교인으로 사는 것은 어려운 일입니다.

객: 그렇군요. 그런데 그 예수님의 태도가 조금 이상해요. 예수님은 당신이 말로 할 수 없는 수모를 당하고 십자가에서 죽을 것이라는 것을 이미 다 아셨을 텐데 왜 절망했는지 모르겠어요. 자신의 미래를 다 아는 분이라면 자신이 당하는 일을 담담하게 받아들일 것 같은데 왜 의아스럽다는 듯한 발언을 했는지 모르겠습니다.

주: 그건 나도 모르겠습니다. 예수가 십자가에서 실제로 어떤 발언을 했는지 모르는 입장에서 그 사건에 대해 이야기하는 것은 무리입니다. 이 사건에 대해 적은 바이블의 기록은 너무 소략해 사건의 전모를 아는 데에 그다지 도움이 안 됩니다. 아무튼 내가 여기서 밝히고자 하는 것은 진정한 크리스천이 되는 일이 이렇게 어렵다는 것입니다. 교회에서 목사가 말하는 것을 다 믿어서는 안 됩니다. 한국 목사들이 하는 말들은 대부분 미국 기독교에서 온 것들입니다. 지금 한국인들이 믿는 개신교는 그 신학이 지나치게 미국화 되어 있습니다. 그 미국도 최신의 미국이 아니라 거칠게 말해서 20세기 중반의 미국에서 유행하던 신학에 머물러 있다고 할까요? 이 신학의 특징을 한 마디로 말하면 대단히 보수적이라는 것입니다. 그래서 그 수준이 그리 높다고 할 수 없습니다.

한국 기독교의 문제는?

지나치게 미국에 편향된 한국의 신학계

객: 우리나라는 신학교도 많고 신학자라고 자칭하는 사람들도 많습니다. 또 기독교 서적만 취급하는 책방도 많습니다. 그런 곳에 가면 기독교에 관한 책들이 이렇게 많았던가 하고 놀랄 정도로 책이 많습니다. 이렇게 많은 인원이 연구를 하고 있다면 한국이 아니면 나올 수 없는 새로운 기독교 신학이 나와야 하는데 제가 알기로는 그런 수준의 연구는 나오지 않은 것 같습니다. 그러니까 제 말씀은 한국에서만 발견되는 한국적인 신학이 나오지 않았다는 것이죠.

주: 맞는 말입니다. 당신이 말한 대로 지금 한국에는 한국적인 신학이라고 할 만한 것이 없습니다. 이유는 간단합니다. 신학뿐만 아니라 한국의 학계 전

체가 미국으로 지나치게 경도되어 있어 미국을 능가하는 이론이 나오지 않으니 신학도 그럴 수밖에 없었을 겁니다. 그래도 굳이 한국적인 신학이라고 부를 만한 것을 꼽으라면 1970~1980년대에 있었던 '민중신학'을 들 수 있을 겁니다. 민중신학의 내용은 간단합니다. 당시에 횡행했던 독재체제와 경제제일주의로 인해 생겨난 사회의 여러 문제를 직시한 개신교 신학자들은 이런 사회의 가장 큰 피해자를 민중이라는 개념으로 집약시켰습니다. 그리고 이들이 인간적으로 살 수 있는 사회를 만드는 것을 최고의 목표로 삼았습니다.

이 민중의 개념을 기독교에서 뽑아내어 그것을 한국화 시킨 것이 민중신학인 것입니다. 그런데 이 민중신학이 나오게 된 배경에는 남미의 해방신학이 있었습니다. 당시 남미 역시 수많은 독재정권들이 득세하던 때이었는데 그런 압제 밑에서 신음하던 가난한 서민들을 사회정치적으로 또 경제적으로 해방시키려고 했던 것이 해방신학입니다. 이것을 일종의 상황신학이라고도 하는데 민중신학은 그러한 해방신학의 틀을 한국적 상황에 응용한 것이라고 할 수 있지요.

객: 민중신학이라는 용어는 들어보기는 했습니다마는 요즘에는 그 신학에 대해 언급하는 것을 들은 적이 없습니다.

주: 지금은 그 신학하는 사람이 없을 겁니다. 한국이 사회경제적으로 발전하면서 민중이라는 개념 자체가 사그라졌기 때문에 그 개념에 입각한 신학도 사라졌습니다. 이것은 이 신학의 태동 자체가 내부적인 데에서 기인한 것이 아니라 남미의 해방신학을 모델로 했기 때문에 생긴 현상 아닌가 합니다. 그런데다가 이 남미의 해방신학도 추동력을 잃어 지금은 이 신학에 대해 말하

는 사람을 찾기 힘듭니다. 자생력이 없었던 것이지요.

이 민중신학과 더불어 한국적 기반에서 나온 신학을 들자면 이른바 토착화 신학이라는 것을 들 수 있습니다. 이것은 말 그대로 한국이라는, 기독교와는 완전히 다른 문화를 갖고 있는 나라의 토양에 맞는 기독교 신학을 하자는 것입니다. 이런 신학을 창출하기 위해 몇몇의 신학자들은 서구의 신학을 가지고 한국에 있던 기존의 종교, 그러니까 유교나 불교, 샤머니즘 등과 융합을 꾀해 새로운 신학을 만들어내려고 했습니다. 한 예를 들어보면, 한국 고유의 풍류도와 기독교 신학을 합해 만든 '풍류신학'과 같은 것이 있었습니다. 그런데 이런 것들이 간간히 나오는 것 같더니 이 계통의 신학은 현재 별 주목을 받지 못하고 있습니다. 안타까운 일이지만 이 신학 전통 역시 후대로 이어지지 않아 지금은 이런 종류의 신학을 하는 사람이 거의 사라졌습니다.

객: 저도 1980년대까지는 토착화 신학에 대해 간간히 들어보았는데 2천 년대에 들어와서는 이 신학에 대해 전혀 들어보지 못했습니다. 이 신학도 민중신학처럼 한 물 간 건가요? 어째서 이처럼 한국에서는 한국적인 신학이 나올 듯하더니 나오지 않는 건가요?

주: 내가 듣기로 서양의 신학계에서는 한국의 기독교에 많은 기대를 했다고 합니다. 왜냐하면 한국은 고유의 종교 전통이 시퍼렇게 살아 있으면서 기독교가 창궐한 나라이기 때문입니다. 종교적으로 볼 때 전 세계에 한국 같은 나라는 없습니다. 세계 대부분의 나라들의 종교 분포를 보면 대개 단수로 되어 있는 것을 알 수 있습니다. 다시 말해 하나의 전통이 우세를 점하고 있지 한국처럼 아주 이질적인 종교인 기독교와 불교(그리고 유교와 샤머니즘)가 팽팽한 세를 유지하고 있는 나라는 없다는 것입니다. 이런 한국이기에 서양의 개

신교 학계에서는 한국에서 새로운 신학이 나오지 않을까 하고 기대를 했다고 합니다. 그러니까 한국의 고유 전통과 개신교가 융합되면서 새로운 개신교가 나올지도 모른다고 생각한 것이지요. 당시 서구의 개신교 신학은 너무 서양, 특히 미국의 신학 위주로만 이루어져 있기 때문에 한계에 다다른 면이 있었거든요. 그 한계를 깨는 나라로 한국이 주목을 받았던 것이지요.

객: 결과는 어땠습니까? 한국에서 새로운 개신교가 태동됐나요? 그런 움직임은 보이지 않는 것 같습니다. 우리 주위의 개신교를 보면 새롭기는커녕 이상한 행태들이 더 많이 보입니다. 너무나도 보수적인 신학이 나오고 전 세계에 유례를 찾을 수 없는 대형교회가 다수 출현하는가 하면 무리하게 진행되는 해외 선교 등 새로운 모습보다는 구태의연한 모습만 보이고 있습니다. 단도직입적으로 말해 한국 개신교는 규모는 엄청난 것 같은데 도무지 신선한 느낌이 들지 않습니다.

요원하기만 한 한국적인 신학의 출현

주: 나도 당신의 의견에 동의할 수밖에 없습니다. 여기서는 한국의 개신교 전체에 대해서 말하는 것은 피하고 신학에 한정해서 이야기를 하겠습니다. 개신교 전체를 다루려면 그 다루어야 할 분야가 방대해서 다른 지면에서 정식으로 해야 합니다. 이에 대해서는 다음에 기회가 있을 때 보기로 하고 신학으로 돌아가서, 결론부터 말하면 한국적인 신학의 출현은 물 건너 간 것 같습니다. 앞에서 말한 대로 민중신학이든 토착화신학이든 다음 세대로 이어지

지 않았기 때문입니다. 이 신학들을 주도했던 분들은 다 90대 이상으로 대부분 타계했습니다. 이 세대들은 기본적으로 한문에 능하고(?) 한국의 전통에 대한 기본적인 지식이 있었습니다. 그리고 이 분들이 생존 시에는 불교나 유교 같은 한국의 종교 전통이나 무속 같은 민속전통들이 생활 속에서 살아 있었습니다. 그래서 이 분들은 자연스럽게 한국의 전통 문화에 훈습될 수 있었습니다. 그런 상태에서 그들이 개신교 신학과 융합을 꾀했으니 새로운 신학이 그나마 싹 정도는 틔울 수 있었던 것입니다.

객: 이 분들이 학문을 하던 시기는 1960년대와 1970년대로 생각되는데 이때 한국의 문화전통이 살아 있었다는 것을 어떻게 알 수 있나요?

주: 이런 의문에 객관적인 증거를 댈 수 있는 것은 아닙니다만 비근한 예를 한 번 들어보지요. 설 같은 명절을 생각해보세요. 내가 어릴 때인 1960년대에 설은 정말 명절 같았습니다. 이때가 되면 대부분의 국민들이 평소에는 잘 입지 않는 한복을 입고 정성스레 제사를 지냈습니다. 그리고 집안 어른들에게도 세배를 격식 있게 했습니다. 그리고 그렇게 한복을 입고 동네를 돌아다니면서 이웃 어른들께 절을 올리고 돈을 받고 음식 대접을 받았습니다. 그때는 정말 그 날이 기쁜 명절이었습니다. 그래서 설날이나 추석이 있는 달이 되면 마음을 설레면서 손꼽아 그 날을 기다렸습니다.

그런데 지금은 어떻습니까? 설에 바른 법도에 맞추어 제사를 지내는 집이 드뭅니다. 또 격식 있게 세배하는 집도 찾아보기가 힘듭니다. 그냥 다 대충대충합니다. 옷도 어제까지 입던 옷을 그냥 입고 절도 하는 둥 마는 둥 하고 돈만 받아 챙깁니다. 그래서 아이들은 명절을 딱히 기다리지도 않습니다. 반면에 다른 날이 더 각광받기 시작합니다. 예를 들어 미국의 명절인 할로인 데이나 아무 의미 없는 발렌타인 데이 같은 것이 더 신나는 축일이 되었습니다. 이것은 우리 사회가 전통을 다 잊어버리고 서양, 특히 미국으로 완전히 경도된 것을 의미합니다. 이것 외에도 다른 예가 부지기수로 많지만 이것 하나로도 충분하다는 생각입니다.

객: 맞아요. 갈수록 우리 사회는 전통에서 이탈하는 느낌을 많이 받습니다. 이것을 종교에 국한해서 말하면, 1960년대까지만 해도 기독교 신자들은 자신이 교회 다닌다는 사실을 그리 떳떳하게 말하지 못했습니다. 당시는 기독교 신자가 수십만 명밖에 되지 않아 주일에 교회 가는 사람을 발견하는 일이 쉽지 않았습니다. 그런데 지금은 교회 가는 것은 당연하게 여기는 반면 절에 가는 사람들이 자신이 불교신자라는 사실을 대놓고 말하는 일을 꺼리는 정도가 되었습니다. 특히 젊은 세대들을 보면 절에 가는 친구들을 발견하는 일이 어렵게 되었습니다.

주: 한국 사회가 지나치게 미국화 되었다는 것은 더 이상 언급할 필요가 없는 자명한 사실입니다. 이것은 신학을 공부하는 사람들도 마찬가지였을 겁니다. 민중신학이나 토착화신학의 제2세대라 할 수 있는 사람들은 현재 50대 내지 60대인데 이들은 한국이나 동양의 종교 전통에 대해 그리 밝지 못합니다. 그리고 한문이나 산스크리트어 같은 동양의 문자로 쓰인 경전에 대한 지식도 그리 많지 않습니다. 더 나아가서 한국의 토종 종교인 동학이나 원불교 같은 종교에도 밝지 못합니다. 진정한 한국적인 신학은 바로 이런 전통사상들과 기독교가 융합되면서 나올 수 있을 터인데 그들이 이에 대해 잘 모르니 새로운 게 나올 리 없습니다. 대신 그들은 그저 미국 신학자들이 떠든 것을 되뇔 뿐입니다.

객: 선생님께서는 자꾸 새로운 신학을 말씀하시는데 그게 무엇인지 감이 잘 안 잡힙니다. 혹시 생각해보신 것이라도 있는지요.

새로운 신학은 한국 기독교가 서양 전통에서 자유로워야 태동할 수 있을 것

주: 나는 신학이 전공이 아니기 때문에 새로운 신학에 대해 구체적으로 말하지는 못합니다. 그러나 한 가지는 확실하게 말할 수 있습니다. 새로운 한국적인 신학은 한국의 기독교나 신학계가 서양의 신학 전통으로부터 자유로워야 그 태동이 가능하다는 것입니다. 한국의 신학자들이 지금처럼 서양 신학계의 꽁무니만 따라다닌다면 애당초 새로운 한국 신학은 실현 불가능합니다. 남의 것만 좇는데 어떻게 새로운 것이 나올 수 있겠습니까?

그런데 한국의 기독교가 서양의 영향에서 자유로워지려면 무엇부터 해야 할까요? 그것은 그 근본을 바꾸어야 가능한 일입니다. 이것은 결코 쉬운 과제가 아닙니다. 나는 평소에 늘 서양의 기독교에는 예수의 '원체험'이 제대로 전달되지 않았다고 생각하고 있었습니다. 그 주된 왜곡의 원인은 기독교가 로마에 정착되는 과정에서 찾아 볼 수 있습니다. 기독교가 로마의 국교가 되어 뿌리를 내리면서 예수의 원체험은 상당 부분 왜곡되기 시작했습니다. 어떻게 왜곡되었다는 것일까요?

그것을 아주 간단하게 말하면, 예수의 원체험이 그리스식의 이원론에 의해 왜곡됐다는 것입니다. 그래서 그들은 신과 인간을 완전히 다른 두 실체로 파악했습니다. 그렇게 해 놓고 신은 전지전능하다든지 무소부재하다든지 무한, 그리고 영원하다는 식으로 온갖 좋은 성질을 부여했습니다. 반면 인간은 죄인이고 유한하고 유약하기 짝이 없는 존재로 낙인 찍었습니다. 그리고 신의 은총이 없으면 절대로 구원받지 못한다고 가르쳤습니다. 여기서 나온 게 신의 절대적 타자성(Absolute Otherness)입니다. 신은 인간과는 완전히 다른 존재라는 것이지요.

객: 맞습니다. 기독교의 교리가 대체로 그렇게 되어 있지요.

주: 이런 교리는 예수의 원체험과 맞지 않습니다. 예수는 신과 인간이 이렇게 완전하게 다른 존재라고 말하지 않았습니다. 예수는 신과 인간을 철저하게 나누는 이원론자가 아닙니다. 이것은 조금 복잡한 문제이니 자세하게 이야기하지는 않겠습니다. 어떻든 기독교는 이런 이분법적인 신학에서 벗어나야 합니다. 당시 로마인들은 예수의 원체험을 아리스토텔레스의 그리스식 이분법으로 해석했는데 이것은 예수의 가르침을 잘못 이해한 결과입니다. 예수의 진정한 가르침은 이원론보다 '신과 인간이 둘이 아니다(다르지 않다)'는 불이론에 더 가깝습니다. 따라서 우리는 예수의 가르침을 제대로 해석해야 합니다.

그렇게 하기 위해서는 우리가 갖고 있는 불교나 유교, 동학 등을 활용해 보다 창의적인 차원에서 기독교와 융합해야 합니다. 그런데 나는 그렇게 하는 신학자를 거의 보지 못했습니다. 한두 명의 신학자가 시도는 했습니다마는 새로운 신학이 한두 명이 노력한다고 나오는 게 아닙니다. 대부분의 한국 신학자들은 서구 기독교 신학에서 벗어나면 큰일 나는 줄 압니다. 그러나 그렇게 해서는 새로운 신학은 만들어내지 못합니다. 이것은 흡사 조선의 성리학자들이 성리학에 그렇게 매달렸지만 중국 성리학을 능가하는 학설을 만들어

내지 못한 것과 비슷하다고 하겠습니다.

객: 선생님의 말씀은 조금 어려운 이야기라 잘 알아듣지 못하겠군요. 아무튼 서구의 신학에서 벗어나라는 말씀으로 들립니다. 선생님의 말씀 가운데 조선의 유학자들이 중국의 유학을 능가하는 학문을 창출하지 못했다는 데에는 동의합니다. 그들은 주자의 철학만을 진리로 생각해 어떤 식으로든 주자를 넘어설 생각을 한 적이 없지 않습니까? 그래서 유교 경전도 주자가 주해한 것만 보는 등 학문의 편집성, 즉 쏠림 현상이 대단했습니다.

주: 한국은 역사적으로 종교철학의 대부분을 중국으로부터 수입하는데 중국을 능가하는 철학을 만든 시기는 신라 통일 전후 시기밖에 없습니다. 원효를 위시해 대단한 고승들이 당시에 많이 나왔죠. 그들이 대단하다는 것은 중국 승려들이 자신들의 저작을 쓸 때 신라 승려들의 저작을 참고한 데에서 알 수 있습니다. 그 뒤로 고려나 조선까지 중국의 종교(불교, 유교)학자가 한국 학자의 연구를 참조했다는 예는 과문한 탓인지 모르지만 들은 적이 없습니다. 조선의 퇴계나 율곡이 조선에서는 뛰어난 학자였는지 모르지만 중국의 입장에서 볼 때에 창조적인 학자는 아니었던 것 같습니다.

이것은 현대 한국의 개신교 신학자들에게도 그대로 적용됩니다. 지금 한국에는 수많은 신학자들이 있지만 그들의 저작 가운데 미국 신학자들의 사상 형성에 영향을 끼친 사람은 거의 없습니다. 이것은 그만큼 원류를 넘어서는 일이 어렵기 때문에 생긴 일일 것입니다. 또 그들은 조선의 성리학자들처럼 본인들이 원류를 넘어서려고 하지도 않았습니다. 내 눈에 한국의 학자들은 식민지 백성의 수준을 넘어서지 못하는 것으로 보입니다. 진리는 항상 서양이나 중국에 있고 우리는 그저 그것을 따라가면 된다는 그런 상태에 있다는 것이지요.

객: 잘 알겠습니다. 우리의 수준이 그렇게 된 것은 우리가 서양의 근대 학문을 시작한 지가 얼마 되지 않아 그런 면도 있겠지요. 지금까지 한국의 기독교 신학에 대해서 보았는데 같은 문화권에 속하면서 비슷한 시기에 기독교를 받아들인 일본은 사정이 어떻습니까?

우리와는 사뭇 다른 일본 종교계

주: 글쎄요, 내가 신학 전공이 아니라서 자신 있게 말은 못하지만 신학 하는 동료들 말에 따르면 일본의 신학 수준이 한국보다 더 높다고 하더군요. 신학 쪽은 잘 몰라도 일본의 불교 연구 수준은 분명히 세계적인 수준입니다. 서구의 불교학자들이 일본학자들의 연구를 영어로 번역해서 참고하니 말입니다. 미국 대학원에서 공부할 때 그런 걸 많이 보았습니다. 불교를 전공하는 서양 친구들은 일본 알기를 무슨 성스러운 국가처럼 생각하곤 했지요. 불교학 수준이 그 정도니 신학도 거기에 버금가는 수준이 아닐까 합니다. 일본의 불교 연구 수준은 세계가 알아줍니다. 나는 이 사실을 방증하는 증거로 대장경을 듭니다. 우리는 우리 고려대장경이 세계 최고라고 자랑하지만 정작 세계의 불교학자들이 불교를 연구할 때 일차 자료로 쓰는 것은 일본의 "(대정)신수대장경"입니다.

객: 신수대장경이라니요? 그건 또 무엇입니까? 우리 대장경을 능가하는 대

장경이 또 있다는 말입니까?

주: 일본에서 1920년대 초에 편찬하기 시작해 10년이 걸려 완성한 대정신수대장경이 그것입니다. 일본은 제국답게 동북아시아의 문화나 종교를 종합하는데 그 일환의 하나로 불교의 경전을 총합하여 대장경을 만듭니다. 대정시대(1912-1926) 때 만들었다고 하여 대정신수(大正新修)대장경이라고 합니다(여기서 신수는 새롭게 고쳤다는 의미). 이 대장경은 우리의 고려대장경을 저본으로 해서 만들어졌다고 하는데 고려대장경에 포함되지 않은 것들을 보충하여 방대한 북전 불교 대장경을 완성하게 됩니다. 이 장경은 우리 것과는 달리 인쇄본으로만 만들었습니다.

그들은 그 뒤에 곧 남방불교 경전까지 총합하여 '남전대장경'까지 만들게 되는데 이로써 일본은 불교 경전을 남방 북방 가리지 않고 총체적으로 정리하게 됩니다. 이런 나라가 일본입니다. 20세기 초에 동양의 종교문화 및 불교 경전을 총정리한 나라가 일본이라는 것입니다. 우리는 당시 식민지 치하 속에서 신음하고 있었는데 일본은 이런 업적을 이루었습니다. 그렇게 만들어진 대장경이니 세계의 불교학자들이 불교를 연구할 때 이 대장경을 쓰고 있는 것입니다.

객: 일본의 수준을 알만 하네요. 그런 나라이니 비록 종교는 다르지만 기독교 신학 연구에서도 우리와는 차원이 다를 것 같네요.

주: 방금 전에 말한 것처럼 일본의 신학자들에 대한 자세한 사정은 모르지만 금세 떠오르는 사람으로 엔도 슈사쿠[遠藤周作]라는 작가가 있습니다. 이 사람은 가톨릭 신자인데 일본에 가톨릭이 전파되던 때의 상황을 소설로 쓴 『침

묵』을 발표하여 전 세계적으로 주목을 받았고 그 작품으로 노벨문학상 후보까지 올라갔습니다. 이 사람은 또 『예수의 생애』라는 예수 일대기를 썼는데 이 작품은 전 세계적으로 예수평전 가운데 가장 훌륭한 것 중의 하나로 손꼽히고 있습니다. 나도 대학시절 이 작품을 읽고 크게 감동받았습니다.

또 생각나는 사람으로는 흔히 무교회주의자로 알려진 우치무라 간조[內村鑑三]라는 사람이 있습니다. 그는 기독교 신앙이란 가시적인 교회나 그런 조직에 기반 되어서는 안 되고 오직 바이블을 기초로 해야 한다는 주장을 한 것으로 유명합니다. 그러면서 자신이 배운 유교와 기독교를 통합해 일본에 맞는 기독교를 만들려고 노력한 사람입니다. 이 사람이 우리에게 중요한 것은 김교신이나 함석헌 같은 한국의 유력한 기독교 인사들에게 큰 영향을 미쳤기 때문입니다.

객: 일본은 기독교계에는 이런 창의적인 인사가 많이 있었군요. 그런데 제가 알기로는 일본의 기독교 신자는 전 인구의 1%도 안 됩니다. 그런 작은 인원을 가지고도 어떻게 이렇게 창조적인 작업을 할 수 있었는지 모르겠군요. 일본에 비하면 우리나라의 기독교도들은 가슴만 뜨거운 것 같아요. 세계에서 제일 큰 교회가 우리나라에 있고 전 세계 10대(大) 교회 가운데 반 정도가 한국 교회라고 할 정도로 대단한 기록을 갖고 있는데 신학에서는 이렇다 할 업적을 남기고 있지 못하니 말입니다.

주: 그것은 한국인들이 차가운 이성보다는 뜨거운 열정을 더 좋아해서 그런 것 같습니다. 열정 자체는 아주 좋은 것입니다. 그런 면에서 한국인들은 아주 좋은 장점을 갖고 있습니다. 그런데 그 열정이 차가운 이성의 인도를 받지 않으면 맹목적으로 되기 쉽습니다. 한국인들은 이 이성적인 힘이 약하기 때문에 특히 개신교에서 이상한(?) 일이 많이 일어나는 것 같습니다. 아주 수준 낮은 교리를 가르치는 교회가 전 세계에 유례가 없는 대형교회가 되는가 하면 개신교 계통의 이단도 많습니다. 최근(2017년 즈음)에 한국을 쑥대밭으로 만든 최태민(그리고 그의 딸)이 자신의 기반을 개신교로 삼은 것도 개신교와 한국인이 갖고 있는 약점(?)을 이용한 것입니다. 그는 다른 어떤 교단보다도 개신교단에 들어가 목사로 사칭하고 활동하는 것이 이 사회에 잘 먹힐 것이라고 생각한 것입니다. 그러니까 여러 교단 가운데에서 개신교를 이용하는 게 제일 쉽고 효율적이라고 생각했다는 것이지요.

객: 확실히 한국 개신교는 무조건 믿고 보자는 맹목적인 신앙이 강해요. 그렇지만 다른 종교의 신자들도 그다지 다를 것은 없습니다. 한국인들은 종교는 다를지라도 그 믿는 행태는 똑같기 때문입니다. 그러니까 겉으로만 개신교네 가톨릭이네 불교네 하지만 신앙생활의 모습은 꼭 같다는 것이지요.

주: 정확한 말입니다. 일전에 어떤 사회학과 교수에게서 들었는데 그쪽 분야에서는 설문조사를 할 때 피설문자의 종교를 적는 종교란을 아예 없애버렸다고 하더군요. 그것은 한국인의 경우 그 사람의 가치관을 판단할 때 종교가 전혀 영향을 미치지 못하기 때문이라고 합니다. 내가 누누이 주장하는 것이

지만 한국인의 가치관은 종교를 불문하고 유교와 무교(무속)의 절대적인 영향권 안에 있습니다. 조금 부연설명하면 한국인은 낮에는 유교도로 활동하다가 밤이 되면 무당처럼 음주가무를 즐기며 자유로움을 만끽합니다. 한국인들은 장유유서 같은 진부한 유교 덕목에 충실하면서도 신명나게 노는 것을 좋아합니다. 그래서 그런지 이성적인 사고가 약한 것으로 보입니다.

객: 그 이성적인 사고라는 것은 전 국민이 다 가져야 될 필요는 없는 것 아닌가요? 그런 것은 사회의 상층에 속한 사람들이 적절하게 챙겨 국민들을 좋은 방향으로 이끌면 되는 것 아닌가요?

주: 나도 대체로 당신 생각에 동의합니다. 그런데 그런 상층이 현대 한국에는 없어요. 아니 현재 한국에는 상층 계급이 서서히 구성되어 나가고 있는 상태인데 그 속도가 너무 늦어 우리가 감지하지 못하는지도 모르지요. 조선 같으면 이성적인 사고로 무장한 성리학자와 정치인들이 이 상층을 담당하고 있었습니다. 그런데 현대로 오면서 이 상층이 송두리째 사라져버렸습니다. 그러니 이제 한국인에게 남은 것은 본능적인 에너지와 감정뿐입니다. 예를 들어 전 세계 종교 가운데 교리가 가장 탄력적이라고 할 수 있는 불교도 현대 한국에서는 교조적(dogmatic)이 되고 폐쇄적이 됩니다. 당신은 불교에서 말하는 뗏목의 비유를 들어보았나요?

한국에서는 어떤 종교든 교조적이고 폐쇄적이 된다?

객: 아, 그거요? 붓다가 자신의 가르침을 뗏목에 비유한 것 아닙니까? 스승의 가르침이 아무리 훌륭하다 해도 강을 다 건너 간 다음에는 뗏목이 필요 없는 것처럼 깨달음을 얻은 다음에는 스승의 가르침도 버리라는 그 말씀 아닌가요?

주: 맞습니다. 불교에서는 이렇게 자신의 가르침마저 상대화시켜 버리고 그 어떤 것에도 집착하지 말라고 가르쳤습니다. 세계 종교 가운데 불교처럼 자신의 가르침마저 상대화시켜 목적을 달성한 다음에는 그것을 버리라고 하는 종교는 없을 겁니다. 불교의 선가에는 또 유명한 이야기가 있지 않습니까? 모든 가르침은 달을 가르치는 손가락 같은 것이라 궁극적인 목적으로 가기 위한 방편일 뿐 그것이 목적일 수는 없다는 것 말입니다.

불교는 이처럼 지극히 탄력적인 가르침을 설하는데 한국의 불교도들은, 특히 승려들은 불교를 방편으로 보지 않고 목적으로 보는 것 같습니다. 아니 목적으로 보는 데에 그치지 않고 그 손가락을 빠는 유아적인 집착을 보이고 있습니다. 지금 한국 불교에는 날카로운 이성이 없습니다. 대신 사회에 횡행하는 퇴폐적인 유교의 나쁜 점만이 그득합니다. 패권정치만 남아 있습니다. 그것을 지적하고 깨버리겠다는 날카로움이 없습니다.

객: 종교는 그것이 제도화되고 기득권들이 똬리를 틀면 진부해지는 것이 흡사 숙명처럼 보입니다. 그래서 제도나 조직은 악마가 만들었다는 이야기가 딱 맞는 소리인 것 같습니다. 어떤 순수한 가르침도 제도화되고 조직이 들어서면 수많은 이해가 엇갈리면서 최초의 순수함이 사라지는 것은 어쩔 수 없

는 것 같아요.

주: 그래요. 종교가 제도화되면 얼마나 진부해지는지를 보여주는 좋은 우이야기가 있습니다. 무대는 인도쯤으로 해두지요. 어느 교단에서 초조에 해당하는 사람이 설법을 하고 있는데 고양이가 돌아다니면서 시끄럽게 굴어 설법하는 동안만 그 고양이를 묶어 놓았답니다. 시간이 흘러 다음 세대로 넘어갔습니다. 초조는 죽고 제자 격에 해당하는 사람이 설법을 하게 되었는데 설법이 시작하기 전에 고양이를 가져다 묶는 것이 아예 제도화 되어서 설법하기 전에 반드시 고양이를 묶어놓았답니다. 그런데 만일 설법장에 고양이가 없으면 일부러 고양이를 가져다 묶어두었답니다. 이 얼마나 어리석은 짓입니까? 이 사람들은 없는 고양이를 일부러 가져다 묶으면서 왜 이런 일을 해야 하는지 몰랐을 것입니다. 이전에 그렇게 했으니 그저 따라하는 것이었습니다.

이처럼 제도화에 익숙한 사람들은 여기서 벗어나기가 힘듭니다. 이렇게 몇 세대가 지나자 더 웃기는 일이 일어납니다. 후대의 교학자들이 '설법 시 고양이를 묶어두는 것에 대한 철학적 함의' 같은 논문을 정식으로 쓰기 시작한 것입니다. 고양이를 묶어두는 것은 가르침과 아무 관계없는 것인데 그것이 마치 그 교단의 핵심 교리인 것처럼 되어 그에 대해 논문까지 쓴 것입니다. 그러면 그 다음에는 그걸 가지고 논쟁을 벌이겠지요. 이른바 신학적 혹은 교학적 논쟁 가운데에는 이런 것들이 적지 않을 겁니다.

객: 그 비유가 아주 재미있네요. 그래서 우리는 자꾸 이런 걸 깨려고 노력해야 하겠지요. 그런데 확실히 한국 종교계에는 이런 노력들이 부족한 것으로 보입니다.

무엇이든 의심해야

주: 내가 이런 이야기를 하는 이유는 지금 종교 안에 있는 교리들을 무조건적으로 수용하지 말라는 것입니다. 아무리 지난 2천년 이상 동안 절대적으로 믿어왔던 교리라도 그것을 의심할 수 있어야 합니다. 앞에서 내내 밝힌 것이지만 지금 교회나 절에서 가르치는 교리는 문제점이 하나둘 있는 것이 아닙니다. 이제는 그런 것들을 '밝디 밝은' 이성으로 사정없이 내쳐야 합니다. 그래서 옥석을 가려야 합니다. 교회에서 목사가 무슨 말을 하든 절에서 승려가 무슨 말을 하든 기존의 것을 합리화 하려고 하지 말고 틀린 것은 틀렸다고 하면서 감연히 맞서야 합니다.

비근한 예로 최근 가톨릭교회에서 어떤 수녀를 성인으로 공표한 적이 있는데 이런 것에 대해서도 과연 이것이 합당한 것인가에 대해 의문을 가져야 합니다. 또 불교와 한국 사회에서는 최근에 타계한 어떤 승려를 한껏 높였는데 그 사람이 과연 그런 평가를 받을 수 있는가에 대해 의구심을 가져야 합니다. 이런 것 외에도 정신을 바짝 차리고 보아야 할 일이 아주 많습니다. 사석이라면 실명을 밝히고 더 강하게 이야기하겠지만 이 지면은 공적인 면이 있는지라 더 상세하게 거론하기는 힘듭니다.

객: 지금 특정한 인물을 지목해서 하신 말씀에 더 흥미가 갑니다. 더 자세히 알았으면 좋겠는데 그것은 다음 기회로 미루지요. 그런데 종교나 종교계의 사정에 밝지 않은 일반인들이 이런 것에 대해 정확한 평가를 하는 것은 쉽지 않습니다. 예를 들어 티베트의 정신적 지도자인 달라이라마에 대해서도 그가 높은 수준의 종교지도자가 아니라는 평가가 있는데 우리로서는 그것을 가늠할 능력이 없습니다. 또 그런 걸 소신 있게 알려주는 사람이나 단체도 없

습니다. 종교 관련 일이 나오면 언론이고 정치계고 모두 건드리지 않으려고 합니다. 종교 신자들은 자신들을 조금이라도 비판하면 똘똘 뭉쳐서 보복을 하기 때문입니다. 사정이 이렇다 보니 비판은 사라지고 교단의 의견만 커다랗게 들립니다. 그러니 일반인들은 정확한 사실을 알 수 있는 방법이 없습니다.

주: 우리의 이야기는 끝이 없습니다. 앞으로도 이 같은 이야기는 보카치오가 쓴 『데카메론』에서처럼 몇 날이고 계속 될 수 있습니다. 그만큼 종교 관련 이야기들은 무궁무진합니다. 그러나 이 정도에서 첫째 권 이야기는 끝을 냈으면 좋겠습니다. 이야기를 끝맺는 차원에서 앞으로 미래의 종교는 어떻게 갈지, 또 어떻게 가면 좋을지에 대해 논의했으면 합니다.

종교의 미래는?
– 인류가 드디어 눈을 떴다

기독교를 통해 본 종교의 미래는?

객: 저도 이 주제에 관심이 많습니다. 과연 이 문제 많은 현대의 종교들이 앞으로 어떻게 될까에 대한 것 말입니다. 가장 눈에 띄는 변화는 기독교에서 발견할 수 있습니다. 아시다시피 기독교는 지난 2천 년 동안 서양에서 철옹성 같은 위치를 고수해왔습니다. 그 위치는 절대로 흔들릴 것 같지 않았습니다. 서양은 기독교와 하나 아닙니까? 이 둘은 결코 분리될 수 없지요. 그 증거로는 여러 사례를 들 수 있습니다만 가장 비근한 예로 서양인들의 이름을 한 번 보세요. 그 사람들의 이름은 많은 경우 바이블에 나오는 사람들의 이름과 일치합니다. 존은 요한이고 피터는 베드로이고 폴은 바오로입니다. 그 외에도 마리아, 스테판, 바돌로뮤, 토마스 등등 그 예를 더 이상 말할 필요가 없을 정도로 서양(미국)인의 이름은 기독교 일색입니다.

주: 맞아요. 서양은 기독교와 분리될 수 없지요. 이유는 간단합니다. 서양인의 가치관을 결정한 종교가 기독교이기 때문입니다. 크게 볼 때 서양의 정신세계는 그리스-로마적인 헬레니즘과 기독교적인 헤브라이즘이 장악하고 있습니다. 전자는 이성을 중시하는 합리적인 인본주의 사상이 핵심을 이루고 있다고 한다면 후자는 신과 같은 절대 실재에 대한 믿음과 이해가 핵심을 이루고 있다고 할 수 있습니다. 서양의 정신은 이 둘이 통합되면서 배태하게 되는데 이 중심에 있는 것이 기독교입니다. 헬레니즘이 헤브라이즘으로 통합되었기 때문이죠. 그렇지 않습니까? 종교는 이성적인 사고나 과학을 통합할 수 있지만 과학이 종교를 통합하는 것은 쉽지 않은 일입니다. 어떻든 이렇게 해서 서양은 적어도 정신적인 면에서는 기독교 일색이 됩니다.

객: 그런데 그런 서양에서 2천 년 만에 희귀한 일이 벌어지고 있는 것이군요. 사람들이, 특히 젊은이들이 기독교를 떠나고 있으니 말입니다.

주: 바로 그거예요. 서양인들은 자신들이 절대로 못 벗어날 것 같은 기독교를 20세기 중엽에 들어오면서 서서히 떠나기 시작합니다. 특히 젊은 서양인들에게는 예수든 바이블이든 교황이든 별 권위를 갖지 못하게 되었습니다. 서구 사회에 이성이 중시되는 진화의 과정이 시작되면서 과학이 발달했고 그 결과 사람들이 기독교를 떠나게 된 것입니다. 과학의 합리적인 시각에서 볼 때 기독교는 너무 교조적이고 비이성적이라 과학적인 교육을 받은 젊은 세대들이 대거 기독교를 떠난 것입니다. 나는 이러한 현상은 대단히 바람직하다고 생각합니다. 종교를 우상시 하던 과거를 극복하는 것이기 때문입니다. 종교를 미신처럼 믿던 것에서 탈출하는 것이니 그렇다는 것입니다.

객: 그래서 유럽을 여행하고 온 사람들이 한 결 같이 하는 이야기가 있습니다. '유럽 여행은 성당 순례의 연속이다. 그럴 수밖에 없는 것이 유럽의 역사는 기독교의 역사이기 때문이다. 그런데 그 멋진 성당에 가보면 일요일 의례에 몇 십 명밖에 안 되는 노인들만 참석해 놀랐다.' 다시 말해 그 큰 성당이 텅텅 비어 있는 채로 있다는 것입니다. 하도 사람들이 성당에 안 오니까 성당에다가 생맥주집을 만든 곳도 있다는 이야기를 들은 적이 있습니다.

주: 이것은 서구사회가 근대화되면서 일어난 필연적인 결과라고 생각됩니다. 근대화라는 것은 이성적인 사고의 추구라든가 개인적인 자유의 신장 등이 그 주된 내용이라 할 수 있는데 이런 것들은 전통적인 기독교와는 양립할 수 없었습니다. 옛 기독교는 이성적이고 합리적인 태도보다는 무조건적인 믿음을 강조했고 개인의 자유보다는 교회의 권위나 조직을 더 중시했습니다. 그래서 이성과 개인에 눈을 뜬 서양인들은 하나둘 교회를 박차고 나갈 수밖에 없게 되었던 것입니다.

인류는 정신적으로 진화하고 있는 것일까?

객: 제가 선생님 말씀을 제대로 이해했다면, 선생님은 인류 사회가 지금 서서히 발전해가고 있다고 말씀하시는 것 같군요. 그 김에 이 주제와 연관된 질문을 하나 던진다면, 지금 인류는 정신적으로 발전하고 있는 건가요? 만일 발전하고 있다면 어떤 단계에 있는 것인가요? 어떻게 보면 인류는 이전보다 더 흉악해지고 나빠져 퇴화하는 것 같고 또 어떻게 보면 발전하고 있는 것 같

고 그 대종(大宗)이 잘 안 잡힙니다.

주: 좋은 질문입니다. 인류, 조금 더 정확히 말하면 인류 의식의 진화 혹은 진보는 종교의 발전과 직결되는 문제이기 때문에 매우 중요한 것입니다. 인류는 지금 많은 문제를 갖고 있지만 정신적으로는 분명 진화하고 있습니다. 인류 의식의 진화를 아주 단순하게 보면 다음과 같은 단계로 나누어 볼 수 있습니다. '나(자기) 중심==〉부족(나라) 중심==〉세계 중심'이 그것입니다. 인류는 자신만 생각하는 단계에서 자기 부족(우리)만 생각하는 단계로, 그리고 마지막에는 부족을 넘어서서 우리 전체(세계)를 생각하는 단계로 계속해서 진화하고 있습니다.

인류 역사 초기에 아직 국가가 성립되기 전까지는 나 혹은 나의 가족의 안위가 가장 큰 문제였습니다. 그러나 국가가 형성되자 개인의 모든 것은 국가에 복속되면서 개인보다는 국가 전체로 움직이게 됩니다. 이것은 인간 개인의 발달 과정과도 일치합니다. 인간은 어린 시절에는 철저하게 자기 중심으로 삶을 영위합니다. 그러다 성장해 사회화 되면서 사회 중심으로 바뀌게 됩니다. 그때부터 인간은 사회에서 제시하는 대로 살아야 하고 사회의 존속을 위해 살게 됩니다.

객: 그 틀에서 보면 지금 인류 사회는 부족 중심에 머물러 있는 것 아닙니까? 전 세계의 국가들이 모두 자기의 이익만을 위해 움직이는 것처럼 보이니 말입니다. 그렇지 않습니까? 제 눈에는 모든 나라들이 자국 이기주의에 맞추어 행동하는 것으로 보입니다.

주: 그 말은 맞기도 하고 틀리기도 합니다. 현대 인류는 대부분 분명 국가 중

심 단계에 있습니다. 그래서 어떤 나라든 그 우두머리들은 지금도 이런 말을 곧잘 합니다. '모든 일을 국익 우선으로 처리하겠다'라든가 혹은 '국익이 손상 받는 일은 결코 용납하지 않겠다'는 식의 말말입니다. 이것은 자신의 나라의 이익이 조금이라도 침해받는 일이 있으면 격렬하게 저항하겠다는 것입니다. 우리들은 정치가들이 하는 이런 말을 아주 당연하게 받아들입니다. 그러나 이것을 개인 차원으로 끌어 내리면 아주 이상해집니다.

만일 어떤 개인이 '모든 것을 내 이익을 우선으로 처리하겠다'고 하거나 '내 이익이 조금이라도 침범 당하는 것은 추호도 용서하지 않겠다'고 말을 하면 당신은 어떤 느낌이 듭니까? 만일 어떤 사람이 이렇게 말한다면 그는 지탄받기 일쑤일 겁니다. 너무 이기적이라는 것이지요. 개인이 속으로는 이렇게 생각하더라도 이런 식으로 발설해서는 안 되는 게 사회의 불문율이지요. 그런데 그 주체가 국가로 바뀌면 전혀 이상하지 않습니다. 오히려 그것을 애국적인 행동이라고 칭송합니다. 지금 우리 사회에서는 이처럼 나라를 위해 개인이 희생당하는 것을 칭송하고 있습니다.

객: 동의합니다. 인류 역사를 보면 느슨하게나마 국가가 형성된 다음에는 철저하게 국가가 중심이 되어 역사가 진행되었습니다. 그런데 그것은 지금도 마찬가지인 것 같은데 무슨 변화가 있다는 것입니까?

20세기 중반부터 인류는 도약하기 시작했다!

주: 큰 변화가 있었지요. 20세기 중반부터 인류는 엄청난 도약의 시기를 맞

이했기 때문입니다. 인류 역사 최초로 국가 중심에서 세계 중심의 단계로 도약하기 시작한 것입니다. 이것은 엄청난 진화이지요. 인류가 국가를 벗어나 범인류정신에 눈을 뜨기 시작했기 때문입니다. 인류는 그제야 우리 인간은 나라나 인종이 달라도 같은 인간이라는 사실을 각성하기 시작했습니다. 지금은 이런 생각이 보편적이지만 그 전에는 어땠습니까? 이전에는 나라나 인종, 혹은 종교가 다르면 서로를 인간으로 취급하지 않았습니다. 특히 상대가 적이라면 더 했습니다. 적에게는 아무리 잔인하게 해도 문제가 되지 않았습니다. 우리에게 그들은 인간이 아니었기 때문입니다. 그리고 국가 간에도 이익을 넘어서는 연합을 만들지 않았습니다.

객: 지금 하시는 말씀은 꼭 유엔(United Nations) 같은 기관의 창설을 말씀하시는 것 같은데요? 이런 국가 간의 연합은 인류 역사에 처음으로 등장하는 것이라 그렇게 생각해 보았습니다.

주: 맞아요. 유엔의 창설이 바로 인류가 나라 중심에서 세계 중심의 단계로 바뀌는 과정을 적나라하게 보여주고 있습니다. 이런 기관의 필요성에 대해서는 20세기 초부터 거론되어 왔습니다. 사실 선각자들이 바라던 것은 유엔 같은 국제기관이 아니라 그것보다 상위 기관인, 국가를 넘어서는 세계 정부의 출현이었습니다. 국가 간에 문제가 너무 많아 전쟁을 자꾸 하니까 이것을 해결하기 위해서 국가를 넘어서는 정부를 만들어 국가 간에 생기는 문제를 해결하자는 것이 그들의 생각이었습니다. 그러나 그것은 이상적인 이야기라 현실에서는 전혀 실현이 불가능한 일이었습니다.

현실이 녹록치 않았지만 그럼에도 불구하고 인류는 국가를 넘어서는 무엇인가가 필요하다는 데에는 동감을 하고 있었습니다. 그래서 나온 게 국제연

합 즉 유엔이지요. 그런데 이 유엔도 한 번에 된 것이 아닙니다. 미국 대통령인 윌슨이 제1차 세계대전이 끝난 다음(1920년)에 주창한 국제연맹(League of Nations)이 실패로 끝나고 그 다음에 만들어진 것이 유엔이니까요. 이 유엔은 국가들을 구속시킬 만한 힘을 가진 세계 정부는 아닙니다마는 인류 전체 역사에서 볼 때 대단한 사건입니다.

객: 말씀 들어 보니 이해되는 면이 많습니다. 유엔은 실권이 없음에도 불구하고 그동안 국가 간의 분쟁을 해결하기 위해 인도주의 입장에서 많은 활동을 했습니다. 그와 같은 것으로 적십자 같은 것도 생각해볼 수 있겠습니다. 적십자는 정치, 종교, 이데올로기 등에 제약받지 않고 모든 인류를 박애로써 대하는 단체로 알려져 있지 않습니까?

인류는 이제야 인간보편주의에 눈떴다!

주: 인류가 20세기에 들어서서 어떻게 진화했는지를 설명하기 위해 아주 비근한 예를 들어볼 게요. 과거 전쟁 때에 인류들은 어떻게 했습니까? 적(enemy)은 인간이 아니라고 했지요? 그래서 전쟁 포로를 어떻게 하든 아무 문제가 안 되었습니다. 그런데 지금은 포로들의 인권도 배려하는 제네바 협정 같은 게 있습니다. 포로도 하나의 인간으로 대우해야 한다는 것이지요. 그래서 포로로 잡은 사람이 다쳤으면 치료를 해주어야 하고 수용소에 가둔 다음에도 생존을 위해 밥을 주어야 합니다. 포로를 자기 마음대로 마구 죽일 수도 없습니다. 이전에는 이런 것을 상상도 할 수 없었습니다. 포로는 인격을

가진 존재가 아니었기 때문입니다. 그러나 지금 인류는 이 세상에서 가장 중요한 것은 인간이라는 보편적인 사실에 눈을 떴습니다. 그리고 그에 맞추어 행동하려고 노력하고 있습니다.

객: 선생님 말씀에 동의합니다. 지금은 아무리 적국이라 해도 인도적인 지원이 필요하면 도와줍니다. 가령 적국이지만 그곳에 전염병이 창궐하거나 지진 같은 천재지변이 생기면 해당 국가가 직접 가거나 적십자가 가서 도와줍니다. 주위에서 볼 수 있는 예가 바로 북한을 돕는 미국입니다. 북한 아동들이 병에 걸리거나 영양실조로 죽을 운명에 처하면 미국 적십자 혹은 유엔 봉사단이 그곳에 가서 북한 아이들을 구합니다. 북한의 정치인들이 미국에 대해 미사일을 쏘느니 마느니 하면서 미국을 적대시 하고 미국 대통령을 원숭이로 비유하면서 조롱해도 미국에 있는 봉사단체는 그런 것에 관계하지 않고 북한을 도와줍니다. 옛날 같으면 이것은 상상도 할 수 없는 일입니다.

주: 맞아요. 이것은 인류 역사 상 엄청난 진보입니다. 국가나 이념보다 인간을 우선시 하는 이념이 나왔으니 말입니다. 전 인류는 이제 그 방향으로 향하고 있습니다. 물론 지금도 정치인들은 말만 하면 '국익을 우선 하겠다'고 합니다. 그러나 이것만 보고 인류가 국가 중심주의에서 벗어나지 못했다고 하면 안 됩니다. 이전에는 이 같은 국가 중심주의만 있었지만 지금은 이와 더불어 세계 중심주의도 분명히 출현했기 때문입니다. 그래서 전자만 보는 사람들은 인류가 전혀 진화하지 않았고 외려 더 극악해졌다고 말합니다.

사실 그렇게 볼 여지가 전혀 없는 것은 아닙니다. 전쟁 규모의 확장이나 무기의 발달로 인해 그 자행되는 참혹함이 이전과는 비교가 안 될 지경이니까요. 그러나 전쟁 등이 극악해진 것은 인간이 이전보다 더 극악해져서 그런 게 아니라 과학이 크게 발달해 잔인한 무기가 많이 나왔기 때문입니다. 무기가 워낙 발달해 조금만 써도 그 잔인성이 엄청납니다. 그런데 인류에게는 그것만 있는 게 아닙니다. 그와는 달리 인간의 의식은 외려 진화했습니다. 진화도 그냥 진화가 아니라 무척 많이 진화했습니다.

객: 종교계로 초점을 바꾸어 앞에서 말씀 하신 맥락으로 보니까 종교계의 변화도 이해가 됩니다. 20세기 중반에 이르러서 '내 종교 중심주의'에서 다른 종교도 인정하는 쪽으로 향방이 바뀌었으니 말입니다.

내 종교 유일주의에서 종교다원주의로!

주: 정확히 그렇습니다. 힌두교나 불교 같은 동양 종교에서는 다른 종교를 처음부터 인정했지만 기독교는 앞에서 본 것처럼 20세기 중반에 와서야 다른 종교를 인정하는 듯한 태도를 취하게 됩니다. 그 대표적인 게 가톨릭의 변신이라고 했지요. 물론 개신교에도 비슷한 모습이 보입니다. 일례로 전 세계 개신교단의 연합체 중의 하나인 세계교회협의회(WCC, World Council of Churches) 역시 종교다원주의를 인정하고 있습니다. 이 집단에서 말하는 종교다원주의는 말할 것도 없이 인류의 종교에는 기독교만 있는 것이 아니라 다른 종교가 많이 있다는 것을 인정하는 것입니다. 이것은 기독교 2천 년 역사 중에 처음으로 일어난 경천동지할 사건입니다. 물론 아직도 기독교만 유일한 종교라고 주장하는 교인이 아주 많습니다. 그러나 이전에는 그런 교도들만 있었던 것에 비해 지금은 기독교를 상대화 하는 교도들도 있다는 의미

에서 차이가 있고 엄청난 변화가 있었다고 할 수 있습니다.

객: 그 점에서 인류의 정신적인 상태나 객관적인 수준이 국가(자기 종교) 중심에서 세계(종교 전체 내지 초종교) 중심으로 바뀌고 있는 것은 확실한 것 같습니다. 이전에는 없었던 종교 간(inter)의 대화를 하겠다는 단체가 나타나고 초종교 연합회 등과 같은 초(trans)종교를 표방한 단체가 생겨나는 것을 보면 그런 생각을 갖게 됩니다. 제가 알기로는 영국의 저명한 역사가였던 아놀드 토인비가 20세기 중반에 지구상에서 종교 간의 갈등을 줄이고 종교의 진정한 뜻을 살리려면 불교나 기독교 같은 개별적인 종교를 넘어선 상위 종교(higher religion)가 나와야 한다고 주장한 적이 있다고 합니다. 그의 논지는 불교나 기독교 같은 개별적인 종교를 넘어서서 보편적인 종교를 만들면 세계인들이 누구나 부담 없이 따를 수 있는 것 아니겠느냐는 것 같았습니다. 그러니까 인간의 보편적인 성품에 딱 맞는 종교를 만들면 좋지 않겠느냐는 것이었겠지요? 이런 시도에 대해 선생님은 어떻게 생각하십니까?

모든 종교를 넘어서는 초종교의 출현?

주: 아 그거요? 나도 알고 있고 그 취지도 충분히 이해합니다. 그리고 좋은 시도라고 생각합니다. 그런데 그런 기획은 이상적일 뿐 현실성이 없습니다. 가능(possible)은 하지만 있음직(probable)하지는 않다는 것이지요. 그런 시도는 마치 보편언어라 자칭되던 에스페란토의 제정을 연상케 하는군요. 에스페란토에 대해 들어보셨죠? 에스페란토를 만든 폴란드의 의사 자멘호프

는 자신이 누구나 쓸 수 있는 보편적인 언어를 만들었다고 생각했지요. 그러니까 모든 언어를 초월하는 'higher language'를 만들었다고 생각한 것입니다. 이 언어를 쓰면 전 세계 인류가 상대방의 언어를 배우지 않아도 공평하게 서로 소통할 수 있을 거라고 예상했습니다. 그러나 결과는 영 예상 밖이었습니다. 소수의 사람만이 이 언어를 썼을 뿐 대부분은 외면했습니다. 당연한 것 아니겠습니까? 사람들은 자신이 속한 사회의 숨결이 깃든 말을 쓰고 싶어 하지 아무 감정도 들어가 있지 않은 언어를 쓰고 싶어 하겠습니까? 그 때문에 그 언어는 보편 언어가 되는 데에 실패하게 된 것입니다.

객: 그러니까 그 말씀은 토인비가 말한 상위 종교도 에스페란토처럼 현실성이 없다는 것이죠? 하기야 그래요. 우리가 종교를 믿는 건 구체적인 상징과 확실한 교주, 또 같은 신념을 나누는 공동체가 있기 때문인데 이런 구체적인 것이 없는 종교는 상상하기 힘듭니다. 토인비가 말한 상위 종교에는 이런 요소가 없기 때문에 성공할 수 없었을 겁니다.

주: 그런 상위 종교가 나오지 않았지만 19세기 말부터 20세기에 이르는 시기는 분명 종교적으로도 엄청난 도약의 시기였습니다. 왜 그럴까요? 이것은 앞에서 말한 인류 의식의 진화와도 관계됩니다. 이 과정을 알려면 불교 등이 나타난 약 2천 5백 년 전으로 거슬러 올라가야 합니다. 이때가 어느 때입니까? 세계 종교들이 지구상에 모습을 보이던 때입니다. 인도에서는 붓다가 우파니샤드를 넘어서 불교를 창시했고 마하비라는 불교와 철학이 비슷한 자이나교를 창시했습니다. 비슷한 때에 중국에서는 공자나 그 태생이 신비한 노자가 있었고 이스라엘에서는 예레미아 같은 뛰어난 선지자들이 있었습니다. 그런가 하면 확실한 것은 아니지만 페르시아에는 조로아스터라는 걸출한

예언자가 있었고 그리스에는 소크라테스나 플라톤 같은 대 철학자가 있었습니다.

굳이 더 인용한다면 여기에 이집트에서 기원전 14세기에 태양신 아톤을 숭배하던 아그나톤 황제가 일신론을 세운 것을 포함시키는 학자도 있는데 그것은 시대가 꽤 떨어져 있으니 통과하기로 하겠습니다. 이 시기는 대체로 기원전 5~6세기를 중심으로 앞뒤로 걸쳐 있는데 이 시기를 일컬어 20세기 최고의 철학자 중의 하나였던 독일의 칼 야스퍼스는 축의 시대(Period of Axis)라고 불렀습니다.

축의 시대가 출현하다!

객: 저도 그 이야기를 들은 적이 있습니다. 저는 그 이야기를 듣고 조금 이상한 일이라고 생각했습니다. 특정한 시기에 세계 종교들이 갑자기 많이 나와서 말입니다. 그런데 이 시기와 이 종교들은 어떤 특징이 있길래 이렇게 비슷한 시기에 비슷한 덕목을 주장하는 종교 혹은 가르침들이 갑자기 튀어나온 것일까요?

주: 이 시기는 인류 의식의 진화적인 입장에서 볼 때 대단히 의미 있는 시기라 할 수 있습니다. 인류가 처음으로 이 시기에 인간의 본성이나 인류애 같은 내면적인 데에 눈뜨기 때문입니다. 이런 모습은 이때 나타난 종교에 유감없이 표현되었습니다. 그 전의 종교들은 인간들의 삶을 바꾸기 위해 제례 같은 외적인 데에 신경을 많이 썼습니다. 그들은 제사를 지내서 신과 같은 초자연

적인 존재를 움직여보겠다는 주술적인 방법에 의존한 것이지요. 그러나 이 때 나타난 종교들은 이와는 달리 내면적인 도덕성을 강조하기 시작합니다. 우리가 인간으로 완성되려면 주술에 의존할 것이 아니라 내적인 덕을 닦아야 한다고 주장한 것입니다.

이런 내면적인 도덕은 이 종교들에서 (무조건적인) 사랑과 용서, 관용, 평등, 정의 등으로 나타납니다. 이 점은 앞에서도 보았지요. 우리는 앞에서 논한 대로 불교나 기독교 같은 세계 종교들은 인간에 대해 말할 때 남녀나 신분 등을 차별하지 않고 무조건적으로 평등하게 대했다는 것을 알고 있습니다. 이 종교들에서는 인간을 대할 때 외적인 속성은 고려하지 않고 오로지 인간이라는 한 가지 보편적인 사실에만 집중하여 모든 인간은 본질적으로 평등하게 보았다고 하지 않았습니까?

객: 그 점은 앞에서 충분히 논의했습니다. 세계 종교의 교주들은 분명히 그런 모습을 보여주었습니다. 한 마디로 말해 보편적인 인류애를 말하는 것이겠지요. 그런데 다시 이 주제에 대해서 언급하시는 이유가 무엇인가요? 그게 19세기 말 이후의 시기와 무슨 관계가 있다는 말씀인가요?

‘이에는 이, 눈에는 눈’을 넘어서

주: 그 관계를 설명해보지요. 우선 이 세계 종교가 나오기 전까지 인류가 갖고 있었던 도덕관 혹은 인간관에 대해 볼까요? 그 전의 인간관은 한 마디로 말해 폭력적이고 거칩니다. 가장 대표적인 것이 바로 함무라비 법전 등에 나

오는 것으로 '이에는 이 눈에는 눈'이라는 표어입니다. 이것은 인간 사이의 관계에서 복수만을 강조하는 것입니다. 여기서는 보편적인 인간애, 다시 말해 박애의 정신은 눈을 씻고 찾아보려 해도 찾을 수 없습니다. 응징만 있을 뿐입니다. 그러던 것이 축의 시대가 되어 세계 종교들이 출세하자 인류사상 처음으로 인간에 대한 보편적인 사랑이 언급되기 시작했습니다. 이때 나오는 종교의 교주들은 앞에서 본 것처럼 하나 같이 사랑과 용서를 강조하지 않았습니까?

객: 그 점은 앞에서 많이 이야기됐으니 더 볼 필요 없겠습니다. 그 점에서 보면 예수는 상당히 늦깎이인 셈입니다. 이 축의 시대가 다 지나고 나왔으니 말입니다. 그런데 이게 어떻다는 거지요? 그 교주들이 그런 주장을 했다는 것이 무슨 의미를 갖느냐는 것입니다.

주: 이 분들의 주장은 인간이 가야할 길을 처음으로 광범위하게 제시했다는 점에서 큰 의미가 있습니다. 이들은 인류사상 처음으로 우리에게 진정한 인간이 되기 위해서는 복수나 응징과 같은 부정적인 것이 아니라 무조건적인 사랑이나 정의와 같은 수준 높은 덕목을 함양해야 한다고 가르쳤습니다. 복수나 처벌 같은 것은 인간 공동체의 존립에 손상을 끼쳐 결국에는 개개 인간들이 손해를 보기 때문에 그렇게 해서는 안 된다고 갈파한 것입니다.

인간이 궁극적으로 가야할 곳은 앞에서 본 것처럼 초인격 혹은 초자아 영역이라고 했습니다. 인간은 이 영역에 도달했을 때 참인간이 되는 것입니다. 이것만이 유일한 인생의 목적이라 할 수 있습니다. 가톨릭의 저명한 사상가였던 떼이에르 드 샤르댕 신부가 말한 '오메가 포인트'는 이것과 무관하지 않을 것입니다. 인간은 자기를 넘어서야 그곳으로 갈 수 있습니다. 자기를 넘어서려면 자신의 이해(利害)를 넘어서야 합니다. 그런데 복수나 응징은 자기를 넘어서는 것이 아니라 자기의 이익을 더 철저하게 해줍니다. 이런 부정적인 것을 버리지 않으면 에고의 영역을 벗어날 수 없다는 것이 이 세계 종교들이 주장하는 바이었던 것입니다.

개벽은 19세기 말에 시작되다!

객: 세계 종교들이 그렇게 주장한 것은 잘 압니다. 그런데 그게 어떻다는 거죠? 세계 종교들이 나온 뒤에도 인류는 계속해서 자신들의 이득을 위해 엄청난 살육을 하고 잔인한 복수를 하지 않았습니까? 아울러 보편적인 덕목인 신분 차별 폐지나 남녀평등과 같은 인류 구원의 목표 역시 전혀 실현되지 않았습니다. 사정이 그러하니 결코 인류의 형편이 나아졌다는 생각은 들지 않습니다. 다시 말해 이런 교주들의 가르침이 인류의 생활에 무슨 영향을 끼쳤는지 확실하지 않다는 것입니다. 말씀드린 것과 같이 그런 높은 가르침이 있었다 한 들 인류의 생활은 그 전과 그리 달라진 게 없어 보여 그렇게 말한 것입니다.

주: 맞습니다. 고등 종교의 교주들이 인류가 나아가야 할 바를 제시했음에도 불구하고 인류의 생활은 그다지 달라진 것이 없었습니다. 그들이 제시한 가없이 높은 덕목은 극소수의 사람만이 실천하고 있었습니다. 나머지 대다수는 이전과 같은 생활을 했습니다. 그러다 18~19세기가 되면서 이들이 제시한 덕목이 전 인류적으로 퍼지기 시작합니다. 이때 인류는 인류 역사 처음으

로 인간은 태생적으로 누구든지 평등하고 여자도 남자와 동등한 권리를 누릴 수 있다는 데에 눈을 뜨게 됩니다. 이것은 엄청난 사건입니다.

같은 기운은 한국에도 불었습니다. 한국에서 이 기운은 종교 운동으로 나타났는데 동학을 창시한 최수운이 시작했던 "개벽 운동"이 바로 그것입니다. 최수운이나 그를 따랐던 강증산, 소태산 등은 새 시대가 왔음을 선포하고 낡은 신분제나 여성 억압의 남녀 차별을 과감하게 던져버렸습니다. 인류는 이제 스스로를 한 단계 업그레이드하면서 진화의 거대한 걸음을 내딛었습니다. 이렇게 보면 세계 종교의 교주들이 설한 가르침이 실제로 인류 사회에서 실현되는 데에는 2천 5백년 이상의 세월이 걸린 것이 됩니다. 인간이 인간답게 사는 데에 참으로 오랜 세월이 걸렸습니다. 진화라는 것이 이리도 더딥니다.

객: 말씀하신 것처럼 분명히 인류는 18~19세기에 영국이나 프랑스에서 인권 혁명이 일어나면서 큰 변혁을 맞이합니다. 우리의 관심은 그런 사회적인 변화가 종교에는 어떤 영향을 미쳤느냐 하는 것입니다.

주: 이것은 종교의 미래와 관계되는 것입니다. 19세기 이후로 전 세계는 이른바 후천세계 혹은 개벽시대로 들어갔다고 하지만 종교는 그다지 변화가 없었습니다. 변화가 없었다는 것은 종교가 이전 체제를 그대로 유지했다는 점에서 그렇다는 것입니다. 물론 가톨릭은 1960년대에 바티칸 공의회를 거치면서 엄청난 변혁을 거쳤고 개신교도 교리적인 면에서 상당히 급진적인 교리가 나오는 등 많은 변화가 있었습니다.

이에 비해 불교 같은 동양 종교는 그다지 변혁적이지 못했습니다. 이슬람교도 터키 같은 국가에서 이슬람을 세속화 하는 등 이전에는 보지 못했던 일이 있었지만 이슬람교계 전체가 변하는 큰 변화가 있었다는 소식은 들어보지 못했습니다. 그러니까 변화는 기독교에서만 크게 일어났다고 할 수 있는데 그것은 기독교가 변화하는 사회에 발맞추는 데에 비교적 성공했기 때문에 가능했을 것입니다. 인류 사회가 지난 시기보다 더 이성적이 되고 더 많은 합리성을 추구하게 되니 기독교도 그런 추세에 맞추지 않을 수 없었을 것입니다.

객: 맞습니다. 제 생각에도 세계 종교 가운데 기독교가 가장 빨리 사회의 세속화 혹은 근대화 물결에 부응한 것으로 보입니다. 그래서 교회 안에 있는 비합리적인 요소들을 가능한 한 많이 걷어내는 데에 성공했지요, 또 신학도 세계의 변화에 맞춘 새로운 신학을 선보였습니다.

주: 그래요. 기독교가 이처럼 무섭게 세속화 되는 세계에서 살아남을 수 있었던 것은 스스로 엄청난 변혁을 꾀했기 때문입니다. 그러나 그렇다고 해서 교회 제도 자체가 없어지는 변혁은 아니었습니다. 다시 말해 기독교라는 틀 안에서는 엄청난 변화가 있었지만 기독교라는 틀 자체가 바뀐 것은 아니라는 것입니다. 여기서 말하는 틀이란 사제 제도라든가 교회라는 신도들의 울타리, 경전의 절대성 등을 말하는데 이런 것들이 크게 바뀐 것은 아니라는 것입니다. 신자들은 신앙생활을 하기 위해서 여전히 교회를 나가야 했고 그곳에 있는 성직자들의 지도를 받아야 했으며 자신들의 경전이 절대 진리를 갖고 있다고 믿었습니다.

객: 그렇죠. 종교에서 가장 중요한 요소인 경전, 사제 제도, 신앙 공동체 등은 그대로 유지되고 있었죠. 이것을 조금 풀어 설명하면, 기독교 신자들은 교

회를 다니지 않으면 구원을 받지 못한다고 생각했고 이슬람교도들 역시 모스크에 나아가 움마(이슬람 신앙 공동체)의 일원이 되지 않으면 알라의 구원을 받지 못한다고 생각했습니다. 불교나 힌두교의 경우는 조금 다르지만 대부분의 신자들이 절이나 힌두교 사원에 가서 신앙 행위나 수련을 하지 않으면 이 종교들이 말하는 목표를 이룰 수 없다고 생각한 것은 같습니다. 그런데 선생님은 지금 이런 고래의 관습에 변화가 있다는 것을 말씀하시는 것입니까? 선생님 말씀에 그런 뉘앙스가 풍깁니다. 그러나 제가 보기에는 이런 관습이 크게 달라진 것 같지 않은데요.

종교는 진화하지만 시간이 없다

드디어 제도권 종교를 넘어서는 인류
— 제 2의 축의 시대가 도래!

주: 아닙니다. 인류의 종교생활에는 지금 엄청난 변화가 몰려오고 있습니다. 20세기 중반에 들어오면서 인류의 종교계에는 이전에는 결코 발견할 수 없었던 희유(稀有)의 일이 벌어지기 시작했습니다. 단도직입적으로 말해 이것은 인류가 제도권의 종교를 뛰어넘기 시작한 것을 말합니다. 인류는 드디어 제도권 종교의 틀에 의존하지 않고 독자적인 종교 생활을 하게 되었습니다. 이 변화는 보통 사람들은 잘 인식하지 못하지만 이것은 혁명과 같은 일입니다. 그런 까닭에 나는 지금의 시기에 대해 제2의 축의 시대가 열렸다고 표현합니다.

객: 어떤 변화를 말씀하시는 건지 이해가 잘 안 됩니다. 선생님 말씀을 들어보면 현대가 제2의 축의 시대라고 할 만큼 변화가 극심하다고 하시는 것 같은데 제 피부에는 그 말씀이 그리 와 닿지 않습니다. 제도권을 벗어나서 종교생활을 했던 사람들은 이전에도 있지 않았나요? 특히 신비주의자들은 대부분 그런 생활을 영위한 것 같은데요.

주: 맞아요. 그런데 이전에는 신비주의자들처럼 정말로 극소수의 사람만이 이런 종교 생활을 했습니다. 이들은 산이나 사막 같은 곳에 작은 공동체를 만들고 아주 강도 높은 고행과 수련을 했지요. 그러나 지금은 달라졌습니다. 이런 작은 공동체 중심의 종교 운동이 대중 운동으로 퍼져 나가고 있기 때문입니다. 이 대중 운동은 어떤 특정 종교의 제도를 따르지 않고 아주 자유로운 신앙생활을 목적으로 합니다.

이 점이 현대에 들어와 종교와 관련해 가장 달라진 점입니다. 현대인들은 이제 특정 종교에 매달리지 않고도 자신의 종교적인 삶을 살아갑니다. 예를 들어 미국에는 자신이 불교도라고 말하지 않지만 생활은 완전히 불교에 의거해 사는 사람들이 꽤 있습니다. 기존에 있는 불교의 사찰에 소속되지 않고 독자적으로 불교식 수행과 삶을 구현하는 것입니다. 사실 불교가 원래 그런 종교이지요. 그렇게 자유롭게 신앙하는 것이 불교의 본 모습이라는 것입니다. 불교의 목표는 깨달음이지 절에 가서 불공드리는 게 아니지 않습니까?

객: 맞습니다. 저도 그와 비슷한 이야기를 들은 적이 있습니다. 유대계 미국인 가운데에 불교적인 수행을 하는 사람들이 있다는 이야기 말입니다. 본인은 자신의 종교적 혹은 민족적 정체성을 유대교에서 찾는데 정작 수행은 불교식으로 하고 있었습니다. 제도권적인 종교에 구애받지 않는 것이지요. 또

미국 어디에는 '마리아 칸논 젠 센터'라는 게 있다고 하더군요. 사진으로만 보았습니다마는 이것을 번역하면 '마리아 관음 선원'이 되는 것이니 단어들이 아주 기이하게 조합되어 있는 것을 알 수 있습니다. 아니 어떻게 가톨릭의 마리아와 불교의 관음이 모여 한 이름에 들어갈 수 있겠습니까? 이 선원은 가톨릭에서 세운 것이라고 하던데 이 정도면 제도권 종교들이 무색해집니다.

주: 우리의 주제와 관계해서 재미있는 예를 많이 알고 있군요. 당신이 언급한 것처럼 기성 종교를 넘어서는 일이 인류 사회에 벌어지기 시작했습니다. 물론 이런 일은 아직 잘 사는 선진국에서만 발생하고 있습니다마는 그 바람은 한 번 지나가고 마는 것이 아니라 정착되고 있는 추세라 더욱더 우리의 주목을 받습니다. 이것은 그만큼 현대인들의 지성이 급성장한 결과라 할 수 있습니다. 이 성장이 어떤 것인가를 이해하기 위해서 우리는 다른 학문의 시각이 필요합니다. 나는 이것을 심리학의 연구 결과에 빗대어 보려고 합니다. 그러면 그 변화 양상을 쉽게 알 수 있습니다. 콜버그라는 심리학자의 연구를 보려고 하는데요, 그는 인간의 발달 단계를 다음과 같이 셋으로 나눕니다. 전인습(pre-convention)단계와 인습(convention) 단계와 후인습(post-convention) 단계가 그것입니다. 콜버그에 따르면 인간은 이 같은 세 단계를 거치면서 발전하게 됩니다.

현재 인류는 후(post)인습 단계에 들어가기 시작

객: 저도 이 이론은 들은 바가 있습니다. 인간 발달론을 말할 때 장 피아제와 같은 학자와 함께 콜버그도 많이 인용되는 것으로 알고 있습니다. 피아제가 주로 아동들의 도덕 발달론을 말했다면 콜버그는 인간이 삶 전체에서 어떻게 성숙해 나아가는지를 다룬 것 같더군요.

주: 이 세 단계에서 전인습 단계는 통과하겠습니다. 전인습 단계는 어린 시기에 해당되는 단계로 우리 성인들과는 별 관계가 없기 때문입니다. 별 관계가 없다는 것은 우리들 대부분은 이 단계를 이미 거쳤기 때문에 굳이 거론할 필요가 없다는 것입니다. 우리 성인들 대부분은 인습단계에 와 있기 때문에 이 단계부터 보려고 합니다.

이 인습 단계는 사회의 인습 혹은 관습에 맞추어 사는 단계를 말합니다. 우리가 다 그렇지 않습니까? 사회에서 제시하는 것이 모든 것인 줄 알고 열심히 사회 관습에 맞추어 살려고 노력하지 않습니까? 특히 한국 사회는 그런 경향이 강합니다. 틀에 맞춘 삶을 선호하기 때문입니다. 지금 이 자리는 한국 사회에 대해서 말하는 자리가 아니니 그냥 넘어가기로 하고 이것을 종교에 적용해서 말해보도록 하지요.

콜버그가 말한 인습적 단계는 제도권 종교를 믿는 단계라고 할 수 있습니다. 인습적 단계에서는 인간이 자신이 결정해서 행동하는 것이 아니라 외부의 관습이 정해준 대로 따르게 됩니다. 자신이 주인이 아니라 사회(의 관습)가 주인이 되는 것이지요. 행동의 지침이 내게서 나오는 것이 아니라 바깥에서 온다고 생각하는 것입니다.

객: 말씀을 들어보니까 대부분의 우리들이 그렇게 살고 있는 것 같네요. 우리들은 사회가 주입한 가치를 자신의 것으로 생각하고 혼동한 나머지 그것을 따르려고 노력하니 말입니다. 그런데 가끔 사람 중에는 이런 주입된 가치에서 벗어나려고 하면서 그 가치를 따르지 않으려는 사람들이 있습니다. 그렇게 되면 사회가 그런 사람들을 저지하고 나섭니다. 사회의 가치관에 반하는 행동을 용납하지 않는 것이지요.

주: 그런 경향은 종교에서도 똑같이 일어납니다. 기성 종교의 신자들은 관습형 인간들이 대부분이지요. 이들은 절이나 교회에서 제시하는 지침을 따르려고 노력합니다. 그런 지침에 다소 이성에 반하는 것이 있더라도 이의를 제시하지 않고 그냥 따릅니다. 그러다 그런 지침에 이견을 제시하는 사람들을 몰아세우고 틀렸다고 단죄합니다. 예를 들어 기독교의 경우 '어떻게 처녀가 애를 낳을 수 있느냐'고 이의를 제기하면 기존의 관습적인 신자들은 그런 사람들을 불신의 아이콘으로 낙인찍습니다. 그리고 그런 불합리하게 보이는 교리를 믿는 자신들이 훨씬 더 경건한 사람으로 자랑스럽게 생각합니다. 이게 인습적 단계에 있는 사람들의 전형적인 태도입니다.

그러나 후인습적 단계에 도달하면 사람들은 불합리한 인습에 저항하기 시작합니다. 더 이상 관습에 매달리지 않습니다. 기존의 것 가운데 틀린 것이 있으면 자신의 판단 하에 그런 것들을 받아들이지 않습니다. 그 종교에서 수천 년을 정통 교리로 인정받았어도 이성에 반한다고 생각하면 그들은 그런 교리를 과감하게 내치는 태도를 보입니다. 이런 단계에 간 사람들은 자신을 기존의 질서에 끼어 넣는 것이 아니라 자신이 중심이 되어 기존의 것들을 자기 마음대로 활용합니다.

교회를 떠났지만 종교성을 버린 것은 아니다!

객: 확실히 20세기 중반에 들어서서 지금 말씀하신 후인습적 단계에 들어간 사람들이 많아진 것은 사실인 것 같습니다. 그 대표적인 사례가 앞에서 말씀하신 대로 서구에서 교회가 공동화되는, 즉 교회가 텅텅 비는 현상입니다. 서구 사회가 전체적으로 후인습적인 단계로 들어가면서 종교계에도 그런 변화가 생긴 것입니다. 특히 젊은이들을 중심으로 기존의 제도권 종교를 탈피하기 시작한 것이지요. 서양에서는 기독교가 2천 년 동안 결코 무너질 수 없는 난공불락의 성처럼 버텼는데 후인습적인 사고가 발전하면서 그 무적의 기독교가 서서히 녹아내리는 것 같습니다. 선생님, 그러면 서구에서 종교는 이렇게 약화되거나 사라지는 건가요? 아니면 다른 현상으로 대체되나요?

주: 좋은 질문입니다. 일단 많은 사람들이 기독교를 떠날 겁니다. 20세기 초까지만 해도 서구인들이 기독교를 신앙으로 갖지 않고 산다는 것은 상상할 수 없는 일이었는데 지금은 전혀 아닙니다. 세속화 현상이 쓰나미처럼 몰려와 서구의 젊은이들은 기독교를 가벼운 마음으로 떠나서 세속의 쾌락에 흠뻑 빠집니다. 특히 레저의 보편화는 제도권 종교에 심대한 위협이 되고 있습니다. 그렇지 않습니까? 지금 우리의 주위에 놀 것이나 볼 것, 그리고 먹을 게 얼마나 많습니까? 특히 해외여행을 아무 때나 아무 곳이나 갈 수 있게 되면서 레저는 그 영향이 극대화되고 있습니다. 그래서 내게는 이 레저가 종교의 가장 큰 적으로 보입니다. 생각해보세요. 일요일 같은 주말에 멋있는 곳으로 애인과 함께 멋진 차를 타고 가서 맛있는 것을 먹을 수 있는데 누가 그 우중충한(?) 교회에 가서 예배를 본다는 말입니까?

객: 충분히 동의합니다. 그런데 서구에는 그런 젊은이만 있는 것은 아니지 않습니까? 정녕 종교는 이렇게 사라지고 마는 건가요? 이런 젊은이들만 있으면 종교는 사라질 것 같은데요?

주: 아닙니다. 절대로 그렇게 되지는 않습니다. 인간의 종교성이라는 것은 그렇게 소멸되는 것이 아닙니다. 인간에게는 진화하고자 하는 욕망, 그리고 궁극적 관심에 사로잡히고 그것을 해결하려는 욕망, 전체(절대 실재)와 하나가 되고 싶은 욕망 등과 같은 종교적인 욕구가 내재되어 있습니다.

객: 궁극적 관심이라고 하니까 신학자 폴 틸리히가 생각나네요. 그가 신앙(faith)을 정의한 것은 제 뇌리에서 떠나지 않습니다. 그는 '신앙이란 어떤 것에 대한 믿음이 아니라 궁극적 관심에 사로잡힌 상태이다'라고 하지 않았습니까? 기독교에서 하도 기독교 신앙이란 예수에 대한 믿음이라고 강조하니까 그것을 깨버린 것이지요. 저는 이것을 그의 책인 『Dynamics of Faith』에서 읽고 그 신선함에 큰 충격을 받았습니다.

인류 역사상 처음으로 일어나는 작은 종교 공동체 운동

주: 틸리히는 또 그런 종교심은 억지로 가져야 하는 것이 아니라 인간이라면 누구나 갖고 있는 것이라고 주장했지요. 그래서 자신의 본성에 솔직한 사람이라면 종교적이 되는 것은 당연한 것이라는 것입니다. 이처럼 자신의 종교적인 욕구를 더 이상 제도권의 종교에서 해결하지 못한 사람들이 20세기 중

반에 들어오면서 많이 생겨났고 그들은 나름대로 기존 종교를 대체하는 운동을 시작합니다. 이게 바로 종교 공동체 운동입니다.

이 공동체는 종교적으로 같은 신념 체계를 가진 사람들이 모여서 만든 아주 자유로운 모임입니다. 이 공동체에는 제도권 종교에서처럼 인간을 속박하는 교리나 제도가 없습니다. 제도 중심이 아니라 인간 중심이 되는 것이죠. 그래서 오고 가는 것이 상당히 자유롭습니다. 그렇다고 마냥 '오픈'되어 있는 것은 아니지만 공동체에 들어오기 위해 몇 개월씩 교리 공부를 하고 정기적으로 교회에 출석해야 한다든가 신앙고백을 하고 세례를 받아야 하는 등의 형식적인 것은 없습니다. 이런 공동체는 모든 것이 자율적으로 움직입니다. 떠나는 것도 언제나 마음대로입니다. 기존 기독교에서는 교회를 떠나는 것도 쉽지 않았습니다. 중세 유럽에서는 교회로부터 파문을 받으면 그것은 사회적인 죽음을 의미하지 않았습니까? 엄청난 억압이었지요. 그러나 새로운 공동체에는 인간에 대한 억압은 찾을 수 없습니다. 물론 공동체의 설립 정신에 위배되는 일을 할 때에는 강제로 퇴진을 강요받을 수는 있습니다.

객: 굉장히 이상적으로 들리는데 그런 실례가 있나요? 한국에서는 워낙 제도권 종교가 강해서 이런 공동체가 있다는 소리를 들어보지 못했습니다.

주: 그런 예는 꽤 많습니다. 가장 비근한 예로 인도에 있는 오로빌 공동체를 들 수 있을 겁니다. 잘 알려진 것처럼 이곳은 근세 인도에서 유명했던 요기인 스리 오로빈도의 사상에 입각해서 만들어진 공동체입니다. 이곳은 인종이나 종교, 성별, 지역 등과 무관하게 운영되고 있고 진정한 영성에 관심 있는 사람들이라면 누구나 다 같이 살 수 있는 공동체입니다. 이곳에서는 개개인이 단순한 생업을 하면서 그곳에서 이루어지는 명상이나 수행 같은 것을 같이 해

나아가고 있습니다. 약 2천 5백 명이 살고 있다고 하니 꽤 큰 단체인 것을 알 수 있습니다. 자세한 것은 홈페이지나 블로그를 보면 쉽게 접할 수 있습니다.

또 성격이 비슷하면서 우리에게 잘 알려진 것 종교 공동체로는 월남의 틱낫한 스님이 프랑스에 만든 플럼 공동체도 있지요. 이곳은 월남 불교가 중심이 되어 있지만 종교나 인종 등 어떤 데에도 제한을 두지 않고 사람들을 받고 있습니다. 따라서 누구든지 와서 몇 개월이고 수행을 할 수 있습니다. 오로빌은 그곳에서 아예 생활하면서 수행하는 것에 비해 플럼 공동체는 단기 프로그램만 운영하고 있는 게 다른 점이라 하겠습니다.

객: 저도 그 비슷한 공동체 마을에 대해 들은 적이 있습니다. 영국에 있는 핀드혼 공동체라는 곳인데 척박한 모래땅에서 농사를 지어서 큰 성공을 한 예입니다. 재미있는 것은 그 설립자가 식물들의 정령들과 교통을 한다는 것입니다. 그 정령들과의 대화를 통해 채소가 자랄 수 없는 땅에서 다른 농장보다 훨씬 더 큰 채소를 수확했다고 해서 큰 관심을 끌었습니다. 보기에는 평범한 농장 같지만 영적인 신념이 기본적으로 깔려 있는 영성 공동체이었던 것을 알 수 있었습니다.

주: 아, 그 핀드혼 공동체에 대해서는 국내에도 책으로 소개되어 있어 조금 알려진 편이지요. 이런 공동체가 전 세계에 무수하게 있습니다마는 한국에는 아직 그런 공동체가 성공했다는 이야기는 듣지 못했습니다. 1970년대에 김진홍 목사가 시작했던 두레공동체 같은 데가 있기는 한데 그 성공 여부는 잘 알려져 있지 않습니다. 이 공동체 마을들은 확실한 영적인 신념이 없으면 성공하기 힘듭니다.

객: 한국에는 그런 확고한 영적인 신념을 가진 사람이나 단체가 없는 모양이지요? 한국에는 대형 교회는 많은데 이런 작은 공동체는 안 보입니다.

후인습에서 초인습(trans-convention) 단계로!, 그러나...

주: 내가 보기에 한국은 지금 영성이 많이 무뎌 있습니다. 너무 물질적이 되었습니다. 그래서 한국인들은 큰 교회나 이름난 사찰을 선호하지 내실이 있는 작은 공동체에 대해서는 관심이 없습니다. 한국의 상황이 어떻든 간에 지금 인류는 제도권 종교를 넘어서 새로운 대안을 만들어가고 있습니다. 제도권 종교를 넘어섰다는 의미에서 후인습 단계에 들어갔다고 할 수 있습니다. 그러나 여기서 그쳐서는 안 됩니다. 여기서 다시 초인습 단계로 상승해야 합니다. 지금 이렇게 영성 공동체 마을이 생기는 것은 인류가 바로 초인습적 단계로 들어가고 있다는 것을 의미합니다. 물론 현재 이 단계에 진입한 사람들은 아주 극소수에 불과합니다. 그러나 이 추세는 더 커지고 강해질 겁니다. 그 속도는 느리지만 분명 인류는 이 방향을 향하고 있습니다.

객: 그런데 어느 세월에 이 인류가 모두 그런 단계에 이를 수 있을까요? 대부분의 인류는 아직도 제도권 종교에 묶여 있으니 말입니다. 냉정하게 생각할 때 선생님은 인류가 이 초인습적 단계에 들어가는 일에 성공할 수 있다고 보십니까?

주: 냉정하게 생각하면 이번 인류가 대규모로 초인습적인 단계에 들어가는

일은 성공하지 못할 것 같습니다. 그 이유는 인류의 지능이 모자라서라기보다 시간이 너무 부족하기 때문입니다. 시간만 충분하다면 언젠가는 인류가 그런 높은 단계에 이를 수 있을 겁니다. 지금 가장 큰 문제는 환경 문제입니다. 우리가 이 문제를 여기서 깊게 다루지 않았지만 이것은 가장 심각한 문제입니다.

사실 이 환경 문제 역시 종교와 깊이 연관되어 있습니다. 지금 인류가 이런 환경 재앙에 처하게 된 것은 인류의 욕심 때문입니다. 인류는 소비를 너무 많이 합니다. 필요 없는 것들을 너무 많이 만들고 그것들을 소비하느라 정신이 없습니다. 그런데 이 소비를 줄이려면 종교에서 견지하고 있는 청빈한 생활로 돌아가야 합니다. 그렇지 않고서는 이 심각한 문제를 풀 수 있는 방법이 없습니다. 그래서 이 환경 문제는 종교와 깊게 연관되어 있다고 하는 것입니다.

객: 동의합니다. 선생님 말씀처럼 현 인류는 쓸데없는 것을 너무 많이 만들어내어 소비가 극에 달했습니다. 필요하지 않은 물건을 너무 많이 만들어냈지요. 그렇게 해놓고 소비하라고 사람들을 부추깁니다. 공장이고 자동차고 주택이고 화석연료를 마구 써대니 거기서 나오는 가스나 열로 지구 온난화 현상이 생겨 심각한 기후변화가 일어나 인류가 큰 피해를 보게 됩니다.

주: 맞아요. 이 기후변화를 해결하려면 소비를 줄여야 합니다. 얼마나 줄여야 할까요? 글쎄요? 지금의 반 정도로 줄여야 하지 않을까요? 그러려면 영적인 데에 눈을 떠 물질을 밝히는 것이 얼마나 허망한지를 알아야 합니다. 그러니까 삶의 즐거움은 물질을 모으고 쌓아두고 소비하는 데에 있는 게 아니라 영적인 생활을 하는 데에 있다는 것을 깨달아야 한다는 것이지요. 종교적으

로 사는 사람들을 보세요. 그들은 물질에 별 관심이 없습니다. 조용히 명상하고 수련하는 데에서 기쁨을 느끼지 좋은 차 타고 명품 지니고 다니는 것 같은 데에는 전혀 관심이 없습니다. 아주 검소하기 짝이 없습니다.

환경 문제를 해결하기 위해서는 인류가 이런 삶의 방식을 따라야 하는데 이럴 수 있는 가능성은 거의 제로입니다. 사람들의 성향도 문제지만 지금 자본주의의 산업 구조로는 도저히 소비를 줄일 수 없습니다. 지금의 산업 구조는 사람들로 하여금 자꾸 소비하게 만듭니다. 만일 사람들이 종교적인 인간으로 변모하여 소비를 하지 않으면 인류가 구축한 산업구조는 붕괴됩니다. 물건을 사지 않으니 회사가 망하겠지요. 그러나 이런 일은 벌어지지 않을 겁니다. 회사들은 이윤을 극대화하기 위해 별 짓을 다 할 겁니다. 그러는 사이에 지구는 더 병들어가고 인류는 더 죽어나가고... 이게 바로 코앞에 닥친 인류의 앞날인데 어느 세월에 초인습적 단계에 들어가겠습니까?

객: 선생님이 인류의 미래에 대해 비관적으로 보시는 것은 알고 있었는데 이 정도로 심각하게 생각하시는지는 잘 몰랐습니다. 그러니까 이런 위기 때문에 인류가 충분히 진화할 수 있는 시간이 부족하다는 말씀이지요?

과연 인류가 지금 닥친 미증유의 위기를 뚫고 나갈 수 있을까?

주: 그렇습니다. 내 개인적인 생각으로 이번 인류는 이 위기를 뚫고 나갈 수 없을 것 같습니다. 끝까지 노력은 해야 하겠지만 지금 인류들이 하는 행태를 보면 희망을 갖기가 어렵습니다. 이 위기는 인류 대다수가 그 심각성을 깨닫

고 행동에 나서야 극복이 가능한 것인데 대부분의 인류는 재앙이 바로 코앞에 닥쳐야 그 심각성을 알게 될 겁니다. 그러나 그때는 너무 늦습니다. 그 지경까지 이르면 다 끝난 것입니다. 그러나 그렇다고 해서 우리가 희망을 버리고 자포자기 할 필요는 없습니다. 이 문제의 심각성을 알아차린 사람만이라도 문제 해결에 나서야 합니다.

객: 잘 알겠습니다. 이제 우리의 이야기도 끝이 나는군요. 그 끝이 희망적이지 않아 조금 그렇습니다마는 현실을 직시할 수 있어 좋았습니다.

주: 종교 이야기는 아직도 무궁무진합니다. 앞으로 얼마든지 이야기할 거리가 많습니다. 다음에 다시 대화할 기회가 있으면 한국 종교에 대해서 집중적으로 다루었으면 합니다. 한국 종교에 대해서도 할 말이 많습니다. 한국인들은 매사를 깊게 생각하는 철학적인 민족은 아닌데 종교적인 면은 대단히 뛰어난 민족 같습니다. 그래서 종교적으로 할 말이 많다는 것입니다. 이제 그 주제는 다음에 다루기로 하고 우리의 이야기는 여기서 닫기로 하지요. 오랜 시간 열띤 논의를 하느라 노고가 많았습니다.

객: 네, 선생님과 대화를 통해 실로 많은 것을 배울 수 있어 좋았습니다. 그럼 다음을 기약하면서 우리의 대화는 여기서 접지요. 고맙습니다(2권에서 계속).